Prosperidad
¿Engaño o Robo?

Prosperidad
¿Engaño o Robo?

La historia de la: "Semilla de la Fe"

Eleazar Barajas

Para realizar pedidos de este libro, contacte con:
Palibrio
1663 Liberty Drive, Suite 200
Bloomington, IN 47403
Gratis desde EE. UU. al 877.407.5847
Gratis desde México al 01.800.288.2243
Gratis desde España al 900.866.949
Desde otro país al +1.812.671.9757
Fax: 01.812.355.1576
ventas@palibrio.com
823662

ÍNDICE

INTRODUCCIÓN

"Delante de Dios y de Cristo Jesús, que vendrá
glorioso como Rey a juzgar a los vivos y a los
muertos, te encargo mucho que prediques el
mensaje, y que insistas cuando sea oportuno y aun
cuando no lo sea. Convence, reprende y anima,
enseñando con toda paciencia. Porque va a llegar
el tiempo en que la gente no soportará la sana
enseñanza; más bien, según sus propios caprichos,
se buscarán un montón de maestros que sólo les
enseñen lo que ellos quieran oír. Darán la espalda
a la verdad y harán caso a toda clase de cuentos.
Pero tú conserva siempre el buen juicio, soporta
los sufrimientos, dedícate a anunciar el evangelio,
cumple bien con tu trabajo".

2 Timoteo 4:1-5, (DHH).

I**Ntroducción General.**
El Doctor John Hagee quien es el fundador y el pastor
de la mega iglesia en San Antonio, Texas, *Cornerstone
Church*, escribió un libro que tituló: *La Era del Engaño*, es
un libro en que hace un enfoque que separa la verdad de la
mentira en estos últimos tiempos. Y, el conferencista y pastor

en la *Grace Community Church* de Sun Valley, California, John MacArthur, entre sus muchos libros, tiene uno con el siguiente título: *Fuego Extraño*, es un libro en que en su portada dice sobre el peligro de ofender al Espíritu Santo con adoración falsa. El Dr. Hagee, descubre el engaño que existe o, existía en el gobierno de los Estados Unidos de América; saca a relucir el engaño que hay en las familias y las comunidades de los Estados Unidos de América. También descubre el engaño que existe en las creencias espirituales y concluye su libro haciendo énfasis en que la verdad está sobre el engaño y, dejándonos con el sabor emocional y bíblico de que podemos ser libres del engaño.[1]

El Pastor MacArthur, hace énfasis en el cómo el Movimiento Carismático Moderno está blasfemando contra el Espíritu Santo. Así que, en su tres principales partes que componen su libro ya citado: *Fuego Extraño*, habla de; Cómo enfrentar un avivamiento falsificado; Menciona el mal uso de los dones espirituales y, presenta la manera de cómo redescubrir la verdadera obra del Espíritu.[2]

La advertencia que el apóstol Pablo le hizo al pastor Timoteo fue llegarían los días en que la gente buscaría sensacionalismo en lugar de la sana doctrina. Sus palabras fueron: "Porque va a llegar el tiempo en que la gente no soportará la sana enseñanza; más bien, según sus propios caprichos, se buscarán un montón de maestros que sólo les enseñen lo que ellos quieran oír. Darán la espalda a la verdad y harán caso a toda clase de cuentos".[3]

El presidente del *Instituto Cristiano de Investigaciones en California* "y anfitrión del programa radial *'Bible Answer*

---

[1] John Hagge. *La Era del Engaño. Un enfoque que separa la verdad de la mentira en los últimos tiempos.* (Nashville, TN. Editorial Caribe. 1997), página de contenido.

[2] John MacArthur. *Fuego Extraño. El peligro de ofender al Espíritu Santo con adoración falsa.* (Nashville, TN. Grupo Nelson. 2014), vii

[3] 2 Timoteo 4:3-4, (NVI).

Man' que se escucha diariamente en los Estados Unidos y Canadá con una audiencia potencial de 120 millones",[4] Hank Hanegraaff, ha salido a desenmascarar a los falsos maestros de los que habló el apóstol Pablo. Hank escribió un libro titulado: *Cristianismo en Crisis.* "-Es un libro orientador que era una urgente necesidad-... Es un libro que sale al paso a un cáncer mortal que está devastando al cuerpo de Cristo. A menos que este cáncer sea extirpado *ahora,* las consecuencias para el cristianismo serán catastróficas".[5]

Cristianismo en Crisis, es un libro en el que: "Hank Hanegraaff ha documentado cuidadosamente uno de los grupos de creencias falsas más populares y peligrosas que jamás hayan penetrado la iglesia evangélica contemporánea. La iglesia tiene una deuda profunda de gratitud con el líder de la organización contra la falsead más grande mundo, por haber desenmascarado las engañosas y venenosas doctrinas falsas del Movimiento de la Fe".[6]

Aunque tenemos muchos libros, videos y programas radiales y televisivos, revistas, periódicos y el internet para descubrir y saber acerca del Movimiento de la Fe: Sí, existe mucho material físico y electrónico para saber sobre este cáncer mortal que está destruyendo el cristianismo evangélico, aun así, si solamente el pueblo evangélico se tomara el tiempo para leer estos tres libros que se han citado, entenderían el peligro espiritual, moral y económico que la iglesia cristiana está adoleciendo.

---

4   Hank Hanegraaff. *Cristianismo en crisis.* (USA. Harvest Hause Publishing), 483.

5   Hank Hanegraaff. *Cristianismo en crisis.* (USA. Harvest Hause Publishing), contraportada.

6   Sr. Norman L. Geisler. Decano del Seminario Evangélico el Sur, Charlotte, N.C. Citado en: Hank Hanegraaff. *Cristianismo en crisis.* (USA. Harvest Hause Publishing), contraportada.

Ambos libros y el material escrito y en video de varios autores. Predicadores y maestros de la Biblia nos ayudan a descubrir a los falsos maestros; a los falsos profetas; a los falsos apóstoles; a los falsos espíritus y, a los falsos predicadores y pastores de tiempo atrás y de nuestro tiempo. Nos ayudan a descubrir la verdad que encontramos en la Biblia. Por ejemplo, el siguiente testimonio de una pareja de ancianos que se tomó el tiempo para leer el libro *Fuego Extraño* del Pastor MacArthur, ilustra el como con una lectura de estos libros, con una mente abierta a la iluminación del Espíritu Santo, ayudan a ver la verdad bíblica y la luz teológica en medio de la oscuridad doctrinal de nuestro tiempo.

La hermana ValRae, dice: "Mi esposo y yo somos ya mayores, pero esto nos muestra que pese a la edad de una persona, el Señor puede obrar de una manera poderosa. Hemos estado casados por casi cuarenta años, y durante los primeros treinta y ocho asistimos a una iglesia carismática donde los sentimientos y las experiencias tenían mayor prioridad que las Escrituras. Me sentía preocupada y no sabía que hacer al respecto. Entonces John MacArthur nos ayudó a darles una nueva mirada al movimiento carismático a través del lente de las Escrituras. Él nos enseñó a ser como la gente de Berea".[7]

Lo que en este libro se propone, además de descubrir las mentiras y los abusos espirituales de los miembros del Movimiento de La Teología de la Fe o la Doctrina de la Prosperidad, además de esto, el objetivo es que cada uno de los

---

[7] John MacArthur. *Fuego Extraño. El peligro de ofender al Espíritu Santo con adoración falsa.* (Nashville, TN. Grupo Nelson. 2014), i. Elogios al mensaje de Fuego Extraño.

lectores de estas páginas comprueben con la Biblia en mano si los predicadores de la Doctrina de la Prosperidad están en lo correcto o no lo están. Queremos llegar a enseñar a la gente cristiana la diferencia entre la verdad y el engaño. La hermana ValRae, dijo: *"Él nos enseñó a ser como la gente de Berea"*. ¡Esto es nuestro objetivo mayor con este libro! Que todos leamos la Biblia, que aprendamos un poco sobre la Teología Cristiana, que dejemos que el Espíritu Santo nos ilumine para conocer la verdad y también que tomemos tiempo para leer libros como los ya citados. Recordando que el objetivo es para saber si los predicadores del Movimiento de Fe están enseñando la verdad o están engañando o robando y, además, en el caso de los predicadores de La Teología de la Fe, analizar si están manipulando la sencilla de la fe del cristianismo bíblico/ Evangélico o, están en lo correcto.

Entonces, pues, en esta introducción, queremos dar a conocer algunos hombres, y mujeres que tienen este ministerio llamado: Movimiento de Fe o también llamado: *La Doctrina de la Prosperidad*. Queremos, también, dar algunos pormenores, en dónde se inició, y el daño o engaño o robo que están haciendo a la Iglesia Cristiana Evangélica Contemporánea con las falsas enseñanzas que han sacado del verdadero Evangelio de Jesucristo.

Capítulo Primero:

PROSPERIDAD

Por calles y avenidas la sabiduría hace oír su voz; proclama sus palabras por las puertas, por los puntos más concurridos de la ciudad:

'Jóvenes inexpertos, burlones y necios, ¿hasta cuándo amarán la inexperiencia, y hallarán placer en sus burlas, y despreciarán el saber?

Presten atención a mis correcciones y yo los colmaré de mi espíritu; les daré a conocer mis pensamientos.

Proverbios 1:20-23, (DHH).

Se ha dicho y hemos visto que hoy en día tenemos a falsos predicadores; a falsos maestros; a fasos profetas; a falsos apóstoles y, a falsos pastores. Hombres y mujeres que están usando la Biblia como un amuleto o un trampolín para engañar, manipular y robar a los cristianos y no cristianos. Tenemos en las filas del Cristianismo Evangélico un cáncer que está invadiendo poco a poco el cuerpo de Cristo.

Existen por lo menos cinco razones del porqué se ha escrito este libro. No es solo un descubrimiento de lo que algunos llamados "ungidos" de Dios están enseñando y practicando; No es solo una crítica que nos ayude a entender sus doctrinas o sus enseñanzas. Tampoco es el bosquejo que seguimos en este escrito, sino que son las razones que motivaron a nuestra conciencia cristiana para descubrir las mentiras, los engaños y los robos de estos falsos predicadores o Maestros de la Prosperidad.

¿Por qué, pues, se ha escrito este libro?

A.- Porque la Doctrina de la Prosperidad
es un movimiento nuevo.

Se aclara que no por el hecho de que sea un movimiento nuevo necesariamente es un camino equivocado. Además, como se aclarará en la historia del Movimiento de Fe, cuando se dice *Nuevo,* debemos de entender que estamos hablando de más de medio siglo de existencia. Existen otros movimientos relativamente nuevos que se mantienen en las verdades que encontramos en la Biblia y que están más o menos en concordancia con la Doctrina Cristiana Tradicional. Por ejemplo, *Salvation Army* (El Ejército de Salvación). Este movimiento fue fundado en el año 1865, casi es contemporáneo con los orígenes de La Teología de la Fe. Fue fundado por los esposos metodistas: William Booth y por su esposa Catherine Booth.[8] El Ejército de Salvación se ha mantenido en los parámetros de la Bíblia y de la Doctrina Cristiana Evangélica: Es decir ni habla de una falsa prosperidad, ni engaña a la gente con un vocabulario místico o misterioso, ni mucho menos roba, todo lo contrario, es un movimiento dedicado a servir a la gente en cualquier lugar que se encuentre.

---

[8]   El Ejército de Salvación (The Salvation Army), es un movimiento internacional, una parte evangélica de la Iglesia Cristiana Universal. Su mensaje está basado en la Biblia. Su ministerio es motivado por amor a Dios. Su misión es predicar el Evangelio de Cristo Jesús y tratar de cubrir las necesidades humanas en su nombre, sin discriminación alguna. (La Habra, California. Internet. Consultado el 17 de abril de 2020), ¿? http://www.ejercitodesalvacion.org/

Otro ejemplo de un movimiento nuevo es *Operación Movilización*. Un movimiento que comenzó en 1957 y es dedicado a la evangelización mundial sin predicar o enseñar que cuando se tiene fe en Dios llega una prosperidad económica como nunca se ha tenido. El mensaje de Operación Movilización no es engañoso, es un mensaje sacado fielmente de las Santas Escrituras y, por supuesto que no roba, pues su misión es la salvación de las personas y dar apoyo espiritual, moral y evangelístico a las iglesias. Parte de la historia del Movimiento Operación Movilización es la siguiente:

> "Operación Movilización tiene sus raíces en las oraciones de una ama de casa americana. En los años 50, Dorothea Clapp comenzó a orar fielmente para los estudiantes en su escuela secundaria local. Ella le pidió a Dios que tocara el mundo a través de las vidas de los jóvenes. Y Dios respondió a sus oraciones.
>
> El hijo de la Sra. Clapp dio el Evangelio de Juan a uno de los estudiantes, que más tarde dio su vida al Señor en una reunión de Billy Graham. Ese joven era George Verwer, el fundador y Director Internacional de Operación Movilización".[9]

En el caso de la Doctrina de la Prosperidad o los Maestros de la fe, que también es un movimiento nuevo; se puede considerar su nacimiento aproximadamente hace unos cincuenta años, es decir, aproximadamente en el año 1967. Pero, no porque sea nuevo debemos de considerarlo como un movimiento peligroso teológicamente, sino que, por sus doctrinas; sus enseñanzas han

---

[9] OM. *Historia de Operación Movilización*. (La Habra, California. Internet. Consultado el 17 de abril del 2020), ¿? https://www.om.org/ar/ar_es/content/historia-de-operaci%C3%B3n-movilizaci%C3%B3n

desbordado los parámetros de la Biblia, por tal motivo, se ha dicho que es un movimiento peligroso en el sentido teológico. Y no solamente lo es teológicamente sino aun en lo espiritual, en lo moral, en lo económico y en lo social.

B.- *Porque la Teología de la Fe deja afuera de sus prácticas culticas y doctrinales los parámetros bíblicos/teológicos de la fe cristiana tradicional.*

Por lo general, los predicadores y maestros de este movimiento con un trasfondo carismático siguen las mismas prácticas enseñadas entre ellos, aunque, algunos de ellos se salen de sus propias normas culticas y hacen sus propios programas. Es decir que entre ellos mismos se puede ver un "mosaico" de diferentes prácticas y enseñanzas. La enseñanza de que todos somos una unidad en Cristo Jesús, es otro de los engaños que se predican, pues, ¡no existe tal cosa de unidad entre ellos! Cada grupo carismático con este trasfondo teológico/social tiene su líder principal; ese es una especie de dios que no tiene un buen compañerismo con los otros "dioses".

El hecho de que exista una diversidad entre los predicadores de la Teología de la Fe, no es un serio problema para los cristianos tradicionales. El serio problema es que todos ellos se han salido de los parámetros culticos (Bíblico/Teológicos) y sociales que el cristianismo ha enseñado en base a la Biblia y en especial a la Teología Sistemática, a la Hermenéutica Evangélica, a la Teología Pastoral, y con su idea de otra manera de hacer iglesia, engañan y roban a la gente que los siguen.

Al salirse de estos parámetros, los líderes de la Doctrina de la Prosperidad han derribado la pared bíblica y teológica que separa a la Iglesia Cristiana Evangélica del mundo. Han hecho una especia de socialismo mundano espiritual.

C.- Porque los predicadores de la Doctrina
de la Prosperidad no son honestos.

Una de las virtudes cristianas elogiadas por los Padres de la Iglesia Cristiana juntamente con la virtud del amor, es honestidad. La honestidad "hace referencia a un conjunto de atributos personales, como la decencia, el pudor, la dignidad, la sinceridad, la justicia, la rectitud y la honradez en la forma de ser y de actuar".[10] Actitudes que no se ven en la mayoría de los predicadores, en los maestros y en los televangelistas de la Teología de la Fe. En las páginas siguientes podremos notar esta gravísima falta de esta virtud.

Una definición de la honestidad, sería: "La honestidad es un valor moral fundamental para entablar relaciones interpersonales basadas en la confianza, la sinceridad y el respeto mutuo".[11] Valores que se han perdido en los líderes de la Doctrina de la Prosperidad o Maestros de la Fe. En algunos de ellos no existe "la confianza". En otros se puede notar que no hay "sinceridad" y, como lo notaremos más adelante, entre algunos de ellos existen pleitos que los han llevado a no tener ni merecer el "respeto mutuo". El engaño de que nos amamos en Cristo Jesús o con el amor del Señor Jesucristo, es una práctica que se nota muy claramente entre ellos mismo.

El predicar una mentira, es como dijo el apóstol San Pablo: que sea anatema, es decir maldito.[12] Al parecer, lo que los predicadores de la Doctrina de la Prosperidad dicen y hacen

---

[10] Significados. *Significado de Honestidad.* (La Habra, California. Internet. Honestidad. Consultado el 9 de abril del 2020), 1 https://www.significados.com/honestidad/

[11] Significados. *Significado de Honestidad.* (La Habra, California. Internet. Honestidad. Consultado el 9 de abril del 2020), 1 https://www.significados.com/honestidad/

[12] Gálatas 1:6-9.

no es algo inofensivo. Sin embargo, sabemos que ganar dinero con ventaja y alevosía es una manera deshonrosa. ¡Es un robo con matices de fortaleciendo la fe en Dios! Sin duda Dios que mira estás cosas les juzgará y los castigará con juicio eterno. ¡No!, el Dios de la Biblia no es vengativo; es un Dios justo. No es un Dios justiciero sino justo. No es un Dios impaciente sino uno con mucha paciencia y gran misericordia que está siempre esperando que los seres humanos, en especial, que estos predicadores de la Doctrina de la Prosperidad se arrepientan de sus malos caminos y comiencen a predicar lo que es la voluntad de Dios. Dios espera que su Palabra sea el foco que alumbre las vidas de los seres humanos no que la personalidad de una persona esté sobre la Palabra con una hermenéutica humanamente filosófica.

Dios, pues, un día hará justicia con estos engañadores y ladrones por hacer de Su evangelio una farsa y una práctica de hipocresía que están jugando con la vida de muchos sinceros hombres y mujeres que anhelan un milagro de parte de Dios para que intervenga en sus necesidades físicas, morales y espirituales. Pero, al final, se dan cuenta que han sido engañados y estafados espiritualmente y económicamente.

Definitivamente, siguiendo su historial de vida y práctica, la virtud cristiana de la honestidad, con sus prácticas de manipulación de la fe, está ausente de sus ministerios y de sus personas. ¿Por qué están ausentes de sus ministerios?

D.- *Porque la Teología de la fe se ha extendido a nivel mundial.*

En Hechos 1:8, Jesucristo declara un principio ministerial escatológico que dice así: "... cuando venga el Espíritu Santo sobre ustedes, recibirán poder y serán mis testigos tanto en Jerusalén como en toda Judea y Samaria, y hasta los confines de la tierra". En el resumen que se hace sobre uno de los puntos de este libro se describe brevemente la extensión de este movimiento. La Doctrina de la Prosperidad, hoy día, se ha extendido a los cinco Continentes de nuestro globo terráqueo. En poca o gran número de seguidores se encuentra en la mayoría de las grandes ciudades y en los países del mundo. ¡Y sigue avanzando! Por ejemplo, "En 2011, el movimiento de La Doctrina de la Prosperidad o La Teología de la fe (agregado con el movimiento neo-carismático) totalizó 305 millones de personas"[13] a nivel mundial. "Dentro del ministerio de Kenenth E. Hagin, se dice que: "Faith Library Publications ha imprimido 65 millones de ejemplares de sus libros. RHEMA Praise es su programa semanal en Trinity Broadcasting Network. "The Word of Faith" (La Palabra de Fe) es su revista mensual con 600,000 ejemplares cada mes. Hay escuelas RHEMA en Broken Arrow Oklahoma. Hagin fundó RHEMA Bible Training Center en 1974, y hoy en día tiene sucursales en 14 países y 30,000 estudiantes egresados de allí".[14] Otro ejemplo es el Ministerio Kenneth Copeland, discípulo de Hagin que, dice que en: Cada oficina de su ministerio cuenta con personal dedicado, preparado para servirle y para orar por usted. Puede comunicarse con una oficina a nivel mundial más cercana a usted para recibir asistencia".[15] El engaño de la prosperidad y los constantes robos

---

[13] Wikipedia. La Enciclopedia Libre. *Movimiento carismático evangélico*. (La Habra, California. Internet. Wikipedia. Consultado el 5 de abril del año 2020), https://es.wikipedia.org/wiki/Movimiento_ carism%C3%A1tico_evang%C3%A9lico

[14] David Cox. *Kenneth Erwin Hagin Sr,* (La Habra, California. Internet. Artículo publicado en la: Gaceta de estudios bíblicos para cristianos. Consultado el 30 de abril del 2020), ¿? https:// www.gacetadeestudiosbiblicos.com/referencia/dicsectas/ hagin-kenneth-sr/

[15] Gloria Copeland. *La voluntad de Dios es la Prosperidad. Un mapa para obtener la plenitud espiritual, emocional y financiera.*

han aumentado y siguen creciendo a nivel mundial. ¿Quién parará con todo esto? Es aquí en donde creemos que la Segunda venida de Jesucristo está muy próxima a suceder; será Jesucristo el que termine con esta falsedad porque, él es único que tiene toda la autoridad sobre cualquier movimiento, sobre Su Iglesia y sobre todo el universo.

E.- Porque es tiempo de parar y denunciar las mentiras y los engaños de personas llamadas cristianas.

Estamos cansados de ver alrededor nuestro a hombres y mujeres que se llaman *"hombres de Dios"* o, *"Siervos y siervas de Dios"*, o *"Apóstoles y "La apóstol"*. Estamos cansados de verles estar explotando el evangelio de nuestro Señor Jesucristo para su propio beneficio, con tanta maldad y ambición profanando las verdaderas enseñanzas del Señor y explotando a tanta gente, que sinceramente cree en las artimañas satánicas de estos hombres que, sin escrúpulos engañan y roban a mucha gente dándoles falsas esperanzas.

Otros, que tienen más percepción y conocimiento, nos tildan a todos los evangélicos de ser explotadores y vividores; la razón es que nos ponen en esa lista de: *cristianos.* ¡El Cristianismo se ha ramificado! Pero no todas las ramas del Cristianismo están dando el mismo fruto, algunas dan el fruto del Espíritu Santo, que es: "Amor, gozo, paz, paciencia, benignidad, bondad, fe, mansedumbre, y templanza".[16] Sin embargo, algunas personas, observando la conducta y las predicas de los falsos y negociadores maestros de la fe, que se presentan ante el público con sus enseñanzas fraudulentas, los oyentes, los critican, se burlan y odian el Evangelio del Señor alejándose de Él. No es

---

Traducido al Español en Guatemala por KCM. (Fort Worth, Texas. Kenneth Copeland Publication), 176.

[16] Gálatas 5:22-23, (RV, 1960).

del agrado de nosotros y mucho menos de Dios pero, cuando estos seres humanos rechazan el Evangelio de Jesucristo a causa de lo que escuchan y ven en los líderes de estos movimientos, sin duda terminarán en el infierno. Allí pararán por la eternidad por la maldad de muchos que les gusta vivir del evangelio. Y ese *gusto* lo llevan a cabo con mentiras, engaños y robos.

Hoy no solamente es el hombre sino que también existen muchas mujeres que se llaman "*Pastoras*" – como Ana Maldonado, Ana Méndez y Gloria Copeland -. Son hombres y mujeres que están viviendo y practicando una vida de abusos y engaños con la gente. Como hemos expresado, las personas son inocentes por no decir neófitas o ignorantes de las Escrituras y se dejan convencer fácilmente por las necesidades que tienen de prosperar rápidamente en la vida. Se dejan engañar por la necesidad que tienen de sacar a la familia de la pobreza; son personas con las necesidades de mandar a sus hijos a una escuela, en ayudar a sus hijos a ser profesionales. Son personas que trabajan hasta en dos trabajos, lo hacen para poder mandar el dinero a sus familiares que han dejado en sus tierras natales y llegan a esas iglesias de *La Prosperidad* y son engañados por gente que no teme a Dios; una vez que son engañados también son objeto de robo con el matiz de: "*Siembra la Semilla de Fe*".

Todo el tiempo han existido personas que estafan. Son personas que ven el ministerio para su conveniencia, para vivir en lujos y en riquezas sin tomar en cuenta los sacrificios que hacen gente que llegan a sus reuniones. Los predicadores de La Teología de la Fe, no consideran que la gente que asiste a sus reuniones, son personas que ganan poco dinero. Dinero que en ocasiones se los dan a estos líderes o vividores que sin remordimientos lo reciben para usarlo en sus mansiones, yates, aviones, y riqueza no bien habida.

En las Bienaventuranzas Satánicas o *Las Nueve Declaraciones Satánicas*, el autor, Anton LaVey, dice: "¡Satán ha sido el mejor amigo que la Iglesia siempre ha tenido, ya que la ha mantenido en el negocio todos estos años!"[17] Nos cuesta aceptar esta Declaración, sin embargo, cuando vemos, escuchamos o leemos las artimañas de los predicadores de la Teología de la Prosperidad y de los llamados *Maestros de la Fe*, tenemos que aceptar que Satanás ha estado metido en la Iglesia Cristiana por medio de personas como estas; gente que se ha dejado llevar por los engaños de Satanás y por eso son también muy hábiles en engañar. No estamos diciendo que son personas poseídas por Satanás, lo que estamos diciendo es que son personas que se dejan manipular por el gran manipulador que por algo otro de sus nombres es: *Diablo*.[18] Recodemos que Jesucristo dijo que el diablo es mentiroso desde el comienzo.[19] Así que los que se dejan manipular por sus estrategias, no son diferentes que su "Maestro".

Ahora bien, la Biblia habla de que el obrero es digno de su salario,[20] aunque el Señor, vivió en la pobreza, sin un hogar donde descansar, algunas mujeres de palacio, y algunos hombres le ayudaron a él y a sus discípulos con dinero y alimentos. Aunque Jesús sabía que el obrero es digno de sus salario, el nunca pidió uno. Jesús, no vivió como algunos hoy en día que profanan el evangelio para sus deleites. Ni tampoco, Jesús,

---

[17] Las Nueve Declaraciones Satánicas. *Declaración número 9*. (La Habra, California. Internet. Artículo publicado el 8 de junio del 2012. Consultado el 8 de diciembre del 2020), ¿? https://www.facebook.com/Bienaventuranzas-satanicas-182045508518631/

[18] Definiciones. Diablo. Diablo proviene del griego diábolos que representa a un "acusador", "difamador" o "calumniador" y está compuesta del prefijo día- que significa "a través de" y ballein que representa "arrojar" o "tirar" mentiras, prejuicios y otros males. (La Habra, California. Internet. Artículo publicado el 28 de Septiembre del 2018. Consultado el 8 de diciembre del 2020), ¿? https://www.google.com/search?q=definici%C3%B3n+de+diablo&rlz=1C1GCEA_enUS7

[19] Juan 8:44

[20] I Timoteo 5:18.

rechazó la ayuda económica o de otras clases que le brindaron. Él sabía que estaba haciendo la voluntad de Dios y que era digno de un "salario" al igual que los otros trabajadores. El pastor y sus ayudantes son obreros en la Viña del Señor. Todo trabajador u obrero es digno de un salario; pero, de un salario honesto, no obtenido por engaños ni mucho menos por robo.

Pablo, ciertamente trabajó en una actividad secular pero no rechazó las ayudas que las iglesias le dieron. Pide que se le ayude a la hermana Febe en todo porque ella es una persona que trabaja en la obra de Dios y también ayuda a otros en sus necesidades, Pablo dice que también a él lo había ayudado.[21] Al parecer pidió una ofrenda para los hermanos de Jerusalén y dijo: "En cuanto a la colecta para los del pueblo santo, háganla según las instrucciones que di a las iglesias en la provincia de Galacia".[22]

En la Segunda Carta a los Corintios, Pablo invita, no obliga ni amenaza ni promete bendiciones de sanidad física, sino que invita a los cristianos de Corinto a ser generosos. Les dice:

"Ahora, hermanos, queremos que se enteren de la gracia que Dios les ha dado a las iglesias de Macedonia. En medio de las pruebas más difíciles, su desbordante alegría y su extrema pobreza abundaron en rica generosidad. Soy testigo de que dieron espontáneamente tanto como podían, y aún más de lo que podían, rogándonos con insistencia que les concediéramos el privilegio de tomar parte en esta ayuda para los santos. Incluso hicieron más de lo que esperábamos, ya que se entregaron a sí mismos, primeramente al Señor y después a nosotros, conforme a la voluntad de Dios. De modo que rogamos a Tito que llevara a

---

[21]   Romanos 16:1

[22]   I Corintios 16:1, (DHH).

feliz término esta obra de gracia entre ustedes, puesto que ya la había comenzado. Pero ustedes, así como sobresalen en todo —en fe, en palabras, en conocimiento, en dedicación y en su amor hacia nosotros —, procuren también sobresalir en esta gracia de dar".[23]

Notemos la última expresión de este párrafo: "... procuren también sobresalir en esta gracia de dar". El término *"procurar"* es algo voluntario, por eso es una ofrenda; nada obligatorio ni nada de promesa de bendiciones materiales, ni nada de "Siembra la Semilla de Fe". ¡Una gracia! Es decir, es algo que nace del corazón del dador. En la Carta a los filipenses leemos acerca de las dadivas de los filipenses. En eta ocasión había "muchas razón para que Pablo diera las gracias a los cristianos de Filipos, pues ellos le habían enviado ayuda a través de Epafrodito (Fil. 4:18; 2:25-30)".[24] Pablo estaba feliz por la ayuda de los filipenses. Notemos su alegría:

> "¡Cuánto alabo al Señor de que hayan vuelto a preocuparse por mí! Sé que siempre se han preocupado por mí, pero no tenían la oportunidad de ayudarme. No que haya pasado necesidad alguna vez, porque he aprendido a estar contento con lo que tengo. Sé vivir con casi nada o con todo lo necesario. He aprendido el secreto de vivir en cualquier situación, sea con el estómago lleno o vacío, con mucho o con poco. Pues todo lo puedo hacer por medio de Cristo, quien me da las fuerzas. De todos modos, han hecho bien

---

[23]   2 Corintios 8:1-7, (NVI).

[24]   Comentario en la *Biblia de Estudio Esquemática*. (Brasil. Sociedades Bíblicas Unidas. 2010), 1780

al compartir conmigo en la dificultad por la que ahora atravieso.

Como saben, filipenses, ustedes fueron los únicos que me ayudaron económicamente cuando les llevé la Buena Noticia por primera vez y luego seguí mi viaje desde Macedonia. Ninguna otra iglesia hizo lo mismo. Incluso cuando estuve en Tesalónica, ustedes me mandaron ayuda más de una vez. No digo esto esperando que me envíen una ofrenda. Más bien, quiero que ustedes reciban una recompensa por su bondad.

Por el momento, tengo todo lo que necesito, ¡y aún más! Estoy bien abastecido con las ofrendas que ustedes me enviaron por medio de Epafrodito. Son un sacrificio de olor fragante aceptable y agradable a Dios. Y este mismo Dios quien me cuida suplirá todo lo que necesiten, de las gloriosas riquezas que nos ha dado por medio de Cristo Jesús.

¡Toda la gloria sea a Dios nuestro Padre por siempre y para siempre! Amén".[25]

Es claro el agradecimiento paulino y su alegría también porque; "Anteriormente (Fil. 1:5), cuando él estaba en Tesalónica (4:16), ellos le habían ayudado; y al principio habían hecho lo mismo. Tan pronto como el salió de la Provincia de Macedonia (4:14; 2 Cor. 11:9). Pablo compara esa ayuda como un sacrificio ofrecido a Dios, sacrificio que Dios acepta y le es agradable (4:18)".[26]

---

[25] Filipenses 4:10-20, (NTV).

[26] Comentario en la *Biblia de Estudio Esquemática*. (Brasil. Sociedades

Leamos nuevamente en I Corintios 16, en donde el apóstol Pablo "habla acerca de la ofrenda que se estaba recolectando para ayudar a los necesitados de Judea". Notemos que es: Primero, una ofrenda, nada obligatorio sino un apelo a la misericordia por el prójimo. Segundo, es una ofrenda para los "necesitados de Judea". No es una ofrenda para Pablo, que bien la necesitaba. Es una ofrenda para ayudar a la gente, no para enriquecer a una persona, aunque esta tenga los carismas que asombren a las multitudes.

En cuanto a esta ofrenda, Pablo, dijo:

> "En cuanto a la colecta para los creyentes, sigan las instrucciones que di a las iglesias de Galacia. El primer día de la semana, cada uno de ustedes aparte y guarde algún dinero conforme a sus ingresos, para que no se tengan que hacer colectas cuando yo vaya. Luego, cuando llegue, daré cartas de presentación a los que ustedes hayan aprobado y los enviaré a Jerusalén con los donativos que hayan recogido. Si conviene que yo también vaya, iremos juntos".[27]

Esta ofrenda debería de recogerse cada primer día de la semana judío; este día corresponde al día domingo entre los cristianos. El relato nos indica que: "En respuesta la petición de la iglesia de Jerusalén (Gl.2:10), Pablo había recogido dinero en las iglesias de cristianos gentiles para ayudar a los cristianos pobres de Jerusalén (2 Cor. 8:1-15)".[28] Por favor noten que Pablo recogió una ofrenda para ayudar a otros, no para enriquecerse a asimismo. No sabemos ni por la Biblia ni por la Historia

---

Bíblicas Unidas. 2010), 1780-1781.

[27] I Corintios 16:1-4, (NVI).

[28] Comentario de pie de página en la *Biblia de Estudio Esquemática*. (Brasil. Sociedades Bíblicas Unidas. 2010), 1780-1729.

Eclesiástica, ni por la Historia Universal que Pablo hubiese sido una persona millonaria, ni que tuviera mansiones en diferentes lugares, ni que durmiera en lujosos hoteles, ni que usa lujos trajes de vestir, ni que comiera las mejores comidas de su tiempo. Pablo hacia carpas para vender, así es que, es que probablemente dormía en una de ellas y comía lo que le servían no lo que posiblemente deseaba. No estamos afirmando que no tenía casa, es posible que la tuvo, y posiblemente fue una casa muy cómoda, pues debemos de recordar que Pablo había sido un príncipe entre los fariseos; gente con dinero; con comodidades y con mucha autoridad.

Cuando Pablo se convirtió al cristianismo y comenzó a predicar acerca de las doctrinas de Jesucristo y el Antiguo Testamento, les dijo a los hermanos de Filipos: "Porque para mí el vivir es Cristo, y el morir es ganancia".[29] A ellos mismos, es decir, a los hermanos de Filipos les advierte acerca de algunos misioneros que estaban predicando la circuncisión como un acto de salvación. Más o menos como lo hacen algunos de los predicadores de la Teología de la Prosperidad: "*Siembra tu Semilla de Fe*", dicen, y con ello están garantizando no solo una comodidad económica sino una salvación; una entrada a la Familia de la fe. Recordemos también aquel hombre que hizo que sus fieles tomaran el agua sucia en donde él se había bañado; "*Tómenla para ser purificados*", fueron sus indicaciones. La Biblia dice que Jesucristo es el UNICO Camino para ser salvo y que el Espíritu Santo, es el UNICO que no puede santificar, no las cosas ni las palabras de otros.[30] Estas bendiciones para el ser humanos son tan reales y presentes que: "Hasta el día de hoy, la salvación de las almas es una obra sobrenatural que solo

---

[29]   Filipenses 1:21, (RV, 1960).

[30]   Juan 14:6; Juan 3:6; Efesios 2:1-2; Tito 3:5.

15

es posible gracias al poder del Espíritu Santo cuando convierte a los hombres de la oscuridad a la luz".[31]

Ablando, pues, de esos misioneros que predicaban que para ser verdaderamente salvos hay que ser circuncidado, el apóstol Pablo, les cuenta a los filipenses su experiencia salvífica, misionera y vivencia. Diciéndoles:

"Por lo demás, hermanos míos, alégrense en el Señor. Para mí no es ninguna molestia repetir lo que ya les he escrito, y para ustedes es útil. Cuídense de esa gente despreciable, de los malos trabajadores, de esos que mutilan el cuerpo; porque los verdaderos circuncidados somos nosotros, los que adoramos a Dios movidos por su Espíritu, y nos gloriamos de ser de Cristo Jesús, y no ponemos nuestra confianza en las cosas externas. Aunque también yo tengo razones para confiar en tales cosas. Nadie tendría más razones que yo para confiar en ellas: me circuncidaron a los ocho días de nacer, soy de raza israelita, pertenezco a la tribu de Benjamín, soy hebreo e hijo de hebreos. En cuanto a la interpretación de la ley judía, fui del partido fariseo; era tan fanático, que perseguía a los de la iglesia; y en cuanto a la justicia que se basa en el cumplimiento de la ley, era irreprochable. Pero todo esto, que antes valía mucho para mí, ahora, a causa de Cristo, lo tengo por algo sin valor. Aún más, a nada le concedo valor si lo comparo con el bien supremo de conocer a Cristo Jesús, mi Señor. Por causa de Cristo lo he perdido todo, y todo lo considero

---

[31] CompellingTruth. *El poder del Espíritu Santo - ¿Qué es?* (La Habra, California. Internet. Consultado el 10 de diciembre del 2020), ¿? https://www.compellingtruth.org/Espanol/poder-Espiritu-Santo. html

basura a cambio de ganarlo a él y encontrarme unido a él; no con una justicia propia, adquirida por medio de la ley, sino con la justicia que se adquiere por la fe en Cristo, la que da Dios con base en la fe. Lo que quiero es conocer a Cristo, sentir en mí el poder de su resurrección y la solidaridad en sus sufrimientos; haciéndome semejante a él en su muerte, espero llegar a la resurrección de los muertos".[32]

En base a toda esa experiencia paulina es que el apóstol usa ejemplos como los granjeros, los ganaderos. Él dice: "Los ancianos que dirigen bien los asuntos de la iglesia son dignos de doble honor, especialmente los que dedican sus esfuerzos a la predicación y a la enseñanza. Pues la Escritura dice: 'No le pongas bozal al buey mientras esté trillando', y 'El trabajador merece que se le pague su salario'."[33] Aunque dice que el Líder o Anciano de la iglesia *es digno de doble honor*, no necesariamente se refiere a un honor económico, y, si así lo fuera, notemos que no dice que debe de abuzar de esa donación, de esa ofrenda o de ese diezmo, en especial cuando ese bien material es donado por los pobres. El apóstol Pablo nunca dijo que había que enriquecerse engañando o robando a los seguidores.

Se podría decir: Que Dios se apiada de sus almas; que tenga misericordia de ellos. Pero el Señor es justo y un día juzgará a todos y nos pedirá cuentas de lo que hemos hecho delante de nuestro Dios. Y de todos los hombres. En esta denuncia tenemos que decir que: La misericordia del Señor – no el juicio, aunque creemos que se lo merecen -, caiga sobre ellos y esperemos que se arrepientan de sus hechos, y que hagan lo mismo que hizo Saqueo el publicano cuando se arrepintió de sus hechos. La Biblia dice que Saqueo: "… puesto en pie, dijo al Señor: He aquí,

---

[32]   Filipenses 3"1-11, (DHH).

[33]   I Timoteo 5:17-18, (NVI).

Señor, la mitad de mis bienes doy a los pobres; y si en algo he defraudado a alguno, se lo devuelvo cuadruplicado".[34]

Así que, esperamos que los predicadores de *La Teología de la Fe*; esperamos que esos anunciadores de: "*Sembrar la Semilla de Fe*", y deseamos que los *Maestros de la Prosperidad*, se arrepientan y devuelvan el dinero que han hecho indebidamente.

Ellos y nosotros también sabemos que tienen un ministerio falso y un evangelio no verdadero.

---

[34] Lucas 19:8, (RV, 1960).

Capítulo Segundo:

EL CONTEXTO HISTÓRICO

"Podemos hacer nuestros propios planes, pero la respuesta correcta viene del Señor.

La gente puede considerarse pura según su propia opinión, pero el Señor examina sus intenciones.

Pon todo lo que hagas en manos del Señor, y tus planes tendrán éxito.

El Señor ha hecho todo para sus propios propósitos, incluso al perverso para el día de la calamidad.

El Señor detesta a los orgullosos. Ciertamente recibirán su castigo.

Con amor inagotable y fidelidad se perdona el pecado. Con el temor del Señor el mal se evita.

Cuando la vida de alguien agrada al Señor, hasta sus enemigos están en paz con él."

Proverbios 16:1-7, (NTV).

De acuerdo al contexto histórico: "En el primer siglo de nuestra era cayó sobre el Imperio Romano un 'movimiento' procedente de Palestina, denunciado por las autoridades como sedicioso, subversivo, 'peste' que amenazaba a todo el mundo civilizado. Fue lanzado por los judíos, que centraron toda la problemática sobre un rabino de Galilea que hacía milagros, y que sus partidarios reconocieron como el gran Rey-Mesías, libertador y futuro Gobernante del mundo".[35] ¡Comenzaba una Nueva Era! El mundo romano se encontró con grupo no armado con las armas físicas o materiales sino con un ejército con armas espirituales; un ejército espiritual que comenzó a minar sus teologías y políticas.

Nadie, ni aun los mismos judíos, ni los apóstoles de Jesucristo, se imaginaron que cuando el *Rabino Rey-Mesías* llamado Jesús de Nazaret, les dijo a sus seguidores que en la ciudad de Jerusalén recibirían un poder que los lanzaría desde esa ciudad capital a todas las naciones o, como dice el texto "hasta los confines - o finales - del mundo",[36] no, nadie se imaginaba que, las enseñanzas de aquel rabino formarían la base de la Religión Cristiana Evangélica que ha llegado a todos los rincones del mundo civilizado.

Aunque Jesucristo había anticipado que sus seguidores tendrían oposición en el mundo; y que no todos iban a creer en su mensaje, nos parece que ninguno se imaginó el grado de desprecio y tribulación que sufrirían por parte de los fanáticos religiosos o por los temerosos e ignorantes políticos. Cuando ellos escucharon de parte del Señor Jesús que les dijo: "Estas cosas les he hablado para que en Mí tengan paz. En el mundo tienen tribulación; pero confíen, Yo he vencido al mundo".[37] Es posible que no tuvieron la menor idea de las terribles tribulaciones que el Cristianismo sufriría.

Los apóstoles y los primeros cristianos de lo que conocemos como la *Iglesia Primitiva,* desde los primeros días de la extensión del Evangelio empezaron a experimentar lo que Jesucristo les había profetizado. El Libro de los Hechos de los Apóstoles registra las primera tres persecuciones:

---

[35] José Flores. *Cristología de Juan.* (España, Editorial CLIE. 1975), 21.

[36] Hechos 1:8

[37] Juan 16:33, (Nueva Biblia Latinoamericana).

A.- Primera persecución.

La Primera Persecución realizada por los sacerdotes en la ciudad de Jerusalén, "el capitán de la guardia del templo" y por la secta de los Saduceos, la encontramos relatada con las siguientes palabras:

"Mientras Pedro y Juan le hablaban a la gente, se les presentaron los sacerdotes, el capitán de la guardia del templo y los saduceos. Estaban muy disgustados porque los apóstoles enseñaban a la gente y proclamaban la resurrección, que se había hecho evidente en el caso de Jesús. Prendieron a Pedro y a Juan y, como ya anochecía, los metieron en la cárcel hasta el día siguiente. Pero muchos de los que oyeron el mensaje creyeron, y el número de estos, contando solo a los hombres, llegaba a unos cinco mil.

Al día siguiente se reunieron en Jerusalén los gobernantes, los ancianos y los maestros de la ley. Allí estaban el sumo sacerdote Anás, Caifás, Juan, Alejandro y los otros miembros de la familia del sumo sacerdote".[38]

B.- Segunda persecución.

La Segunda Persecución también fue por los mismos celosos perseguidores de la Primera. La Biblia dice que: "El sumo sacerdote y todos sus partidarios, que pertenecían a la secta de

---

[38]   Hechos de los Apóstoles 4:1-6, (NVI).

los saduceos, se llenaron de envidia. Entonces arrestaron a los apóstoles y los metieron en la cárcel común"[39].

C.- Tercera persecución.

La Tercera Persecución es iniciada por la secta de los Fariseos. El doctor Lucas la escribió de la siguiente manera:

"Esteban, hombre lleno de la gracia y del poder de Dios, hacía grandes prodigios y señales milagrosas entre el pueblo. Con él se pusieron a discutir ciertos individuos de la sinagoga llamada de los Libertos, donde había judíos de Cirene y de Alejandría, de Cilicia y de la provincia de Asia....

Al oír esto, rechinando los dientes montaron en cólera contra él. Pero Esteban, lleno del Espíritu Santo, fijó la mirada en el cielo y vio la gloria de Dios, y a Jesús de pie a la derecha de Dios. — ¡Veo el cielo abierto —exclamó—, y al Hijo del hombre de pie a la derecha de Dios! Entonces ellos, gritando a voz en cuello, se taparon los oídos y todos a una se abalanzaron sobre él, lo sacaron a empellones fuera de la ciudad y comenzaron a apedrearlo. Los acusadores le encargaron sus mantos a un joven llamado Saulo. Mientras lo apedreaban, Esteban oraba. —Señor Jesús — decía—, recibe mi espíritu. Luego cayó de rodillas y gritó: — ¡Señor, no les tomes en cuenta este pecado! Cuando hubo dicho esto, murió.

Y Saulo estaba allí, aprobando la muerte de Esteban. Aquel día se desató una gran persecución contra la iglesia en Jerusalén, y todos, excepto los

---

apóstoles, se dispersaron por las regiones de Judea y Samaria. Unos hombres piadosos sepultaron a Esteban e hicieron gran duelo por él. Saulo, por su parte, causaba estragos en la iglesia: entrando de casa en casa, arrastraba a hombres y mujeres y los metía en la cárcel".[40]

Aunque fueron persecuciones terribles, fueron a nivel local. ¿Qué queremos decir "a nivel local"? Queremos decir que después fueron más cueles, pues comenzaron las persecuciones imperiales. Persecuciones realizadas por soldados entrenados para la maldad del ser humano. La Wikipedia dice acerca de estas persecuciones lo siguiente:

> "Numerosos cristianos han sufrido persecuciones por parte de no cristianos e incluso de otros cristianos de creencias diversas o más o menos estrictas durante la historia del cristianismo.
>
> Tales persecuciones tienen o tuvieron varios grados de intensidad, desde el arresto sin garantías, la mengua de derechos públicos, el encarcelamiento, el azotamiento y la tortura, hasta la ejecución, llamada martirio, pasando por el pago de un impuesto suplementario —como el caso de los mozárabes—, la confiscación de sus bienes o incluso la destrucción de sus propiedades, su arte, sus libros y sus símbolos o la incitación a abjurar de sus principios y delatar a otros cristianos".[41]

---

[40]   Hechos 6:8-9; 7:54-60; 8:1-3, (NVI).

[41]   Wikipedia, la enciclopedia libre. *Persecución a los cristianos.* (La Habra, California. Internet. Consultado el 10 de diciembre del 2020), ¿? https://es.wikipedia.org/wiki/Persecuci%C3%B3n_a_los_cristianos

Lo que estamos viendo en estos datos histórico/bíblicos es que, desde antes de que el cristianismo fuera una religión como tal, ya había persecución contra los que no estaban de acuerdo a las ideas religiosas y culturales de su época. Jesucristo, el fundador del cristianismo fue el primero en ser perseguido por aquellos líderes religiosos que vieron en él una amenaza para sus intereses personales. ¡Siempre ha existido la persecución contra el cristianismo!

D.- Persecuciones a nivel imperial y papal.

Después comenzaron las persecuciones a nivel imperial y papal. Por ejemplo, el historiador John Fox, en su libro titulado: *El Libro de los Mártires,* narra las historias de los mártires cristianos en la primera persecución general bajo el gobierno del Emperador Romano Nerón. Así mismo, narra con lujo de detalles las primeras persecuciones contra los cristianos y, las otras persecuciones en diferentes regiones del Imperio Romano. Una vez formalizado el Papado Romano, Fox, también cuenta de las persecuciones por los papas y la formación de la *Santa Inquisición* – que no tuvo nada de *santa* - para seguir con las persecuciones y muertes de los cristianos.[42] Creemos, pues, que los apóstoles al escuchar la advertencia de Jesucristo nunca se imaginaron tal crueldad de mentes diabólicas.

Tampoco los cristianos del Siglo Primero se imaginaron que dentro de sus comunidades cristianas se levantarían hombres y mujeres que estuvieran en contra de lo que habían aprendido. Sin embargo, inspirado por el Espíritu Santo, el apóstol Juan, desde finales del Primer Siglo de la *Era Cristiana* ya había hecho la advertencia de que se introducirían en la Iglesia de

---

[42] John Fox. *El Libro de los Mártires. Una historia de las vidas, sufrimientos y muertes triunfantes de los cristianos primitivos y de los mártires protestantes.* Tr. Santiago Escuain. (Terrassa (Barcelona), España. Editorial CLIE. 1991), 426 páginas.

Jesucristo personas con un espíritu diferente a lo que ellos, los apóstoles, habían recibido del Señor Jesucristo. Inspirado, pues, por el Espíritu Santo, el apóstol Juan, entonces, dijo: "Amados, no crean a todo espíritu, sino prueben los espíritus para ver si son de Dios, porque muchos falsos profetas han salido al mundo".[43] Notemos que dice: "... *han salido por el mundo*". Es decir que ya para finales del Primer Siglo de la Era Cristiana, ya había, en la Iglesia Cristiana, personas con un espíritu diferente; es decir con una doctrina diferente. Juan hacía referencia a un movimiento filosófico llamado Gnosticismo.

E.- El desvió de la verdad.

Ahora bien, ese Movimiento Gnóstico llegó hasta los siglos XIX y XX en donde encontramos el Nuevo Movimiento; es decir, el *Gnosticismo Moderno*. Este "Gnosticismo moderno, y toda la filosofía no cristiana, deja el alma vacía, hambrienta, sedienta, insatisfecha, y tantos 'buscadores', perdidos por otras sendas, quedan mancos de verdad y de eternidad por no llegar al punto crucial".[44] De esta filosofía hablaremos un poco más en las siguientes páginas cuando tratemos el origen de la *Teología de la Fe* con un poco más de fondo histórico y teológico.

Lo que debemos hacer notar es que el *Humanismo Religioso*, llamado también *Humanismo Cristiano*, al parecer ha levantado sus pensamientos racionalistas sobre los cimientos del antiguo Gnosticismo Greco/Romano. Este nuevo pensar religioso lo que ha hecho es hacer un sendero racional con el cual ha desviado al cristianismo de lo que es la voluntad de Dios para la Iglesia Cristiana y de lo que es el ministerio misional de la Iglesia. El racionalismo secular ha embotado las mentes de los escolares modernistas y contemporáneos a tal grado que han escrito no solo un *Manifiesto*

[43] I Juan 4:1. (Nueva Biblia Latinoamericana).

[44] José Flores. *Cristología de Juan*. (España, Editorial CLIE. 1975), 114.

Humanista sino tres, que han cotejado con lo que dice la Biblia y lo que se está enseñando y practicando en la eclesiología. De esta manera, pues, el *Manifiesto Humanista* es el título de tres manifiestos que establecen una cosmovisión humanista.

"Son el Manifiesto Humanista original (1933, a menudo denominado Manifiesto Humanista I), el Manifiesto Humanista II (1973) y El Humanismo y sus Aspiraciones (2003, también conocido como Manifiesto Humanista III). El Manifiesto surgió originalmente del humanismo religioso, aunque también lo firmaron humanistas seculares.

El tema central de los tres manifiestos es la elaboración de una Filosofía y un sistema de valores que no necesariamente incluye la creencia en ninguna deidad personal o 'poder superior', aunque los tres difieren considerablemente en su tono, forma y ambición. Cada uno ha sido firmado en su lanzamiento por varios miembros destacados de la academia y otros que están en general de acuerdo con sus principios".[45]

En el tercer documento, es decir en: El Humanismo y sus Aspiraciones, creado en el año 2003, también conocido como Manifiesto Humanista III, se anuncia que el cristianismo es una religión con una "fe anticuada y no demostrable".[46] Un cristianismo que ofrece falsas esperanzas por medio de la predicación de la salvación. Los autores del Manifiesto Humanista, dicen:

"Como en el 1933 – Manifiesto Humanista I -, los humanistas aun creemos que el teísmo racional, especialmente la fe en un Dios que

---

[45] Wikipedia, la enciclopedia libre. *El Manifiesto Humanista*. (La Habra, California. Internet. Consultado el 10 de diciembre del 2020), ¿? https://es.wikipedia.org/wiki/Manifiesto_humanista

[46] Tim LaHaye y David Noebel. *Asedio de la mente: La batalla por la verdad en el nuevo milenio*. (Nashville, TN, Miami Florida. Editorial Caribe, Inc. Una división de Thomas Nelson, Inc. 2002), 165.

escucha plegarias, que aparentemente ama a las personas y se preocupa por ellas, que escucha y comprende sus oraciones, y es capaz de hacer algo por ellas, es una fe anticuada y no demostrable. El salvacionismo, basado en la simple afirmación, aun parece inofensiva, divirtiendo a la gente con falsas esperanzas o un cielo en un más allá. Las mentes razonables buscan otros medios para sobrevivir".[47]

Este razonamiento lo que está haciendo es desviar al cristianismo del Camino correcto. Los predicadores de la Doctrina o Teología de la Prosperidad, con sus enseñanzas y prácticas eclesiásticas, están haciendo lo mismo; desviando al cristianismo de la fe en Dios para ponerla en una Semilla de fe, es decir, en la cantidad de dinero que dan. Han puesto la sanidad física como un medio de estar reconciliado con Dios y también han puesto la comodidad social o las riquezas como un ejemplo de estar en la Familia de Dios.

El investigador evangélico Hank Hanegraaff, dice que: "En los años recientes, multitudes que nombran el nombre de Cristo han adoptado una percepción ampliamente distorsionada de lo que verdaderamente significa ser un cristiano".[48] Un vivo ejemplo es lo que se experimenta en la predicación de la Teología de la Fe. Movimiento que presenta un "liberalismo –y Humanismo - barnizado de fe cristiana".[49] Gran parte de esta distorsión es causada por el Movimiento Carismático de nuestro tiempo. Es decir que:

---

[47] Tim LaHaye y David Noebel. *Asedio de la mente: La batalla por la verdad en el nuevo milenio.* (Nashville, TN, Miami Florida. Editorial Caribe, Inc. Una división de Thomas Nelson, Inc. 2002), 165-166.

[48] Hank Hanegraaff. *Cristianismo en crisis.* (USA. Harvest Hause Publishing), 10.

[49] Samuel Vila. *Origen e historia de las denominaciones cristianas.* (Terrassa (Barcelona), España. Editorial CLIE. 1988), 115.

"El crecimiento del movimiento carismático ha agravado el problema, fomentando y ofreciendo una plataforma para todo tipo de personas que hacen declaraciones ridículas extrabíblicas (y a menudo completamente antibíblicas) en el nombre del Espíritu Santo. Los fieles cristianos necesitan desesperadamente despertar y hablar en contra de la libre circulación de falsas profecías que han entrado en la iglesia tras la estela del movimiento carismático".[50]

Sin embargo, a diferencia del *Humanismo Cristiano* y el *Liberalismo Secular*, este liberalismo barnizado con la fe cristiana es un liberalismo hipócrita, deshumanizado, cruel, con bases en las ciencias ocultas que, "bajo el lema de 'Jesús es el Señor' multitudes están siendo engañadas por un evangelio de avaricia y están enarbolando evidentes doctrinas de cultos metafísicos".[51] Son cultos egoístas y que, además están en contra de la Ética Cristiana y de la Teología y Sociología bíblicas. Son prácticas cristianas que causan un alarmarte sentido de fraude con el cual "millones... han sido alejados de considerar seriamente las demandas de Cristo porque perciben el cristianismo como un fraude y a los líderes cristianos como artistas del fraude".[52]

¡Han desviado el Cristianismo!

---

[50] John MacArthur. *Fuego Extraño. El peligro de ofender al Espíritu Santo con adoración falsa.* (Nashville, TN. Grupo Nelson. 2014), 105

[51] Hank Hanegraaff. *Cristianismo en crisis.* (USA. Harvest Hause Publishing), 10.

[52] Hank Hanegraaff. Cristianismo en crisis. (USA. Harvest Hause Publishing), 10.

Capítulo Tercero:

DEFINICIONES DE LA DOCTRINA DE LA PROSPERIDAD

"El fuego prueba la pureza del oro y de la plata,
pero el Señor prueba el corazón."

Proverbios 17:3, (NTV).

Ahora bien, ya que hemos entrado o estamos entrando a este terreno de la Doctrina de la Prosperidad, debemos definir qué se entiende con este término *"Prosperidad"*. Es decir, en pocas palabras, ¿qué significa la Doctrina de la Prosperidad? Sin entrar en mucha discusión en cuanto a cómo y por qué dicho término, las siguientes definiciones nos ayudaran a una buena comprensión de lo que es Prosperidad.

A.- Definición de Cesar Angulo.

En términos muy sencillos pero al mismo tiempo suficientemente prácticos y entendibles, Cesar Ángelo, dice que: "La doctrina de la prosperidad es una enseñanza que pone un sobre-énfasis en el bienestar material de las personas como *'bendición'* de Dios, en otras palabras, si posees bienes materiales, estas bendecido por Dios, si no los tienes, no estás *'bendecido'*."[53]

---

[53] César Ángelo. *Prosperidad / Un Estudio Bíblico sobre la falsa doctrina de la prosperidad /Texto y Video.* (La Habra, California. Internet. Consultado el 1 de abril del año 2020), 1¿hhttps://

B.- Definición de la Wikipedia.

De acuerdo a la Wikipedia, la Enciclopedia Libre: "La teología de prosperidad, a veces llamada evangelio de la prosperidad, es una creencia religiosa compartida por algunos cristianos, quienes sostienen que la bendición financiera y el bienestar físico son siempre la voluntad de Dios para con ellos, y que la fe, el discurso positivo y las donaciones a causas religiosas aumentarán la riqueza material propia".[54]

C.- Definiciones de dos diccionarios.

Dos de los diccionarios de la Lengua española nos ayudan con la respuesta a la pregunta: ¿Qué significa la prosperidad? "La palabra prosperidad significa una situación de bienestar social y económico. Por ejemplo: La creación del balneario ha proporcionado prosperidad a la zona. Prosperidad, entonces, es un desarrollo favorable de las cosas".[55] El Diccionario Enciclopédico Vox, dice que "Prosperidad es el curso favorable de las cosas; buena suerte o éxito en lo que se emprende, sucede u ocurre bienestar material".[56]

---

contralobosblogcristiano.wordpress.com/2016/08/01/prosperidad-un-estudio-biblico-sobre-la-falsa-doctrina-de-la-prosperidad-por-cesar-angelo-texto-y-video/

[54] Wikipedia, la Enciclopedia Libre. *Teología de la prosperidad.* (La Habra, California. Internet. Consultado el 10 de febrero del 2020), ¿? https://es.wikipedia.org/wiki/Teolog%C3%ADa_de_la_ prosperidad

[55] Gran Diccionario de la Lengua Española Larousse. *Prosperidad.* (México. Editorial Larousse. 2016), ¿?

[56] Diccionario Enciclopédico Vox. *Prosperidad.* (México. Editorial Larousse. 2009), ¿?

D.- *Prosperidad es sinónimo de bienestar.*

Teniendo en cuenta estas definiciones, podemos darnos cuenta que la palabra prosperidad es una definición de bienestar. La Biblia habla de bienestar, lo diremos también más adelante en las páginas de este libro, pero por el momento nos adelantamos para decir que cuando la Biblia habla de bienestar, es una definición y declaración de que cuando estamos bien con el Señor Jesucristo, él se encarga de nuestras necesidades y, por eso es un bienestar espiritual y también, en algunas ocasiones, material. De esto tenemos buenos ejemplos en la Biblia y en la historia de la Iglesia Cristiana Evangélica.

Por ejemplo, notemos lo que dicen el texto bíblico que se menciona más adelante. No es el único texto bíblico que habla de prosperidad pero se toman como un ejemplo en este Capítulo sobre la definición de prosperidad.

"El Señor bendecirá tus graneros, y todo el trabajo de tus manos. El Señor tu Dios te bendecirá en la tierra que te ha dado.

Los malos deseos son la trampa de los malvados, pero la raíz de los justos prospera.

Fue así como Daniel prosperó durante los reinados de Darío y de Ciro el Persa.

Recita siempre el libro de la ley y medita en él de día y de noche; cumple con cuidado todo lo que en él está escrito. Así prosperarás y tendrás éxito".[57]

---

[57] Deuteronomio 28:8; Proverbios 12:12; Daniel 6:28; Josué 1:8. Los cuatro textos son copiados de la Nueva Versión Internacional.

Esta es la manera correcta del término prosperar en la Biblia; es Dios quien bendice y da conforme a su voluntad y a su propósito. Este es un concepto muy diferente al que tienen algunos hombres y mujeres de años pasados y de nuestro tiempo. Son personas que usando estos mismos textos roban, mienten, engañan, estafan y no tienen temor de Dios. Predicando sobre la prosperidad, entonces, usan sus hurtos para su propia comodidad. Usan lo que el pueblo da, pensando en la mentira de que serán ricos como una verdad bíblica.

E.- La Biblia contra la idea popular de Prosperidad.

Prosperidad, entonces, son dos conceptos muy diferentes entre lo que dice la Biblia y lo que enseña la Doctrina de la prosperidad. Son a ellos, a los predicadores de la Teología de la Fe que decimos que son un movimiento ignorante o mal intencionado de las Escrituras, aunque reconocemos que algunos de ellos conocen muy bien lo que dice la Biblia; son expertos en su historia y narrativa, pero las tergiversan para sacar provecho personal. ¡Sí, Dios prospera! Pero la bendición viene del Señor, no de los hombres.

Ya se ha comentado en el capítulo anterior sobre el desvió de la verdad, lo volveremos a notar en las siguientes páginas de este libro. Así que, cerramos este capítulo con esta declaración: Que Dios ayude a nuestra gente hispana a buscar la dirección de lo alto; que deje de confiar en hombres y mujeres sin escrúpulos que abusan del pueblo del Señor Jesucristo.

Capítulo Cuarto:

HISTORIA DE LA DOCTRINA DE LA PROSPERIDAD

"El primero en defenderse parece tener la razón, pero llega su contrario y lo desmiente."

Proverbios 18:17, (DHH).

Cesar Ángelo, está agradecido porque Dios le ha ayudado en su ministerio y, para ampliar más esta actitud de agradecimiento, tomamos sus palabras por las que agradece por "poder entregar una enseñanza vital y pertinente para estos tiempos peligrosos, en los que cada día somos atacados por las fuerzas del mal desde dentro de la iglesia, porque aunque sea difícil de creer hay infiltrados en medio nuestro, hay lobos vestidos de oveja, ... la Biblia dice que no es de extrañar que el diablo se vista como ángel de luz, él es el padre de la mentira y del engaño".[58] Cesar está haciendo referencia a los líderes de La Teología de la Fe o de La Doctrina de la Prosperidad (ambos son el mismo movimiento) de los cuales ya hemos hecho algunos comentarios. Ahora, al hacer la Historia de este Movimiento, nos adentramos en sus

---

[58] César Ángelo. *Prosperidad / Un Estudio Bíblico sobre la falsa doctrina de la prosperidad /Texto y Video.* (La Habra, California. Internet. Consultado el 1 de abril del año 2020), 1¿hhttps:// contralobosblogcristiano.wordpress.com/2016/08/01/prosperidad-un-estudio-biblico-sobre-la-falsa-doctrina-de-la-prosperidad-por-cesar-angelo-texto-y-video/ Juan 8:44.

orígenes para conocer el por qué y el cuándo de sus fundadores y sus doctrinas.

A.- ¿Es correcto lo que creemos?

Paulo Arieu, en un artículo publicado en Elteologuillo. Com, el día 10 de abril del año 2013, dijo lo siguiente: "Desde Descartes a nuestros días, una parte significativa de pensadores y filósofos han firmado el acta de defunción de muchas creencias y valores seculares, incluyendo a Dios, al hombre y, con él, su mundo interior, su intimidad. Tampoco nuestra forma de vida actual no ayuda precisamente a mantenerla. Este es el motivo por el que nos cuestionamos lo que creemos, si lo creemos y si es correcto".[59] En una manera breve, hemos comenzado a observar este fenómeno de la defunción Bíblica y Teológica por algo más atractivo; aquello que conmueva o exalte los sentimientos y las acciones sin razonar si es correcto en la Ética Cristiana, en los relatos de la Teología Bíblica, y en la Teología Cristiana Evangélica.

Así que entramos a un terreno muy peligroso: ¡Muy peligroso! Es el campo de la mala Hermenéutica Bíblica; es el campo de una mala Teología Evangélica y Pastoral; es el campo del engaño eclesiástico; es el campo del robo con matices espirituales; es el terreno donde la sencilla de la fe de la Sagrada Escritura es manipulada para lograr fines económicos indebidos.

Básicamente, la Doctrina de la Prosperidad se podría decir que se originó en base a una fórmula matemática que se puede representar de esta manera:

$$F = S + P.$$

[59] Paulo Arieu. *R. Warren y ecumenismo parte 8.* (La Habra, California. Internet. Artículo en Teologillo.com. Consultado el 11 de abril del año 2020), ¿? https://elteologillo.com/2013/04/10/warren-7/

Esto es: Que si la persona tiene Fe (**F**), entonces, el resultado es doble; tiene Seguridad (**S**) y a esa seguridad se le suma la Prosperidad (**P**). Todo gira en el acto de sembrar una semilla de FE.

Hank Hanegraaff también hizo una formula con la palabra FALLAS para denunciar los errores de los predicadores de La Teología de la Fe. Es decir que Hanegraaff usa este "vocablo F-A-L-L-A-S con el propósito de establecer un contraste entre las 'cuatro leyes espirituales' de la fe cristiana con las 'cuatro fallas' del movimiento de la fe".[60] Con esta palabra, Hanegraaff habla de la Fe en fe; se pregunta: ¿Añadiendo dioses a pequeños fraudes?; Dice que estos predicadores están lejos de la expiación; que son gente de lujos y más; son Personas que hacen mucho énfasis en las aflicciones y las enfermedades como consecuencia de no tener fe y de pecado.[61]

Entonces, pues, La Teología de la fe o de la prosperidad que es el nombre más conocido y más popular de este Movimiento Teológico Neo pentecostal entre la comunidad evangélica, tiene como núcleo o base doctrinal la convicción de que Dios quiere que sus fieles tengan una vida de prosperidad; Es decir que lleguen a ser económicamente ricos; físicamente sanos y que, individualmente sean felices.

Metas que, por cierto, son las que la nueva corriente humanista ha estado anunciando desde principios del Siglo XIX. – *Manifiesto Humanista I, 1933* -. Las dos Guerras Mundiales hicieron ver que el ser humano es tan frágil como un pedazo de madera seca en el fuego. Sin embargo, su insistencia en ser alguien más que una criatura del Creador del Universo persiste en la mente y corazón del Humanismo

---

[60]   Hank Hanegraaff. *Cristianismo en crisis*. (USA. Harvest Hause Publishing), 52.

[61]   Hank Hanegraaff. *Cristianismo en crisis*. (USA. Harvest Hause Publishing), 52-56

Cristiano, aunque algunos de desilusionaron. Sin embargo, después de la Segunda Guerra Mundial (1939-1945)[62], algunos de los académicos de ese tiempo y del nuestro, volvieron a las creencias y difusión de la Filosofía del Humanismo Secular: Es decir, su necio racionamiento y su ceguera de las verdades bíblicas les han hecho darle la espalda a Dios. "... en ellos, pues, se ha cumplido la verdad de aquel dicho: 'El perro vuelve a su vómito', y también lo de 'La puerca recién bañada vuelve a revolcarse en el lodo'."[63]

Como La Teología de la Fe ha estado siguiendo las bases del *Humanismo Cristiano* y del *Humanismo Secular* del Siglo XIX y algunas prácticas de las Ciencias Ocultas en lugar de los parámetros bíblicos/Teológicos de la fe cristiana evangélica,[64] entonces, pues, este Movimiento de Fe pone en el centro al hombre y su bienestar; es decir que, en sus enseñanzas, ponen a Dios al servicio del hombre; hacen de la iglesia un supermercado en donde el mejor producto es la fe; y a la religión – aunque no sea la cristiana – la hacen funcionar como un método o fenómeno utilitarista y eminentemente sensacionalista y por supuesto que también el pragmatismo emocional es parte esencial de su metodología.

La filosofía que se predica y se enseña en la Doctrina de la Prosperidad, que ya de antemano decimos que no es una

---

[62] Wikipedia. La Enciclopedia Libre. *La Segunda Guerra mundial.* La Segunda Guerra Mundial fue la más mortífera de la historia con un resultado de entre 50 y 70 millones de víctimas, el 2,5 % de la población mundial. (La Habra, California. Iinternet. Consultado el 28 de abril, del 2020), ¿? https://es.wikipedia.org/wiki/Segunda_Guerra_Mundial

[63] 2 Pedro 2:22, (DHH)

[64] Entre algunos de los que usaron las prácticas de las Ciencias Ocultas para levantar sus ministerios fueron Phineas Prkhurst Quimby, William Branham y Paul Yonggi Cho (más conocido como David Cho).

filosofía bíblica ni teológica evangélica - aunque tiene esta máscara -, sino una filosofía barata que enseña que si el cristiano no tiene lo necesario en su vida – como una fe tan pequeña como para sembrar una semilla de fe-, el tal no está en la voluntad de Dios. Entonces, ¿Cómo hay que estar en la voluntad de Dios? De acuerdo a la filosofía de La Teología de Fe, para poder recibir el favor de Dios hay que darle a Dios de nuestras entradas económicas y de nuestros bienes materiales – sembrar la semilla de fe - y, por supuesto al ministro o pastor de la congregación a quien se le deben de entregar dichos donativos.

B.- El origen de la Teología de la Fe.

No es muy difícil seguir el rastro de la Teología de la Prosperidad para poder llegar a su origen. Es un movimiento relativamente nuevo, así que, existe suficiente material escrito, predicaciones en internet y en videos que nos pueden ayudar para poder llegar al cómo y cuándo se inició el Movimiento de la Prosperidad.

Phineas Parkhurst Quimby.

La historia del origen de esta falsa enseñanza conocido como La Teología de la Fe o como la *Doctrina de la Prosperidad,* se remonta hasta el año 1854. "En esos años vivió un personaje llamado *Phineas Parkhurst Quimby.* Este hombre fue el padre del 'Nuevo Pensamiento".[65] Para que tengamos una idea más clara de quien fue el señor Quimby y cuál es su aportación a la

---

[65] César Ángelo. *Prosperidad / Un Estudio Bíblico sobre la falsa doctrina de la prosperidad /Texto y Video.* (La Habra, California. Internet. Consultado el 1 de abril del año 2020), 1¿hhttps://contralobosblogcristiano.wordpress.com/2016/08/01/prosperidad-un-estudio-biblico-sobre-la-falsa-doctrina-de-la-prosperidad-por-cesar-angelo-texto-y-video/

Doctrina de la Prosperidad, presentamos una parte de su vida y aportación a la historia de los Movimientos Religiosos dentro del Cristianismo Evangélico.

De acuerdo a la Wikipedia, "Phineas Parkhurst Quimby, fue un maestro charlatán espiritual estadounidense. Quimby fue considerado como filósofo, magnetizador, promotor del Mesmerismo, sanador por fe, e inventor, que residió en Belfast, Maine, y tenía una oficina en Portland, Maine. Se reconoce ampliamente que el trabajo de Quimby condujo al movimiento del Nuevo Pensamiento del que han salido tantos fraudulentos y charlatanes que han puesto en"[66] la cristiandad un énfasis doctrinal diferente al tradicional. Como Quimby es el que ocasionó todo este cáncer que hoy tiene el cuerpo de Cristo, entonces, merece un poco de atención. Esta es la razón por la cual, haciendo uso del material biográfico y literario de Phineas Parkhurst Quimby, se hace el siguiente comentario:

"Phineas Parkhurst Quimby, nació en 1802 en New Hampshire en el seno de una familia humilde y se estableció en Maine. Phineas Parkhurst Quimby murió en 1866. Un hombre que tuvo escasa educación formal. Relojero por tradición familiar, posteriormente terminó abandonando la profesión para convertirse en uno de los principales referentes y difusores de una nueva forma de terapia, la cura mental, definiéndola como una técnica de sanación a través del poder de la mente y que él mismo desarrolló tras haberse formado durante varios años en la aplicación del

---

[66] Wikipedia, la Enciclopedia libre. *Phineas Quimby, Pseudociencia, Fandom.* (La Habra, California. Internet. Consultado el 17 de abril del 2020), https://search.yahoo. com/yhs/search;_ylt=AwrVk5drD5pe6j4ALwIPxQt.;_ ylc=X1MDMjExNDcwMDU1OQRfcgMyBGZyA3locyl

mesmerismo,...Basándose en sus experiencias como sanador y su éxito en ese terreno, postuló las bases de su cura mental como 'la ciencia de la vida y la felicidad'. Las ideas de Quimby fueron decisivas para la aparición del popular movimiento conocido como Nuevo Pensamiento,... Quimby, dijo que el individuo es un ser dotado de poderes mentales de origen divino gracias a los cuales puede sanarse a sí mismo y transformar el mundo que lo rodea.

El tipo de prácticas de sanación de o a través del espíritu a las que pertenecía la cura mental cobraba sentido dentro de un ambiente de rebelión contra las rígidas estructuras sociales y morales del calvinismo que la sociedad americana llamaba a superar.... En comparación con lo que sucedía en el viejo continente, la movilidad social y geográfica era mayor, como también era mayor la pluralidad de creencias religiosas, que proliferaban entre buhoneros, charlatanes y predicadores.... A mediados del siglo xix ya no era operativa la vieja religiosidad calvinista que había servido en los momentos fundacionales de la nación, proporcionando a los colonos la idea del trabajo continuo como vía de escape a la desesperación que suponía la duda sobre la condenación eterna. ... el protestantismo había permitido el nacimiento del capitalismo, pero ahora el desarrollo de este último precisaba de una religiosidad diferente, menos oscura, más individualista, esperanzadora y más vinculada a las nuevas necesidades y perspectivas económicas de un país que se veía poseedor de una riqueza y de una capacidad de progreso sin límites.

Los anhelos de prosperidad, salud y felicidad habían sustituido a las inquietudes por el pecado, el infierno y la salvación... La perspectiva de Quimby, fundamentalmente occidental y cristiana, formaba parte de esa amalgama de opciones reformistas y se alejaba del modelo calvinista de subjetividad, donde el individuo estaba predestinado. De hecho, se enmarcaba dentro de la naciente cultura norteamericana ligada a la industrialización y la democracia liberal, que requería sujetos responsables dueños de su propio destino.

Con componentes filosóficos, religiosos e incluso políticos, las ideas de Quimby apuntaban así a la idea de un potencial humano susceptible de desarrollo, idea que define uno de los núcleos de la metafísica cristiana de Wuinby en particular y del Nuevo Pensamiento en general, y que mantiene una estrecha relación de continuidad tanto con el desarrollo de un determinado tipo de literatura de autoayuda a lo largo del siglo xx, como con la aparición de la Psicología Humanista en el primer tercio del s. xx y, posteriormente, con la denominada Psicología Positiva a comienzos del xxi.

En definitiva, ese fomento de la cultura del yo representaba tanto una ruptura con la religiosidad previa como una continuidad o evolución de la misma. El sujeto ya no estaba sometido a la obligación de mantenerse vigilante observando las fuentes del pecado, sino a la obligación de observarse a sí mismo en aras de la salud o la felicidad".[67]

Quimby, decía que la enfermedad y el sufrimiento tenían su origen en la forma incorrecta de pensar. "Los seguidores de Quimby siguen diciendo que el hombre puede cambiar su propia realidad a través de la afirmación positiva, es decir, por medio de la confesión. En la ciencia de la Metafísica se le conoce como: 'El poder de la mente'. En la actualidad, los predicadores de la Doctrina de la Prosperidad le han cambiado el nombre y la llaman: 'La Fuerza de la Fe'. Con esta enseñanza, se ha estado predicando que lo que la persona dice, ¡eso se logra! ¡Se hace una realidad!"[68] Estas fueron las ideas del relojero y filósofo Phineas Parkhurst Quimby. Principios que influenciaron a los predicadores del siglo XX y lo que va del Siglo XXI. La mayoría de ellos son los iniciadores de La Teología de la Fe.

William Branham.

Después, en los años 1940, surge en el Quehacer Teológico un movimiento que se llamó: *"Lluvia Tardía"*. Uno de los primeros exponentes de este Movimiento fue: "'William Branham: Este personaje hacía sanidades, pero él decía que no las realizaba el Espíritu Santo de Dios, sino que las hacía un ángel que estaba

---

[67] Roberto García Álvarez, Edgar Cabañas Díaz y José Carlos Loredo Narciandi. *La cura mental de Phineas P. Quimby y el origen de la psicoterapia moderna*. (La Habra, California. Internet. Consultado el 17 de abril del 2020), 136-138. https://pure.mpg.de/rest/items/ item_2146883/component/file_2146882/content

[68] César Ángelo. *Prosperidad / Un Estudio Bíblico sobre la falsa doctrina de la prosperidad /Texto y Video*. (La Habra, California. Internet. Consultado el 1 de abril del año 2020), l¿hhttps:// contralobosblogcristiano.wordpress.com/2016/08/01/prosperidad- un-estudio-biblico-sobre-la-falsa-doctrina-de-la-prosperidad-por- cesar-angelo-texto-y-video/

DENTRO DE EL… además negaba la Trinidad y creía en la existencia de los ovnis".[69] William Branham fue un maestro del engaño usando los principios bíblicos.

Parte de la biografía de este personaje del Movimiento de la *Lluvia Tardía*, dice que: "La vida de William Branham (a quien llamamos el Hermano Branham) comenzó en la primavera de 1909. Nació en una familia demasiado pobre, en lo profundo de las colinas del sur de Kentucky. Pocos minutos después de su nacimiento en una pequeña cabaña de una sola habitación, una Luz peculiar entró al cuarto y se mantuvo suspendida sobre la cama donde él estaba acostado. Acababa de empezar una vida sobrenatural que cambiaría la Cristiandad moderna.

Con un padre alcohólico y un hogar carente de religión, las posibilidades no lo favorecían mucho. Pero, a pesar de todo esto, el Hermano Branham se convirtió en un poderoso hombre de Dios. Como a los treinta y ocho años de edad, Branham estaba orando en una pequeña cabaña de caza, al norte de su hogar, en Jeffersonville, Indiana. Entonces, por la noche, el Ángel del Señor lo visitó y lo comisionó para orar por los enfermos. Aunque en sus escritos y en los escritos de los biógrafos no se puede leer con claridad cuando, donde y como fue la conversión al cristianismo, si es que la hubo.

Entre otras cosas, el Ángel le dijo: 'Si logras que la gente te crea, y eres sincero cuando ores, nada impedirá tus oraciones, ni siquiera el cáncer'. Todas las dudas se desvanecieron. El Hermano Branham ahora tenía su comisión y valientemente emprendió su camino. Un avivamiento mundial de sanidad

---

[69] César Ángelo. *Prosperidad / Un Estudio Bíblico sobre la falsa doctrina de la prosperidad /Texto y Video*. (La Habra, California. Internet. Consultado el 1 de abril del año 2020), 1¿hhttps://contralobosblogcristiano.wordpress.com/2016/08/01/prosperidad-un-estudio-biblico-sobre-la-falsa-doctrina-de-la-prosperidad-por-cesar-angelo-texto-y-video/

había iniciado".[70] Aunque su *comisión angelical*, al parecer, no le funcionó, pues tiempo después Dios tuvo que buscarse a otro hombre, también supuestamente ungido de nombre Granville Oral Roberts, del cual se ha hace referencia en páginas siguientes donde se sigue tratando la historia de los líderes de La Teología de la Fe. Se dice, pues, que a Oral Robert, Dios le dijo que lo había llamado para encontrar o descubrir la cura para el cáncer. Entonces, pues a William Branham no le funcionó la tarea que le impuso el ángel.

Como lo indica el nombre del movimiento en el que Branham estaba involucrado: *Lluvia Tardía*, el "ministerio de Branham produjo el mayor derramamiento del Espíritu Santo desde el día de Pentecostés. Cientos de miles asistieron a las campañas del pastor Branham, y miles recibieron sanidad en el Nombre del Señor Jesucristo".[71] Esto es de llamar la atención pues, Branham no creía que la Doctrina de la Trinidad era bíblica. Cuando hace mención de la Trinidad afirma "que la misma proviene directamente del diablo".[72] Es probable que lo que decía que los milagros no eran obra del Espíritu Santo sino de él, se deba a esta mala hermenéutica sobre la Doctrina de la Trinidad.

Con ese avivamiento pentecostal, del cual el autor fue parte de el por algunos meses, "pronto, otros evangelistas, como Oral Roberts, T. L. Osborne, Gordon Lindsay y A. A. Allen, siguieron el ejemplo del Hermano Branham, empezando sus propios avivamientos de sanidad – se cuenta que durante el ministerio de William Branham-, el Señor derramó Sus bendiciones como

---

[70] Grabaciones La Voz de Dios. *Biografía de William Branham*. (La Habra, California. Internet. Consultado el 17 de abril del 2020), ¿? https://branham.org/es/williambranham

[71] Grabaciones La Voz de Dios. *Biografía de William Branham*. (La Habra, California. Internet. Consultado el 17 de abril del 2020), ¿? https://branham.org/es/williambranham

[72] Hank Hanegraaff. *Cristianismo en crisis.* (USA. Harvest Hause Publishing), 29

nunca antes. Una vez más, la mano sanadora de Jesucristo había tocado a Su pueblo".[73]

Gordon Lindsay.

Durante los años de predicación de William Branham, surge Gordon Lindsay. Un hombre muy hábil aun para decir mentiras que, como locutor de profesión, pudo ganarse a las multitudes. Lindsay fundó el *Movimiento de Avivamiento de Sanidad*. La fuerza de este movimiento se basó en la adquisición de medios de comunicación radiales y televisivos. Se unió a William Branham para seguir predicando sus mentiras con mayor apoyo eclesiástico.

Enseñaban que había un grupo de élite espiritual que poseía el "*conocimiento oculto*" del reino espiritual.[74] Idea que se fusionó desde los primeros años del Cristianismo y que había estado en la mente y practica de filósofos y amantes de la sabiduría o el conocimiento, pues la palabra griega de donde se deriva su nombre es *gnosis* que significa conocimiento. De acuerdo a Samuel Aun Weor, el Gnosticismo es tan antiguo como el mismo ser humano. Este escritor, dice que: "la Gnosis es una filosofía *'Perennis Et Universalis'*, un funcionalismo de la consciencia; brota de diversas latitudes. Quienes piensan únicamente que la Gnosis tiene su origen en la Persia, o en el Irak, o en la Palestina o en la Europa Medieval, están equivocados. La gnosis, es

---

[73] Grabaciones La Voz de Dios. *Biografía de William Branham*. (La Habra, California. Internet. Consultado el 17 de abril del 2020), ¿? https://branham.org/es/williambranham

[74] César Ángelo. *Prosperidad / Un Estudio Bíblico sobre la falsa doctrina de la prosperidad /Texto y Video*. (La Habra, California. Internet. Consultado el 1 de abril del año 2020), 1¿hhttps://contralobosblogcristiano.wordpress.com/2016/08/01/prosperidad-un-estudio-biblico-sobre-la-falsa-doctrina-de-la-prosperidad-por-cesar-angelo-texto-y-video/

repito, un funcionalismo de la consciencia; la encontramos en cualquier obra India, en cualquier piedra arqueológica,..."[75] y, por supuesto, para el fin de esta tesis, la Filosofía Gnóstica la encontramos en el Cristianismo desde los primeros cien años del origen de la Iglesia Cristiana.

A finales del Siglo XIX y principios del XX el Gnosticismo juntamente con el Humanismo Cristiano y el Secular fueron unas de las bases para que el Carismatísmo Evangélico cobrara vida en los diferentes Movimientos Eclesiásticos entre ellos el Movimiento de La Teología de la Fe.

Volviendo con Gordon Lindsay, quien le dio mucha popularidad al fraudulento carismatísmo evangélico, parte de su biografía dice que nació "en la ciudad de Sión, fundada por John Alexander Dowie (1847-1907), a unos 60 kilómetros de Chicago (EE.UU.). A los tres años de su nacimiento la familia se mudó a Oregón. Hasta la edad de dieciséis años asistió a la Iglesia Metodista local, más motivado por la fe y ejemplo de sus padres que por convicción personal. En la ciudad vecina de Portland asistió a la campaña que Charles F. Parham (1873-1929)[76] estaba desarrollando. Fue entonces que se reconcilió con Dios y dejó a un lado toda su antipatía por la fe. 'La experiencia

---

[75] Rigoberto Loza González. *Filosofía Gnóstica.* (La Habra, California. Internet. Artículo publicado por: Gnosis Instituto Cultural Quetzalcóatl. Consultado el 28 de abril, del 2020), ¿? https://www.samaelgnosis.net/revista/ser46/gnosis_filosofia.html

[76] Wikipedia. La Enciclopedia Libre. *Charles Fox Parham (4 de junio de 1873 - 29 de enero de 1929).* Fue un predicador y evangelista estadounidense. Junto con William J. Seymour, fue una de las dos figuras centrales en el desarrollo y la difusión temprana del pentecostalismo. Fue Parham quien asoció la glosolalia o creencia en el don de lenguas con el bautismo en el Espíritu Santo. (La Habra, California. Internet. Consultado el 28 de abril del 2020), ¿? https://es.wikipedia.org/wiki/Charles_Fox_Parham

de mi conversión a Cristo fue algo tan maravilloso que nunca lo he podido olvidar'[77] – dijo Lindsay.

Granville Oral Roberts.

Entre los originadores de La Teología de la Fe y los que son llamados líderes del Pensamiento Filosófico o también llamado "*Nuevo Pensamiento*", encontramos al televangelista *G. Oral Roberts*. Granville Oral Roberts nació el 24 de febrero de 1918 y murió el 15 de diciembre del 2009. Oral Roberts, fue Ministro de la Iglesia Metodista Unida. También es considerado como un americano carismático y televangelista dentro del Movimiento Pentecostal.[78] "La influencia de Oral Roberts no es algo que los cristianos que creemos en la Biblia deberíamos de celebrar. Casi toda idea aberrante de los movimientos pentecostales y carismáticos generadas a partir de 1950 se pueden remontar de una manera o de otra a la influencia de Oral Roberts".[79] La Doctrina de la Prosperidad le debe mucho a las ideas de Oral Roberts, pues "no solo aceptó el falso evangelio de la salud y la riqueza, sino que lo promovió dentro de la corriente principal del cristianismo, utilizando la televisión para difundir su veneno doctrinal a las masas. En sentido muy real, fue el primero de los sanadores fraudulentos en hacer uso de la televisión, allanando

---

[77] Biografía de *LINDSAY, JAMES GORDON*. (La Habra, California. Editorial CLIE en línea. Consultado el 17 de abril del 2020), ¿? https://www.clie.es/autor/lindsay-james-gordon

[78] Wikipedia. La Enciclopedia Libre. *Oral Roberts*. (La Habra, California. Internet. Consultado el 28 de abril del 2020), ¿? https:// en.wikipedia.org/wiki/Oral_Roberts

[79] John MacArthur. *Fuego Extraño. El peligro de ofender al Espíritu Santo con adoración falsa*. (Nashville, TN. Grupo Nelson. 2014), 155.

el camino para el desfile de estafadores espirituales que han venido después de él".[80] Granville Oral Roberts es el hombre que supuestamente Jesús le dijo que Dios lo había escogido para que el fuera la persona que encontraría el medicamento o el "tratamiento efectivo" para sanar a la gente de la enfermedad del cáncer.

"Roberts juró que el Señor le dijo lo siguiente:

> 'Yo no hubiera permitido que tú y tus asociados intentaran construir un edificio de veinte pisos para investigaciones, a menos que fuera a darte un plan que combata el cáncer'. Añadió después... que Jesús le había instruido que dijera a los demás que 'no es Oral Roberts el que pide (el dinero), sino el mismo Señor'."[81]

Un día Oral Roberts abrió la Biblia en 3 de Juan 2 y allí leyó las siguientes palabras: "Querido hermano, oro para que te vaya bien en todos tus asuntos y goces de buena salud, así como prosperas espiritualmente" (NVI). En la Versión Reina Valera, dice: "Amado, yo deseo que tú seas prosperado en todas las cosas, y que tengas salud, así como prospera tu alma". Después de leerlo se lo mostró a su esposa Evelyn la cual después de leerlo se preguntaron si eso implicaría el tener un automóvil nuevo, una casa nueva y un nuevo ministerio. *Este fue el comienzo de La Doctrina de la Prosperidad.* Gloria Copeland dijo acerca de este mismo texto: "Es decir, usted prospera al grado que prospere su alma, la prosperidad bíblica no vendrá de otra manera. La obediencia a la Palabra de Dios es la base

---

[80]   John MacArthur. *Fuego Extraño. El peligro de ofender al Espíritu Santo con adoración falsa.* (Nashville, TN. Grupo Nelson. 2014), 155.

[81]   Hank Hanegraaff. *Cristianismo en crisis.* (USA. Harvest Hause Publishing), 29

de las leyes de la prosperidad, la cual constituye la protección interna de las leyes de la prosperidad".[82]

"Después que fraguo la Doctrina de la Prosperidad, Oral Roberts inventó su obra más conocida y de mayor alcance: el mensaje de la *Semilla de Fe*. Roberts enseño que dar la semilla de fe era el medio para alcanzar la prosperidad. El dinero y las cosas materiales donadas a su organización eran como semillas sembradas que producirían una cosecha de bendiciones materiales de parte del Señor. Robert declaró que Dios multiplicaría de forma milagrosa lo que fuera donado al ministerio de Roberts y le daría mucho más al donante".[83] Este plan casi maravilloso y que parecía muy espiritual motivó a los pobres quienes, querían hacerse ricos con rapidez. Claro está que, los donantes no se hicieron ricos pero sus donaciones generaron millones de dólares en el banco del ministerio de Oral Roberts.

Movimiento de la Súper Fe.

Entre el Pentecostalismo de principios del siglo XX debemos hacer mención de otro movimiento que también dio la oportunidad, o mejor dicho, abrió las puertas eclesiásticas en la Historia de las Religiones y sectas, para que el Movimiento de la Doctrina de la Prosperidad tomara fuerza entre el pueblo evangélico. Hablamos del Movimiento de la Súper Fe (*Word-of-Faith Movement*) que, habla de una Reforma Apostólica y por

---

[82]   Gloria Copeland. *La voluntad de Dios es la Prosperidad. Un mapa para obtener la plenitud espiritual, emocinal y financiera.* Traducido al Español en Guatemala por KCM. (Fort Worth, Texas. Kenneth Copeland Publication), 46.

[83]   John MacArthur. *Fuego Extraño. El peligro de ofender al Espíritu Santo con adoración falsa.* (Nashville, TN. Grupo Nelson. 2014), 155.

esa razón también es conocido como el MRA *(Movimiento de la Reforma Apostólica)*.

Es decir que, "el Movimiento de Reforma Apostólica, es un nuevo movimiento carismático cristiano dentro del Pentecostalismo que está procurando tomar el dominio sobre la política, la economía y la cultura en la preparación para los tiempos del fin y el regreso de Jesús. Este grupo religioso, desde sus orígenes, está teniendo una presencia muy activa e influyente, dentro del marco de la política estadounidense. Los líderes son considerados "apóstoles y profetas", y ellos creen que han sido dotados por Dios para este papel relacionado con lo escatológico. El movimiento internacional "apostólico y profético" se ha dado en llamar la *Nueva Reforma Apostólica* de Charles Peter Wagner, quien se ha convertido en uno de sus líderes".[84]

Charles Peter Wagner.

Charles Peter Wagner fue misionero en Bolivia y después profesor en Fuller Theological Seminary en Pasadena, California. Cuando comenzó con la fundación del Movimiento de la Reforma Apostólica, Wagner, "… era el presidente de los *Ministerios de Global Harvest* (1993 a 2011) y actualmente es el rector emérito de *Wagner Leadership Institute*, el cual sirve para capacitar a los líderes a unirse en un movimiento conocido como la *Nueva Reforma Apostólica*, organización a la que él también ayudó a fundar".[85] "El cree que a principios del siglo veintiuno se produjo un cambio trascendental en el plan redentor

---

[84] Paulo Arieu. *R. Warren y ecumenismo parte 8.* (La Habra, California. Internet. Artículo en Teologillo.com. Consultado el 11 de abril del año 2020), ¿? https://elteologillo.com/2013/04/10/warren-7/

[85] Paulo Arieu. R. Warren y ecumenismo parte 8. (La Habra, California. Internet. Artículo en Teologillo.com. Consultado el 11 de abril del año 2020), ¿? https://elteologillo.com/2013/04/10/warren-7/

de Dios".[86] De acuerdo a su pensamiento, hoy día "estamos viendo la nueva forma de hacer iglesia desde el tiempo de la Reforma Protestante".[87] Hace, pues un esfuerzo para que los dones milagrosos sean más relevantes en este tiempo que como lo fueron en el Siglo Primero de la Era Cristiana. Se ha comentado que C. Peter Wagner, se ha convertido en uno de los líderes del MRA. Sin embargo, es mejor decir que con Charles Peter Wagner se comenzó el llamado: Pensamiento Apostólico con el que se formalizó el *Movimiento de la Reforma Apostólica*. El cree que el oficio apostólico no fue solo un ministerio de los primeros dos siglos del cristianismo sino que ahora, más renovado, también existe la efectidad de dicho ministerio. "En palabras de Wagner, hora hay un 'amplio reconocimiento de que el oficio del apostolado no fue solo un fenómeno del primer par de siglos de la historia de la iglesia, sino que también está funcionando en el Cuerpo de Cristo hoy'."[88]

Al movimiento iniciado con C. Peter Wagner, lo llamó: *La Nueva Reforma Apostólica*. En cuanto a este nombre, Wagner, dice: "El nombre que he elegido para este movimiento es la Nueva Reforma Apostólica. Uso la palabra 'Reforma', porque como he dicho, por lo menos iguala a la Reforma Protestante en su impacto global. 'Apostólica', porque el más radical de todos los cambios es el reconocimiento general del don y el oficio de apóstol en las iglesias de hoy, y, 'Nueva' para distinguir el movimiento de una serie de movimientos que utilizan la palabra apostólico en sus nombres oficiales a pesar de que muestran

---

86   John MacArthur. *Fuego Extraño. El peligro de ofender al Espíritu Santo con adoración falsa*. (Nashville, TN. Grupo Nelson. 2014), 85.

87   John MacArthur. *Fuego Extraño. El peligro de ofender al Espíritu Santo con adoración falsa*. (Nashville, TN. Grupo Nelson. 2014), 85.

88   John MacArthur. *Fuego Extraño. El peligro de ofender al Espíritu Santo con adoración falsa*. (Nashville, TN. Grupo Nelson. 2014), 85.

patrones comunes de las iglesias más tradicionales, en vez de nuevas".[89] El mismo Wagner comenzó a reconocer su llamado apostólico cuando dos mujeres, en 1995, anunciaron o profetizaron que él había recibido la unción apostólica. Después, en 1998, supuestamente fue confirmado su ministerio apostólico mientras se encontraba en una conferencia en la ciudad de Dallas, Texas. Sin embargo, de acuerdo al Pastor y escritor John MacArthur, además de que su supuesto llamado apostolado, también la Nueva Reforma Apostólica es un fraude. Es una "mezcla de arrogancia descarada e ignorancia bíblica que impregna la Nueva Reforma Apostólica". Es un movimiento visto como peligroso aun desde el punto de vista de pentecostales como Vinson Synan.[90] Un movimiento que, aunque peligroso espiritual y moralmente, ha cobrado mucha fuerza entre las Iglesias Evangélicas del Siglo XXI.

Essek William Kenyon.

Después de los predicadores ya mencionados y casi simultáneos con el ministerio de C. Peter Wagner desde que comenzó en Bolivia bajo la *Misión de América del Sur* y la *Misión Evangélica de los Andes,* Misión que ahora es conocida como la *SIM Internacional,* desde 1956 a 1971 surge otro gran líder eclesiástico que es pertinente mencionarlo en esta sección. "En los años 1950s, comienza a predicar el líder eclesiástico que llegaría a ser el originador de la Doctrina de la Prosperidad. Ese

---

[89]   John MacArthur. *Fuego Extraño. El peligro de ofender al Espíritu Santo con adoración falsa.* (Nashville, TN. Grupo Nelson. 2014), 85.

[90]   John MacArthur. *Fuego Extraño. El peligro de ofender al Espíritu Santo con adoración falsa.* (Nashville, TN. Grupo Nelson. 2014), 85-89.

líder fue: Essek William Kenyon".[91] "Este- Pastor y – teólogo – del cual se hablará un poco más en otras páginas de esta tesis: Fue influenciado por diversos pensamientos filosóficos, entre ellos el del *Nuevo Pensamiento'*. A E. W. Kenyon se le conoce como el verdadero padre del moderno *'Movimiento de la fe'*. Muchas frases que hoy escuchamos de los falsos maestros fueran acuñadas por este hombre. Por ejemplo él dijo: 'Lo que yo afirmo, eso poseo'."[92]

Renovación Carismática.

La Doctrina de la Prosperidad, en los años 1967 y en los 1970s, cobró fuerza numérica y de expansionismo de una manera muy rápida. En 1967, surge otro grupo carismático que se conoció con el nombre: *Renovación Carismática.* Dentro de la Iglesia Católica se inicia esta otra forma de hacer culto en el Quehacer Teológico. Así es que, en 1967, la "Renovación Carismática Católica surgió cuando algunos estudiantes de la Universidad de Duquesne (Pittsburgh, Pennsylvania – EE. UU.) Participaron en un retiro durante el cual experimentaron la efusión del Espíritu Santo y la manifestación de algunos dones carismáticos. Desde entonces, la Renovación Carismática Católica se ha difundido rápidamente por todo el mundo.

---

[91] César Ángelo. Prosperidad / Un Estudio Bíblico sobre la falsa doctrina de la prosperidad /Texto y Video. (La Habra, California. Internet. Consultado el 1 de abril del año 2020), 1¿hhttps://contralobosblogcristiano.wordpress.com/2016/08/01/prosperidad-un-estudio-biblico-sobre-la-falsa-doctrina-de-la-prosperidad-por-cesar-angelo-texto-y-video/

[92] César Ángelo. *Prosperidad / Un Estudio Bíblico sobre la falsa doctrina de la prosperidad /Texto y Video.* (La Habra, California. Internet. Consultado el 1 de abril del año 2020), 1¿hhttps://contralobosblogcristiano.wordpress.com/2016/08/01/prosperidad-un-estudio-biblico-sobre-la-falsa-doctrina-de-la-prosperidad-por-cesar-angelo-texto-y-video/

Actualmente más de 100 millones de católicos participan de la espiritualidad de la Renovación Carismática Católica en 200 países".[93] De acuerdo al historiador Diego Jaramillo: "En 1961 el Papa Juan XXIII oró para que el Espíritu Santo renovara en la Iglesia las maravillas de un nuevo Pentecostés (Constitución Apostólica "*Humanae salutis*", n. 21). La década del 60 fue testigo de cómo Dios respondió a la oración del Pontífice… ¿Cuándo y dónde comenzó? La respuesta es difícil de dar. Ocurre como las burbujas cuando el agua empieza a hervir; van brotando simultáneamente en varios lugares".[94] Sin embargo, la mayoría de los historiadores acepta el año 1967 como el origen de esta Renovación Espiritual.

Entre los Protestantes o Evangélicos, La Renovación Carismática fue una influencia de la Católica, la cual, como se ha dicho, "tuvo sus orígenes en 1967, cuando un grupo liderado por *William Storey* y *Ralph Keifer*, dos profesores laicos de la Universidad de Duquesne, en Estados Unidos, decidieron orar juntos para pedir una efusión del Espíritu Santo. Por influencia de dos jóvenes laicos de los Cursillos de Cristiandad, *Ralph Martin* y *Stephen B. Clark*, leyeron un libro pentecostal llamado *La Cruz y El Puñal* en donde se narraba el ministerio cristiano del pastor pentecostal David Wilkerson entre pandilleros neoyorquinos. La lectura llevó a los interesados a acudir por indicación del párroco episcopal de la iglesia *Christ Church*

[93] Historia de la Renovación Carismática Católica. (La Habra, California. Internet. Consultado el 5 de abril del año 2020), 1. http://www. renovacioncarismaticacatolica.org/renovacion-carismatica-catolica/ historia-de-la-renovacion-carismatica-catolica/

[94] Diego Jaramillo. *Historia de la Renovación Carismática*. (La Habra, California. Internet. Artículo publicado en Bogotá en 1997. Consultado el 5 de abril del año 2020), 1. http://www. renovacioncarismaticacatolica.org/renovacion-carismatica-catolica/ historia-de-la-renovacion-carismatica-catolica/

(Pittsburgh), a un grupo de oración ecuménico, en casa de Florence Dodge, una presbiteriana carismática. Fue esa casa en donde recibieron su primera efusión pentecostal en el Espíritu Santo".[95]

En esos años también se comenzó en la *Renovación Carismática* entre los protestantes la práctica de los llamados: "*Don de Lenguas*" y el "*Don de sanidad*". Ambos considerados como dones carismáticos. En poco tiempo el movimiento se propagó a otras universidades, como *Notre Dame,* en Indiana y *East Lansing,* en Míchigan.

Uno de los representantes del Protestantismos en la Renovación Espiritual en esos años fue el "pastor pentecostal David du Plessis, quien contribuyó al acercamiento del nuevo movimiento católico a las distintas corrientes del pentecostalismo protestante. El reverendo du Plessis participó en el Consejo Mundial de Iglesias de 1954 y 1961, y fue invitado para oficiar como representante pentecostal en el Concilio Vaticano II".[96]

La influencia de este *Movimiento Carismático* ha cambiado la manera de hacer culto a nivel mundial. El culto tradicional fue dejado atrás para dar lugar, a nivel mundial, a la práctica carismática. La Historia Eclesiástica dice que: "Después del pentecostalismo y el comienzo del movimiento carismático en la Pascua de 1960 en una Iglesia Episcopal en Van Nuys, California, algunas iglesias evangélicas decidieron seguir este movimiento y alejarse de sus convenciones pentecostales.

---

[95] Wikipedia. La Enciclopedia Libre. *Renovación Carismática Católica.* (La Habra, California. Internet. Consultado el 5 de abril del año 2020), 1-2. https://es.wikipedia.org/wiki/Renovaci%C3%B3n_Carism%C3%A1tica_Cat%C3%B3lica

[96] Wikipedia, la Enciclopedia Libre. Teología de la prosperidad. (La Habra, California. Internet. Consultado el 10 de febrero del 2020), ¿? https://es.wikipedia.org/wiki/Teolog%C3%ADa_de_la_prosperidad

La *Capilla Calvary*, en Costa Mesa, California es una de las primeras iglesias carismáticas evangélicas iniciada en 1965".[97] Fuera de Estados Unidos, el Movimiento de Renovación Carismática se ha extendido hasta el Reino Unido, "el Ejército de Jesús, fundado en 1969, es un ejemplo del impacto fuera de los Estados Unidos. Muchas otras congregaciones se establecieron en el resto del mundo.

Essek Guillermo Kenyon y la Teología de la Fe.

Uno de los primeros pensadores y escritores prolíferos que empezó con las ideas que hoy se manejan en el Quehacer teológico de La Doctrina de la Prosperidad o de La Teología de la Fe, es Essek Guillermo Kenyon, del cual ya se ha hecho mención pero que ampliamos su biografía y su ministerio en esta sección con el fin de conocerle un poco más y saber que más de lo que son sus aportaciones al movimiento de La Teología de la Fe. Essek Guillermo Kenyon, más popular con sus nombres abreviados como: E. W. Kenyon. Este escritor nació el 24 de abril de 1867 en Hadley, Nueva York y murió en 1948.

E. W. Kenyon fue pastor de la Nueva Iglesia Bautista del Convenio y fundador y presidente del Instituto de la Biblia Bethel en Spencer, Massachusetts. A la edad de 17 años, se convirtió al cristianismo en una reunión en la Iglesia Metodista. A la edad de vente años predicó su primer sermón en una iglesia Metodista en Amsterdam, Nueva York. A causa de una crisis de fe, Kenyon, dejó la iglesia. Después de dos años y medio de estar fuera de ella, en1893 volvió a la comunión eclesial en la misma iglesia. Kenyon deseaba ser un actor, carrera que no la logró. Deseando conocer más sobre la Biblia y su interpretación, asistió

[97] Wikipedia. La Enciclopedia Libre. *Movimiento carismático evangélico*. (La Habra, California. Internet. Wikipedia. Consultado el 5 de abril del año 2020), https://es.wikipedia.org/wiki/Movimiento_carism%C3%A1tico_evang%C3%A9lico

a la Escuela de Oratoria Emerson en Boston, Massachusetts. En ella estuvo por todo un año estudiando la interpretación de la Biblia. Kenyon, se casó con Evva Spurling, ella fue su primera esposa. Se casaron el 8 de mayo de 1893. Ya casado, Kenyon asistió a los servicios de la iglesia de Clarendon Street que estaba conducida por el pastor Adoniram Judson (A.J). En un servicio Kenyon y su esposa dedicaron de nuevo sus vidas al Señor.

Más tarde ese mismo año (1893), Kenyon asistió a la *Iglesia Bautistas de Libre albedrío*, Allí se quedó como miembro y después fue nombrado pastor en una pequeña iglesia en Elmira, Nueva York. En 1898, Kenyon abrió el *Instituto Bíblico Bethel en* Spencer, Massachusetts. Este Instituto permaneció en operación hasta 1923. Kenyon fue su presidente durante veinticinco años. Más tarde fue movido a la Providencia, Rhode Island en donde se le cambio el nombre a: *Instituto de la Biblia de la Providencia*. Tiempo después este mismo Instituto llegó a ser el *Colegio de Barrington* y se combinó con el *Colegio de Gordon*, cuando ya estaban unidos ambos colegios recibió el nombre nombró de: *Colegio A.J. Gordon.* Evva Kenyon murió en 1914. Posteriormente, Kenyon se casó con Alice M. Whitney con la cual tuvo una parejita: un hijo y una hija. En 1948, E. W. Kenyon murió.[98]

La Influencia de Kenyon es muy amplia. Fue uno de los primeros defensores de lo que se llama ahora el movimiento de la *"Palabra de la Fe"*. Fue profesor de Biblia en Nueva Inglaterra; Kenyon fue profesor, y escritor prolífico. Dieciocho libros escritos por Kenyon son usados todavía hoy por muchos que se llaman con el nombre del movimiento religioso: *Palabra*

---

[98] La biografía de E. W. Kenyon, un poco más completa se encuentra en su libro: Jesús el Sanador, en las páginas 153-156. (New Kensington, PA. Whiteker House. 2011).

de la Fe. La Doctrina de La Palabra de la enseñanza de Fe surgió como una sección del Pentecostalismo tradicional. El Pentecostalismo tradicional tiene como base de enseñanza la idea que el poder de Dios, mostrado por acciones de curación, de milagros, de lenguas y manifestaciones espirituales, son prácticas que enseña la Biblia.

Así que, el Movimiento: *"Palabra de Fe"*, que salió del Pentecostalismo tradicional, tomó las enseñanzas pentecostales y las reafirmó poniendo énfasis en que si dices algo con fe, Dios, lo hará.[99]

Ahora bien, siguiendo la historia del Movimiento de la Teología de Fe o Doctrina de la prosperidad, es con Kenyon, en donde llegamos a los más remotos orígenes de La Teología de Fe. La historia nos cuenta que: "Essek William Kenyon, cuya vida y ministerios fueron enormemente impactados por cultos tales como la Ciencia de la Mente, La Escuela Unitaria de Cristianismo, La Ciencia Cristiana y la Metafísica del Nuevo Pensamiento, es el verdadero padre del moderno y actual movimiento de la fe".[100] Entonces, pues, "si tuviéramos que hablar de un fundador o inventor de estas prácticas, podría ser el pastor Essek Kenyon, con su doctrina de la confesión positiva".[101] Una filosofía en la cual se dice que uno tiene que confesar lo que quiere para que se haga realidad el deseo.

Ya se ha hecho mención de que una de las doctrinas fuertes de la Teología de la Fe o Doctrina de la Prosperidad es la

---

[99]   Spoqueo. *Biografía de Essek William Kenyon.* (La Habra, California. Internet. Consultado el 29 de abril del 2020), ¿? https://www.spokeo.com/William-Kenyon

[100] Hank Hanegraaff. *Cristianismo en crisis.* (USA. Harvest Hause Publishing), 31

[101] Convertidos católicos. *¿Qué es la Teología de la Prosperidad?* (La Habra, California. Internet. Artículo publicado el 02 noviembre 2017. Consultado el 29 de abril del 2020), ¿? https://www.religionenlibertad.com/blog/60273/que-teologia-prosperidad.html

sanidad divina. Pues bien, de acuerdo a Kenyon, en el caso de un dolor o una enfermedad, el positivismo enseñado por él es de suma importancia para la cura; es decir que, de acuerdo a sus enseñanzas, uno tiene que confesar positivamente a tal grado su enfermedad o su sanidad sobre dicha enfermedad, que se niegue los síntomas del dolor o la enfermedad. Esto es lo que se llama Sugestión Mental. La Biblia dice que el ser humanos es corrupto y que por lo tanto, su mente es débil y finita, con dichas deficiencias es imposible que negando los síntomas del dolor que sea o negando cualquier enfermedad que se tenga desaparezca. Basta con preguntarles a los familiares de los o las que han muerto por causa de la infección del Coronavirus si no usaron su mente para desaparecer la enfermedad; si así fue, los más de tres mil personas que han muerto por esta infección estarían vivos.

La Biblia habla de las mentes reprobadas por Dios y por la Ética Cristiana. Cuando la Biblia habla acerca de ellos, dice que "Dios abandona a las personas que insisten en seguir el camino del mal y no quieren saber de Dios",[102] sino que razonan con sus mentes corruptas y, la lógica dice que los resultados son catastróficos. Como son mentes infectadas del mal, entonces, "... ellos no tuvieron a bien reconocer a Dios, Dios los entregó a una mente depravada, para que hicieran las cosas que no convienen".[103]

El apóstol Pablo le dijo al pastor Timoteo:

> "Si alguien enseña falsas doctrinas, apartándose de la sana enseñanza de nuestro Señor Jesucristo y de la doctrina que se ciñe a la verdadera religión, es un obstinado que nada entiende. Ese tal padece

---

[102] Nota de pie de página en la *Biblia de Estudio Esquematizada*. (Brasil. Sociedades Bibicas Unidas. 2010), 1676

[103] Romanos 1:28, (Nueva Biblia Latinoamericana).

del afán enfermizo de provocar discusiones inútiles que generan envidias, discordias, insultos, suspicacias y altercados entre personas de *mente depravada*, carentes de la verdad. Este es de los que piensan que la religión es un medio de obtener ganancias".[104]

En pocas palabras, los predicadores de la Doctrina de la Prosperidad son maestros falsos. "El maestro falso comercializa la religión. Lo que le interesa son los ingresos. Considera su enseñanza y su predicción, no como una vocación, sino como una carrera".[105] Una carrera que le permite engañar; y al engañar, roba; y engaña y roba en tono espiritual.

Don Gossett. Gassett.

Un fiel discípulo y compañero de escritos de Essek William Kenyon fue Don Gossett. Este maestro "es un predicador evangelista estadounidense, maestro, escritor, locutor y misionero. Sus escritos, han sido traducidos a 18 idiomas, y ha distribuido más de 25 millones de ejemplares por todo el mundo. Don Gossett es un escritor de talento natural, la capacidad de Don Gossett llamaron la atención de su primer mentor, William Freeman, uno de los principales evangelistas de sanidad de los Estados Unidos de la década de 1940".[106]

Los libros de Don Gossett más populares son: *Lo Que Dices Recibes*, *El Poder de Tus Palabras*, *Un Milagro en Tu Boca*, y

---

[104] 1 Timoteo 6:3-5, (NVI). Las **bold** y las *itálicas* son mías.

[105] William Barclay. *Comentario al Nuevo Testamento: Volumen 12: 1ra, 2da Timoteo, Tito y Filemón*. Trd. Alberto Araujo. (Terrassa, (Barcelona), España. Editorial CLIE. 1995), 156.

[106] Sígueme. Net. *Don Gossett*. (La Habra, California. Internet. Consultado el 13 de mayo del 2020), ¿? https://www.sigueme.net/ biografias/don-gossett

otros más. Conocemos a este maestro de la fe y de la sanidad divina porque Judy Gossett, la hija de Don Gossett, escribe, no todo sobre su padre, pero sí algunas cosas de la biografía de él. Se aclara que son palabras desde la perspectiva de Judy; es decir que, en esa biografía solo se ve lo positivo de su personalidad y sus ganancias económicas. Esas "cosas – positivas - de la biografía" de Don Gossett, se encuentran escritas en el libro titulado: *El poder de tus palabras.*[107]

Don Gassett, fue uno de los amigos y fiel discípulo de Essek William Kenyon. Entonces, pues, como fiel seguidor de Kenyon, también es uno de los que predicaron y popularizaron la fórmula: *Lo que dices recibes,* de donde, probablemente, bien la expresión: *"Yo declaro".*

C.- Otros predicadores de la Doctrina de la Prosperidad.

"En 1980 las enseñanzas de La Doctrina de la Prosperidad ocuparon un importante lugar en el televangelísmo protestante. Concretamente en muchos grupos Evangélico/Pentecostales. Grandes figuras de la Iglesia Evangélica como Cash Luna, Joel Osten, Benny Hinn y Robert Tilton, ahora están enseñando esta doctrina en sus canales televisivos. Pastoras, llamadas profetas, que también están predicando y enseñando La Doctrina de la Prosperidad en la televisión como Ana Maldonado que se ha hecho famosa con su frase: *'A punta de dólar te meto al cielo'* o Ana Méndez con la Frase: *'Venciendo el Espíritu de Mamón'.*[108]

---

[107] Don Gossett & E. W. Kenyon. *El poder de tus palabras.* (New Kensington, PA. Whiteker House. 2009), 221-224.

[108] Convertidos católicos. *¿Qué es la Teología de la Prosperidad?* (La Habra, California. Internet. Artículo publicado el 02 noviembre 2017. Consultado el 29 de abril del 2020), ¿? https://www.religionenlibertad.com/blog/60273/que-teologia-prosperidad.html

D.- Mala hermenéutica.

Entonces, pues, el Pentecostalismo y el Carismatísmo son una base sólida para el origen de la *Doctrina de la Prosperidad.* Ambas corrientes doctrinales se pueden aceptar como la base de su origen moderno. Un origen que se puede aceptar desde "cuando Agnes Ozman supuestamente habló en lenguas".[109] Con ese acto carismático se comenzó a decir que había llegado una nueva era para el cristianismo. Es decir que: "Los que sostienen este punto de vista apelan a 'la lluvia temprana y tardía' de Joel 2:23, insistiendo en que la lluvia temprana estuvo representada por la venida del Espíritu Santo en Pentecostés y la tardía constituyó un segundo derramamiento del Espíritu en el siglo veinte".[110] Un derramamiento que ha seguido hasta el siglo XXI.

La profecía de Joel 2:23, en la Nueva Versión Internacional, dice: "Alégrense, hijos de Sión, regocíjense en el Señor su Dios, que a su tiempo les dará las lluvias de otoño. Les enviará la lluvia, la de otoño y la de primavera, como en tiempos pasados". Esta Versión traduce el término *lluvia temprana* como las lluvias de otoño y el término *tardía* como las lluvias de *la primavera.* Literalmente se puede decir que Joel hace referencia a un periodo de seis meses.

Ahora bien, aquí tenemos dos puntos hermenéuticos que no coinciden con las declaraciones de los llamados profetas y apóstoles modernos. Si aceptamos la interpretación primera que es de seis meses, entonces, este segundo derramamiento del Espíritu Santo ya terminó y por lo tanto, ya no existe sanidad espiritual en ese sentido. En segundo lugar; desde el punto de

[109] John MacArthur. *Fuego Extraño. El peligro de ofender al Espíritu Santo con adoración falsa.* (Nashville, TN. Grupo Nelson. 2014), 251.

[110] John MacArthur. *Fuego Extraño. El peligro de ofender al Espíritu Santo con adoración falsa.* (Nashville, TN. Grupo Nelson. 2014), 251.

vista profético, se dice que Joel está hablando del Reino Milenial en donde los dos tipos de lluvias caerán sin interrupción.

Siguiendo esta hermenéutica, algunos han pensado que "la lluvia temprana y la tardía no tienen que ver nada con el día de Pentecostés ni con el movimiento pentecostal moderno".[111] Entonces, lo que han dicho los maestros de la Doctrina de la Prosperidad acerca de que fue un segundo derramamiento del Espíritu en el Siglo pasado, es falso. Pues, si llega a suceder otro derramamiento del Espíritu Santo al estilo del Pentecostés, este será futuro.

Si hacemos una correcta hermenéutica de esta profecía, se puede decir que Joel estaba profetizando que después de la plaga de langostas que devoró toda planta verde y todo fruto, la tierra necesitaba el agua para volver a producir hierba verde y que los árboles frutales se recuperaran y dieran su fruto; para esto era necesaria la lluvia en sus días. Joel habló de lluvia literal no de un derramamiento del Espíritu Santo. Dios le prometió por boca de su profeta que las lluvias de octubre a noviembre: Es decir, las tempranas, llegarían a su tiempo y que las lluvias de marzo y abril: Las tardías, igualmente caerían sobre la tierra devastada por la plaga de langostas. Joel, entonces, no habla de llenura ni venida del Espíritu Santo en diferentes épocas; habla sobre las cosas climáticas.

Martín Lutero, que no sabía nada de la Doctrina de la Prosperidad moderna, ya había anticipado – aunque se puede también decir profetizado - que: "Lo que no tiene su origen en las Escrituras es sin duda del mismo diablo".[112] Un ejemplo de lo que dice Martín Lutero es la *Iglesia del Sexo*. Una iglesia

---

[111]   John MacArthur. *Fuego Extraño. El peligro de ofender al Espíritu Santo con adoración falsa*. (Nashville, TN. Grupo Nelson. 2014), 251.

[112]   John MacArthur. *Fuego Extraño. El peligro de ofender al Espíritu Santo con adoración falsa*. (Nashville, TN. Grupo Nelson. 2014), 254.

de nuestro tiempo que se ha proclamado como tal y, que, a decir verdad, no es la única en esta práctica, pues, tenemos otras que no se han hecho públicas de la misma manera como esta. *La Iglesia del sexo* ha sacado videos de sus cultos como propaganda de que Dios desea este tipo de adoración.

Por supuesto que: "Esta noticia ha creado polémica en muchos, pero sobre todo en los cristianos, ya que un pastor de África específicamente en Tanzania Kenia, ha abierto una iglesia de 'sexo'. Blasfemando la palabra de Dios, induciendo a los miembros a consumir licor, tener una hora de sexo con el compañero que ese día este sentado a su lado. Intercambian esposas y esposos por deseo sexual, enseñando a las mujeres a no estar celosas cuando el marido quiere tener relaciones sexuales con otra mujer o su esposa estar con otros hombres".[113]

¡Esto se llama depravación! Es un acto o practica en la que el matrimonio es desvirtuado al mismo tiempo que es algo muy egoísta por parte de los varones, pues es el hombre el que escoge con quien tener las relaciones sexuales y la esposa no debe de tener celo alguno.

¿Es esta práctica cultica parte de lo que dijo Martin Lutero? Creemos que sí. ¿Por qué? Porque, Lutero, dijo: "Lo que no tiene su origen en las Escrituras es sin duda del mismo diablo". Y, la *Iglesia del Sexo* no tiene ninguna base bíblica para sus pasiones sexuales. La Biblia dice: "Tengan todos en alta estima el matrimonio y la fidelidad conyugal, porque Dios juzgará a los adúlteros y a todos los que cometen inmoralidades sexuales".[114]

Ahora bien, debemos hacer notar que mientras "La Iglesia del Sexo" – le ponemos este nombre por sus creencias y

---

[113] Bibliatodo Noticias. *¡Blasfemia! Se cumple 1 Timoteo 4:1 pastor crea la iglesia del «Sexo» (VÍDEO).* (La Habra, California. Internet. Artículo publicado el día 6 de febrero del año 2018. Consultado el día 14 de abril del 2020), ¿? https://www.bibliatodo.com/NoticiasCristianas/blasfemia-se-cumple-1-timoteo-41-pastor-crea-la-iglesia-del-sexo/

[114] Hebreos 13:4, (NVI).

practicas -, mientras esta iglesia se deja llevar por este deseo sexual como un acto de adoración – debe ser una adoración al sexo, porque no creemos que sea a Dios -, mientras ellos hacen este tipo de adoración, los líderes de la *Teología de la Fe* se han dejado llevar por la avaricia y la blasfemia de la prosperidad en un contexto fuera de lo que la Biblia dice al respecto, por eso es que, en lugar de Prosperidad en los fieles, existe el engaño y el robo de una manera supuestamente espiritual; lo que realmente es una práctica desvergonzada, abusiva y muy fuera de la verdad bíblica.

E.- Principales exponentes de la Doctrina de la Prosperidad.

Los editores del Programa: *Evangelio Real,* presentaron una: "Lista de falsos profetas y apóstoles en la cual comentan de algunos de ellos y los otros solo los nombran. Es una lista que fue publicada en Internet el 9 de marzo del año 2018. El escrito contiene cuarenta y cinco nombres de personas, de sectas falsas y de organizaciones musicales. Son los que ellos consideran falsos profetas y apóstoles:

"Cash Luna, Guillermo Maldonado, Billy Graham, Benny Hinn, Ana Méndez, Rony Chávez, Joel Osteen, Peter C. Wagner, Marcos Witt, Jesús Adrián Romero, Joyce Meyer, Morris Cerullo, Aquiles Azar, Otoniel Font, Ricardo y Patricia Rodríguez, Kenneth Coppeland, Jesse Duplantis, Claudio Freidzon, Dante Gebel, Ana Maldonado, Cesar Castellanos, David Diamond, Yiye Ávila, Darlene Zschech, N. T. Wright, Hillsong, Rick Warren, El G12, Testigos de Jehová, Mormones, Adventistas del Séptimo Día, La Luz del Mundo, Marcos Morales, Iglesia Católica, José Font,

Miguel Arrazola (Colombia), Javier Bertucci (Venezuela), Ruddy Gracia, Gary Lee, Hugo Albornoz, Josué Ramírez Santiago (Morelia, México), Chris Méndez (Hillsong Argentina), Juan Spyker (Ecuménico) y Yesenia Then (República Dominicana)".[115] Hank Hanegraaff hace una pequeña biografía de doce hombres y una mujer que son predicadores de la Doctrina de la Prosperidad.[116]

Hacemos notar que estos son los principales líderes, pues, como veremos más adelante, la historia nos muestras a líderes de este movimiento que son más antiguos que los ya mencionados, además, como este movimiento ha crecido rápidamente, existen muchos otros líderes en potencia que ahora, cuentan con pequeñas iglesias en número de asistentes y, por eso, a veces, pasan desapercibidos.

1.- Los líderes más históricos de la Teología de la Fe.

Para esta investigación histórica del Movimiento de la Doctrina de la Prosperidad, nos enfocaremos en cinco de los más populares en el contexto del Cristianismo Evangélico. Se mencionarán algunas referencias sobre Kenneth Erwin Hagin, Kenneth Coppeland, Robert Tilton, Roberts Schuller y Benny Hinn. Después se hará una mención de otros predicadores de la Teología de la Fe como Paul Yonggi Cho, Ana Maldonado y

---

[115] Evangelio Real. Enseñanzas bíblicas y de sana doctrina para todo el mundo. *Lista de falsos profetas y apóstoles.* (La Habra, California. Internet. Artículo publicado el 9 de marzo del año 2018. Consultado el 1 de abril del año 2020), https://evangelioreal.com/2018/03/09/lista-de-falsos-profetas-y-apostoles/

[116] Hank Hanegraaff. Cristianismo en crisis. (USA. Harvest Hause Publishing), 31-38.

otros más de los cuales Hank Hannegraaff los llama: "Maestros principales del mensaje de la fe".[117]

a.- *Kenneth Erwin Hagin.*

Comencemos con el Maestro de la fe de nombre Kenneth E. Hagin. Este predicador nació el 20 de Agosto de 1917 en McKinney Texas, y murió en 19 de Septiembre del 2003 (vivió 86 años). Se casó con Oretha Rooker, y tuvieron dos niños, Kenneth Wayne Hagin Jr, y Patricia Harrison.

Hagin creció en una familia de religión Bautista; de los de la Convención Bautistas del Sur. Fue un bautista de fuertes convicciones a tal grado que creía que Jesús y todos los apóstoles fueron Bautistas del Sur. A los quince años (abril 1933) tuvo una experiencia donde se acercó a la muerte tres veces (relacionado con problemas de una malformación del corazón). Al "morir" tres veces en un periodo de diez minutos, Hagin, fue supuestamente al infierno para ver los horrores de ese lugar, y luego regresó a la vida. Con esta experiencia, Hagin escribió un libro que ha titulado: *Me fui al infierno.* Parte de su experiencia relatada en este libro dice:

> "Cuando tenía 15 años de edad, quedé totalmente postrado en cama. Cinco doctores dijeron que yo debía morir, que no podía vivir. Pero fue allí, en el lecho de enfermedad, que nací de Nuevo el día 22 de abril de 1933, en la habitación sur de la casa número 405 N. de la Calle College, en la ciudad de McKinney, Texas. Faltaban veinte minutos para las 8, un sábado por la noche.

[117] Hank Hanegraaff. *Cristianismo en crisis.* (USA. Harvest Hause Publishing), 27.

Mi abuelo tenía un reloj sobre la repisa de la chimenea. Mi madre, mi abuela y mi hermano menor, Pat, estaban allí sentados en la habitación junto conmigo, pues ni estado de salud había empeorado.... Justo cuando el reloj de mi abuelo tocó las 7:30 mi corazón dejó de palpitar dentro de mi pecho.

Y pude sentir, más rápido de lo que usted podría castañetear sus dedos, que la sangre dejó de circular abajo en la unto de mis pies. Los dedos de mis pies parecían entumecerse. Este entumecimiento se extendió a mis pies, tobillos, mis rodillas, mis caderas, mi estómago, mi corazón – y me precipité fuera del cuerpo".[118]

En aquellas tres veces en que Hagin dice que murió por un espacio de diez minutos, Hagin, fue supuestamente al infierno para ver los horrores de ese lugar, y luego regresó a la vida. Parte de su experiencia, Hagin, la sigue relatando en su pequeño libro ya citado. Dice:

"Yo no perdí el conocimiento; salté fuera de mi cuerpo como un bañista saltaría de la tabla de un trampolín para zambullirse en una piscina. Yo sabía que estaba fuera de mi cuerpo. Yo podía ver a mi familia en la habitación, pero no podía ponerme en contacto con ellos.

Empecé a descender; hacia abajo, hacia abajo, hacia dentro de un hoyo, como si bajases a un pozo, una caverna, o una cueva. Y continué descendiendo. Yo bajaba con los pies por delante.

---

[118] Kenneth E. Hagin. *Yo fui al Infierno.* (Tulsa, OK. Kenneth Hagin Ministries. 1998), 5-6

Podía mirar hacia arriba y ver las luces de la tierra. Ellas finalmente se desvanecieron. La oscuridad me rodeo por todos lados; una oscuridad que es más negra que cualquier noche que ningún hombre haya visto jamás.

Mientras más bajaba, más oscuro se hacía; y más caliente se hacía; hasta que finalmente, muy por debajo de mí, yo podía ver destellos de luz jugando en la pared de la oscuridad. Y llegué al fondo del abismo".[119]

Esa fue una experiencia que Kenneth E. Hagin tuvo sesenta años antes de que escribiera el libro: *Me fui al Infierno*. Hagin, dijo, que lo que había escrito era algo tan real como que lo había experimentado la semana anterior a la escritura del libro. Luego, sigue diciendo.

"Cuando llegué al fondo del abismo, vi lo qué producía los destellos de luz jugando en la pared de la oscuridad. Allí fuera, delante de mí, más allá de las puertas o la entrada al infierno, vi llamas gigantes, anaranjadas, con una cresta blanca. Fui atraído hacia el infierno igual que un imán atrae al metal. Yo sabía que una vez que entrase por esas puertas, no podría regresar.

Estaba consciente del hecho de que alguna clase de criatura me encontró en el fondo de aquel pozo.

---

[119] Kenneth E. Hagin. *Yo fui al Infierno*. (Tulsa, OK. Kenneth Hagin Ministries. 1998), 6-7. También comentado por David Cox. *Kenneth Hagin Sr.* (La Habra, California. Internet. Artículo publicado en la: Gaceta de Estudios Bíblicos para cristianos. Consultado el 30 de abril del 2020), ¿? https://www.gacetadeestudiosbiblicos.com/referencia/dicsectas/hagin-kenneth-sr/

Yo no la miré. Mi mirada estaba clavada en las puertas, y sin embargo yo sabía que una criatura estaba allí en mi lado derecho. Esa criatura, cuándo yo luchaba para hacer más lento mi descenso, me agarró por el brazo para escoltarme hacia adentro. Cuándo lo hizo, allá a lo lejos, por encima de la oscuridad y la negrura, una voz habló. Sonaba como una voz masculina, pero yo no sé lo que dijo. No sé si era Dios, Jesús, un ángel o quién era. Él no habló en el idioma inglés: era un idioma extranjero.

¡Aquel lugar tembló simplemente por las pocas palabras que él dijo! Y la criatura quitó su mano de mi brazo. Había un poder, como una succión en mi espalda que me arrastró de vuelta. Yo floté lejos de la entrada del infierno hasta que me quedé en las sombras. Entonces, como una succión desde arriba, floté para arriba, con la cabeza por delante, a través de la oscuridad. Antes de llegar a la cima, yo podía ver la luz. Yo había estado abajo, dentro de un profundo pozo: La profundidad no la pude calcular, era como si hubiese estado muy profundo pero que pude ver la luz que había muy por encima de mí.

En mi ascenso subí por el pórtico de la casa de mi abuelito. Entonces atravesé la pared (no por la puerta, y no por la ventana) a través de la pared, y parecí saltar al interior de mi cuerpo como un hombre metería su pie dentro de una bota por la mañana".[120]

---

[120] Kenneth E. Hagin. *Yo fui al Infierno.* (Tulsa, OK. Kenneth Hagin Ministries. 1998), 7-10. También comentado por David Cox. *Kenneth Hagin Sr.* (La Habra, California. Internet. Artículo publicado en

Kenneth E. Hagin sigue contando en su libro las bajadas al infierno hasta que en la tercera fue jalado desde la cabeza hacia arriba. Durante ese trayecto, pasando por una oscuridad intensa, Hagin estaba orando y siguió orando. Cuenta que al "regresar" a la casa de su abuelo, su madre estaba orando junto a él y que, aunque en 1933 no había el trafico automovilístico "que tenemos hoy en día; ¡era la época de la depresión! Pero – sigue diciendo Hagin - me cuentan que a causa de mi mamá y yo orando en voz tan alta, el tráfico se detuvo al menos dos cuadras hacia los lados de la casa".[121] Cuando K. E. Hagin regresó de su tercer viaje al infierno, la paz regresó a su interior. "Miré al viejo reloj del abuelo sobre la chimenea y marcaba 20 minutos para las 8. ¡Todo sucedió en 10 minutos!"[122] Dice Hagin.

Kenneth E. Hagin, comenzó su ministerio en 1949 como maestro de Biblia y evangelistas. Trabajo que le permitió visitar y conocer varios lugares. Fue miembro del Grupo: "*Full Gospel Business Men's Fellowship International* (FGBMFI), un grupo de hombres de negocio Pentecostales. En este Grupo se encontró con Oral Roberts, Gordon Linsday, y T.L. Osborn en los cuarentas y cincuentas. Hagin se unió con ellos para formar el *Movimiento de Sanidad*. En 1963 movió sus oficinas a Tulsa OK, y empezó un ministerio en la radio (KSKY en Dallas Texas) en 1966.

Un escritor de los *Ministerios Kenneth*, dijo que: "Kenneth E. Hagin ministró por casi 70 años después de que Dios lo sanó milagrosamente de un corazón deforme y de una enfermedad

la: Gaceta de Estudios Bíblicos para cristianos. Consultado el 30 de abril del 2020), ¿? https://www.gacetadeestudiosbiblicos.com/referencia/dicsectas/hagin-kenneth-sr/

[121] Kenneth E. Hagin. *Yo fui al Infierno.* (Tulsa, OK. Kenneth Hagin Ministries. 1998), 18.

[122] Kenneth E. Hagin. Yo fui al Infierno. (Tulsa, OK. Kenneth Hagin Ministries. 1998), 19.

de sangre incurable a los 17 años de edad. Aunque el Rev. Hagin se fue al hogar celestial para estar con El Señor en el 2003, el ministerio que fundó continua bendiciendo multitudes alrededor del mundo".[123] Hoy continua este ministerio con el nombre 'Faith Seminar of the Air'. Después de su muerte, su hijo, Kenneth Wayne Hagin, sigue enseñando en este ministerio".[124]

b.- Kenneth Copeland.

Para aumentar el cáncer espiritual y moral dentro del cuerpo de Cristo, Kenneth Copeland, aparece como otro ungido por Dios o como lo ha dicho Hanegraff: *Falsos Maestros en la cristiandad.* Uno más de los engañadores y astuto en robar con la máscara de la espiritualidad. Una cadena de televisión sacó un video que circula en las redes sociales. Es un video que presenta los mensajes o los estudios supuestamente bíblicos de lo que predican los líderes de La Teología de la Fe, aunque el video hace más énfasis en la Doctrina de la Prosperidad. Para vergüenza de los verdaderos líderes evangélicos, el video se titula: *Los Magnates de Dios.*[125] Es una pena que: "Virtualmente cada maestro destacado de la Fe ha sido impactado por Hagin, incluyendo uno de sus alumnos estelares, Kenneth Copeland".[126]

[123] Kenneth E. Hagin. *Yo fui al Infierno.* (Tulsa, OK. Kenneth Hagin Ministries. 1998), página de la contraportada.

[124] David Cox. *Kenneth Hagin Sr.* (La Habra, California. Internet. Artículo publicado en la: Gaceta de Estudios Bíblicos para cristianos. Consultado el 30 de abril del 2020), ¿? https://www.gacetadeestudiosbiblicos.com/referencia/dicsectas/hagin-kenneth-sr/

[125] Univisión. *Los Magnates de Dios.* (La Habra, California. Youtube. Video visto el 1 de mayo del 2020), ¿? https://video.search.yahoo.com/yhs/search?fr=yhs-pty-pty_maps&hsimp=yhs-pty_maps&hspart=pty&p=video+los+magnates+de+dios#id=

[126] Hank Hanegraaff. *Cristianismo en crisis.* (USA. Harvest Hause

Este maestro de la Fe, aunque discípulo de Hagin, formuló su propio formato de culto. "Kenneth Copeland consiguió su comienzo en el ministerio memorizando los mensajes de Hagin. No pasó mucho tiempo para que el, aprendiera lo suficiente, y estableciera su propio culto".[127] "De Copeland hacemos una muy corta nota en esta historia. No porque no sea importante en la historia de La Teología de la Fe, sino por falta de espacio; no queremos que este libro sea re- abundado en demasiadas palabras.

César Ángelo dice que Kenneth Copeland, como alumno de Kenneth E. Hagin es otro lobo que comenzó su ministerio memorizando los mensajes de Hagin.[128] De la vida de niño y de su juventud se sabe que: "Kenneth Copeland nació el 6 de diciembre de 1936 en Lubbock, Texas. Copeland es profesor, predicador, cantante, tele-evangelista, actor y autor. Es un destacado y muy 'controversial' evangelista de la televisión y el fundador de una organización cristiana llamada *Kenneth Copeland Ministries*. Copeland es el difusor de la conocida 'Palabra de Fe'."[129] A sus 84 años de edad aún sigue predicando y enseñando sus doctrinas tanto en la iglesia como en la televisión.

Kenneth Copeland era un cantante pop próspero antes de dedicarse a lo largo de su vida al ministerio que ahora se ha

---

Publishing), 31.

[127] Hank Hanegraaff. Cristianismo en crisis. (USA. Harvest Hause Publishing), 31.

[128] César Ángelo. *Prosperidad / Un Estudio Bíblico sobre la falsa doctrina de la prosperidad /Texto y Video*. (La Habra, California. Internet. Consultado el 1 de abril del año 2020), 1¿hhttps://contralobosblogcristiano.wordpress.com/2016/08/01/prosperidad-un-estudio-biblico-sobre-la-falsa-doctrina-de-la-prosperidad-por-cesar-angelo-texto-y-video/

[129] Wikipedia. La Enciclopedia Libre. *Kenneth Copeland*. (La Habra, California. Internet. Consultado el 1 de mayo del 2020), ¿? https://es.wikipedia.org/wiki/Kenneth_Copeland

extendido a casi todo el mundo. Se convirtió al cristianismo el 2 de noviembre de 1962. Antes de ser convertido, fue, en 1960, "el piloto de Oral Roberts. Copeland asistió a la Universidad Oral Roberts en Tulsa, Oklahoma. Más tarde estudió con otro evangelista Pentecostal – que ya conocemos -, Kenneth E. Hagin – el - fundador de RHEMA, del Centro de Centro de Formación Bíblica y de RHEMA Biblia Iglesia en Broken Arrow, Oklahoma".[130] Así que este maestro de la Doctrina de la Prosperidad es un intelectual; un académico de respeto aunque, con una hermenéutica Bíblica equivocada.

c.- *Robert Tilton*.

Robert Tilton nació el 7 de junio de 1946 en McKinney, Texas, USA. Tilton es otro de los mercaderes televangelistas de nuestros tiempos. Ha seguido las estrategias de sus antecesores en la línea de la Prosperidad, el engaño y el robo, aunque, ha tenido algunos ligeros cambios en su manera de predicar. "Lo que no ha cambiado es el mensaje repetitivo. Él cita un poco de la Escritura y habla en lenguas, pero sobre todo él empuja los botones emocionales como el Cáncer, el enfisema, el alcoholismo, la adicción a las tarjetas de crédito y a los despidos de trabajo. Estas dolencias, dice Tilton, pueden ser curadas por la fe. Pero, agrega, diciendo que la fe requiere la prueba; esa prueba es una 'promesa'. Para hacer una 'promesa' o un 'voto', se puede hacer preferentemente con la cantidad de 1,000 dólares. Y cuando lo hagan, pueden llamar al número 800".[131]

---

[130] Wikipedia. La Enciclopedia Libre. *Kenneth Copeland.* (La Habra, California. Internet. Consultado el 1 de mayo del 2020), ¿? https:// es.wikipedia.org/wiki/Kenneth_Copeland

[131] Javier Rivas Martínez. *Falsos Maestros: Robert Tilton.* Publicado en: CRISTIANISMO VERDADERO: UN BLOG SINGULAR. (La Habra, California. Internet. Artículo publicado el jueves, 11 de septiembre de 2008. Consultado el día 29 de abril del 2020), ¿?

Un hábil maestro de la televisión con la cual mercadeo el evangelio. En su pico él compró 5,000 horas de espacio en el aire por mes y apareció en 235 mercados de televisión estadounidenses. Cabe hacer notar que su espectáculo diario de *Success-N-Life* alcanzó casi a cada televisor en Norteamérica. Lo que se está diciendo en esta sección de este libro es que el ministerio de mercado masivo de Tilton atrajo aproximadamente 80 millones de dólares por año, y su iglesia obtuvo como resultado no menos de a 5,000 adoradores al servicio del domingo.[132] Se puede considerar su iglesia como una mega-iglesia.

d.- Robert Schuller.

Los que vivimos en el Sur de California somos testigos de la asombrosa obra de construcción que Robert Schuller construyó en el Condado de Orange, en la ciudad de Garden Grove, California. Una enorme iglesia que le puso por nombre: *La Catedral de Cristal*. El, fue el 'fundador de esta famosa Catedral de Cristal. La construyó siendo influenciado por las ideas del psicólogo Norman Vincent Peale,[133] en especial

---

https://ladoctrinadedios.blogspot.com/

[132] César Ángelo. *Prosperidad / Un Estudio Bíblico sobre la falsa doctrina de la prosperidad /Texto y Video.* (La Habra, California. Internet. Consultado el 1 de abril del año 2020), 1¿hhttps://contralobosblogcristiano.wordpress.com/2016/08/01/prosperidad-un-estudio-biblico-sobre-la-falsa-doctrina-de-la-prosperidad-por-cesar-angelo-texto-y-video/

[133] Wikipedia. *Norman Vincent Peale.* Nació en Bowersville, Ohio el 31 de mayo de 1898, y murió en Pawling, Nueva York, el 24 de diciembre de 1993. Fue el autor de *El Poder del Pensamiento Positivo* y creador de *la teoría del pensamiento positivo.* Con su esposa, fundó la revista Guideposts en 1945. (La Habra, California. Consultado el 4 de mayo del 2020), ¿? https://es.wikipedia.org/wiki/Norman_Vincent_Peale

sobre su libro: *El poder del pensamiento tenaz*. La "Catedral de Cristal es una catedral católica situada en la ciudad de Garden Grove, en el Condado de Orange, California. El edificio de vidrio reflectante, diseñado por el arquitecto posmoderno estadounidense Philip Johnson, tiene capacidad para 2.248 personas. La iglesia fue promocionada como 'el edificio de vidrio más grande del mundo' cuando se completó en 1980. El edificio tiene uno de los instrumentos musicales más grandes del mundo, el órgano *Hazel Wright*".[134]

Robert Harold Schuller, nació en Alton, Iowa, el 16 de septiembre de 1926 y murió en Artesia, California, a los 88 años de edad, el 2 de abril de 2015. Schuller, "fue un televangelista, pastor, orador motivacional y autor estadounidense. Era conocido principalmente por el programa semanal de televisión *Hour of Power* que se inició en 1970".[135]

Además, fue un fiel seguidor del pensamiento y la doctrina de Paul Yonggi Cho, mejor conocido como: David Cho. Si no todos están enterados de quien es Cho, más adelante se hará mención de él y de su ministerio. Lo que en este apartado debemos de saber es que a David Cho le gustaba "mezclar conceptos ocultistas con la enseñanza cristiana. Esto no es nada nuevo. Más adelante se comenta un poco más sobre este asunto. Esta práctica de mezclar lo que está escrito en la Biblia con lo secular, en especial con la lectura ocultista, es común en la Doctrina de la Prosperidad.

Pues bien, a Robert Schuller, algunos lo consideran como "sincretista que se dice ser cristiano pero que en realidad es un

---

[134] Wikipedia, la enciclopedia libre. *La Catedral de Cristal o Catedral de Cristo*. (La Habra, California. Internet. Consultado el 14 de diciembre del 2020), ¿? https://es.wikipedia.org/wiki/Catedral_de_ Cristo_(Garden_Grove,_California)

[135] Wikipedia, la Enciclopedia Libre. *Robert H. Schuller*. (La Habra, California. Internet. Consultado el 5 de mayo del 2020), ¿? https:// es.wikipedia.org/wiki/Robert_H._Schuller

destacado de la Nueva Era",[136] como simpatizante de David Cho, El sincretista Robert Schuller, escribió el prefacio del libro de Cho: "*La cuarta dimensión*", y dice así: "Yo descubrí la realidad de la dinámica dimensión en la oración que viene a través de visualizar...No intentes entenderlo. ¡Solamente empieza a disfrutarlo! Es verdadero. Funciona. Yo lo he hecho".[137] Schuller mismo, erráticamente nos está diciendo que el asunto no tiene por qué ser bíblico, mientras *funcione*.

Schuller, también tiene otro aspecto por el cual es conocido; por su concepto del pecado. Schuller, pues es conocido por decir: "El pecado es una enfermedad antes de que sea una acción". Schuller anima a los cristianos (y no cristianos) a lograr grandes cosas a través de Dios y creer en sus sueños. Él escribió: "¡Si lo puedes soñar, lo puedes hacer!"[138] Como usted querido lector puede apreciar, no es fácil pensar en algo más blasfemo que esto".[139] ¿Y qué de Dios? ¿Qué de su voluntad? ¿Qué de

[136] César Ángelo. *Prosperidad / Un Estudio Bíblico sobre la falsa doctrina de la prosperidad /Texto y Video*. (La Habra, California. Internet. Consultado el 1 de abril del año 2020), 1¿hhttps://contralobosblogcristiano.wordpress.com/2016/08/01/prosperidad-un-estudio-biblico-sobre-la-falsa-doctrina-de-la-prosperidad-por-cesar-angelo-texto-y-video/

[137] César Ángelo. *Prosperidad / Un Estudio Bíblico sobre la falsa doctrina de la prosperidad /Texto y Video*. (La Habra, California. Internet. Consultado el 1 de abril del año 2020), 1¿hhttps://contralobosblogcristiano.wordpress.com/2016/08/01/prosperidad-un-estudio-biblico-sobre-la-falsa-doctrina-de-la-prosperidad-por-cesar-angelo-texto-y-video/

[138] Wikipedia. Expresión que dijo en: *Diocese to retain Crystal Cathedral exterior*. Catholic Online. 20 de noviembre de 2011. Archivado desde el original el 24 de diciembre de 2011. Consultado el 3 de noviembre de 2012. (La Habra, California. Internet. Consultado el 4 de mayo del 2020), ¿? https://es.wikipedia.org/wiki/Robert_H._Schuller

[139] Paulo Arieu. *R. Warren y ecumenismo parte 8*. (La Habra, California.

su poder en nosotros? Schuller se entra en las enseñanzas del Humanismo Cristiano y lo mezcla con las filosofías del Humanismo Secular.

Entonces, pues, este otro líder, que es considerado como parte de La Doctrina de la Prosperidad: "Fue gestor del 'Pensamiento posibilista', el cuál decía que el progreso material depende de una actitud mental positiva. Decía tener un mensaje único porque mezclaba la teología clásica con la psicología. El enfoque de su ministerio fue *vivir una vida satisfactoria*".[140] Aunque esta clase de vida no esté dentro de la voluntad de Dios.

e.- Benny Hinn

La carrera ministerial de Benny Hinn comenzó en el año 1973, aunque por años se mantuvo en cierto silencio público. Su fama de predicador de la Sanidad y de la Teología de la Fe le llegó en el año 1990 con su programa de televisión. El nombre original de Hinn es *Toufik Benedictus Hinn*, aunque es "más conocido como *Benny Hinn*. Nació en Jaffa, Israel el 3 de diciembre de 1952. Su padre es griego y su madre es armenia. Se crio dentro de la Iglesia Ortodoxa Griega, y asistió a la Escuela Secundaria Georges Vanier en Toronto, Ontario, Canadá, donde fue conocido como *Toufik Hinn*. Es maestro, pastor, autor, escritor y tele-evangelista cristiano protestante evangélico. Realiza una serie de cumbres, denominadas *'Cruzadas de Milagros'*, que se celebran, por lo general, en los

---

Internet. Artículo en Teologillo.com. Consultado el 11 de abril del año 2020), ¿? https://elteologillo.com/2013/04/10/warren-7/

[140] César Ángelo. *Prosperidad / Un Estudio Bíblico sobre la falsa doctrina de la prosperidad /Texto y Video.* (La Habra, California. Internet. Consultado el 1 de abril del año 2020), ¿? 1¿hhttps://contralobosblogcristiano.wordpress.com/2016/08/01/prosperidad-un-estudio-biblico-sobre-la-falsa-doctrina-de-la-prosperidad-por-cesar-angelo-texto-y-video/

estadios de distintas ciudades,… que más tarde se retransmiten en todo el mundo en su programa de televisión, 'Este es tu Día' por la cadena de televisión cristiana".[141]

Este, pues, es otro de los que se les ha conocido como farsantes entre los cristianos evangélicos. Es un personaje que se hace llamar profeta y apóstol de Dios al mismo tiempo. Se considera un ungido por Dios para sanar toda clase de las enfermedades que atacan a los seres humanos. En el Capítulo Séptimo de este libro se hace mención de dos de su falsas profecías: La de que "Dios destruirá a la comunidad homosexual de EEUU", y también la de que "Fidel Castro Moriría". Profecías que por cierto no tienen fecha de cuando Dios terminara con los homosexuales ni cuando exactamente morirá Fidel Castro. Para saber que la Comunidad homosexual será destruida y que Fidel Castro morirá, no es necesario profetizar; ¡todos vamos a morir algún día! Profecía sería si anunciara por lo menos el mes de la muerte; una profecía completa anunciaría el año, el mes y el día y aun la hora de la muerte. Cuando Jesucristo regrese, todos los que no son cristianos se quedaran a la disposición del poder de Satanás, el si los va a destruir, pues ese es su trabajo. ¡Dios no destruye a nadie!

A pesar de sus malas profecías, "Benny Hinn es una de las estrellas de más rápido ascenso en el campo de la fe. De acuerdo con un artículo de *Christianity Today* de fecha 5 de octubre de 1992, las ventas de sus libros, en el último año y medio, han excedido la de James Dobson y Charles Swindoll combinadas".[142] Su fama de sanador divino lo ha hecho también un buen negociante del evangelio pues su ministerio ha llegado

---

[141] Wikipedia. La Enciclopedia Libre. *Benny Hinn.* (La Habra, California. Internet. Consultado el 7 de mayo del 2020), ¿? https://es.wikipedia.org/wiki/Benny_Hinn

[142] Hank Hanegraaff. *Cristianismo en crisis.* (USA. Harvest Hause Publishing), 32.

a generar 100 millones de dólares al año.[143] "Sus libros más conocidos son *'Buenos Días, Espíritu Santo'* (Good Morning, Holy Spirit) y *'La Unción'* (The Annointing), que contienen una mirada de quien es, según su punto de vista, el Espíritu Santo, y cómo ha influido en su vida".[144]

Benny Hinn creció como un niño que socialmente estaba aislado del resto de la sociedad y de sus compañeros de estudios. Probablemente su aislamiento se debió a que era un niño con problemas de habla pues era un poco tartamudo y además estaba minusválido. Cuando Hinn hace la pregunta: *¿Estás dispuesto a pagar el precio?* Es la pregunta con la que comienza su capítulo diecisiete del libro titulado: *La Unción*, en donde reta a pensar seriamente sobre la unción del Espíritu Santo y que asegura que dicha unción es para toda la vida; dice que alguien le hizo: "Una pregunta cándida:

> Un buen amigo me dirigió una pregunta recientemente que me hizo pensar. '¿Crees que Dios te ha usado de la manera que lo ha hecho', me dijo, 'solo porque eras un solitario y ermitaño cuando joven, y no tenías mucho a que morir?'

> Al detenerme a pensar me di cuenta de que él había traído a luz un punto importante. Yo tenía de joven un gran impedimento en hablar, era bajito de estatura, y terriblemente temido. A menudo me

---

[143] César Ángelo. *Prosperidad / Un Estudio Bíblico sobre la falsa doctrina de la prosperidad /Texto y Video.* (La Habra, California. Internet. Consultado el 1 de abril del año 2020), ¿? 1¿hhttps://contralobosblogcristiano.wordpress.com/2016/08/01/prosperidad-un-estudio-biblico-sobre-la-falsa-doctrina-de-la-prosperidad-por-cesar-angelo-texto-y-video/

[144] Wikipedia. La Enciclopedia Libre. *Benny Hinn.* (La Habra, California. Internet. Consultado el 7 de mayo del 2020), ¿? https://es.wikipedia.org/wiki/Benny_Hinn

escondía debajo de la cama cuando venían visitas a la casa.

Pero cuando Dios comenzó a usarme, básicamente tenía poco que perder, y no estaba atado a cosa alguna. Claro, tenía ciertos deseos, como todo ser humano. Pero Dios trató conmigo acerca de ellos".[145]

En esas condiciones físicas, "el 21 de diciembre de 1973, viajó por autobús de Toronto a Pittsburgh para asistir a un 'servicio de milagros' llevado a cabo por la evangelista Kathryn Kuhlman. Aunque nunca la conoció personalmente, asistió a sus 'Servicios de sanidad y milagros'. A menudo la recuerda y la ha citado como una influencia en su vida".[146]

Las palabras de Hinn, en cuanto a Kathryn Kuhlman y su asistencia a los cultos de sanidad, dicen: "Un amigo me había llevado a una reunión en Pittsburgh, guida por una evangelista de sanidad de quien conocía bien poco. Su nombre era Kathryn Kuhlman. Yo vi, oí y experimenté cosas en Pittsburgh que alterarían para siempre el curso de mi vida".[147] Este profeta de la Doctrina de la prosperidad dice algunas declaraciones que dejan asombrado a cualquier hombre o mujer que pueda razonar un poco. Es decir que:

"Cuando Benny Hinn pretende estar 'bajo la unción', dice las cosas más increíbles que podamos imaginar. Por ejemplo, él enseña

---

[145] Benny Hinn. *La Unción*. (Miami, Florida Editorial UNILIT. 1992), 180.

[146] Wikipedia. La Enciclopedia Libre. *Benny Hinn*. (La Habra, California. Internet. Consultado el 7 de mayo del 2020), ¿? https://es.wikipedia.org/wiki/Benny_Hinn

[147] Benny Hinn. La Unción. (Miami, Florida Editorial UNILIT. 1992), 21.

que el Espíritu Santo le reveló que las mujeres fueron originalmente diseñadas para dar a luz por el costado de sus cuerpos. A pesar de sus ofensivas excentricidades, Hinn se las ha arreglado para conseguir amplias aceptaciones y notable visibilidad dentro de la Iglesia Cristiana Evangélica. Su sitial en *Trinity Broadcasting Network*, tanto su promoción por uno de los más prominentes editores cristianos, le han lanzado a un alto nivel de dimensión pública. Ya sea que Hinn se refiera a su historia familiar o a sus extrañas reuniones con el Espíritu Santo, generalmente sus palabras no se atienden a la verdad de los hechos".[148]

Al no atender a los hechos de lo que Benny Hinn predica o enseña, se ha tomado como verdad todo lo dice y así, la fama se extendió y en esa carrera ministerial, Hinn: "Fundó *Orlando Christian Center* en 1983. En 1999, pasó la iglesia de Clint Brown y se trasladó a Grapevine, Texas, un suburbio de Fort Worth, al tiempo que se mantenía la persona jurídica '*World Outreach Center Benny Hinn Ministries*. Su antigua iglesia pasó a llamarse la *Iglesia Mundial de la Fe*".[149] Se ha mencionado que Hinn es maestro, pastor, compositor y escritor, con esos dones, Hinn "es autor de 250 canciones de alabanza y 14 álbumes".[150]

---

[148]   Hank Hanegraaff. *Cristianismo en crisis*. (USA. Harvest Hause Publishing), 32.

[149]   Wikipedia. La Enciclopedia Libre. *Benny Hinn.* (La Habra, California. Internet. Consultado el 7 de mayo del 2020), ¿? https://es.wikipedia.org/wiki/Benny_Hinn

[150]   Wikipedia. La Enciclopedia Libre. *Benny Hinn.* (La Habra, California. Internet. Consultado el 7 de mayo del 2020), ¿? https://es.wikipedia.org/wiki/Benny_Hinn

En cuanto a su vida familiar, Benny Hinn: "Se casó con Suzanne Harthern el 4 de agosto de 1979 (de la cual se divorció en el mes de febrero del 2010, supuestamente por diferencias irreconciliables, aunque en el año 2012, se volvieron a casar), tiene dos hijas: Jessica y Nathasha Hinn y vive en Ritz Cover Dr, en Dana Point, California".[151]

Las otras cosas, como parte de sus creencias y algunas de sus prácticas las mencionaremos en las páginas siguientes. Por ejemplo, en el Capítulo sobre las Contradicciones en las que se mencionan sus falsas profecías, también se hace mención de los comentarios de su sobrino y de su declaración de que Jesús se presentaría físicamente en sus Campañas de Sanidad. En el Capítulo sobre la Doctrina de la Prosperidad en donde se hace la pregunta si es bíblica o no, allí se hace mención de una posible práctica espiritista de Benny Hinn.

Hemos notado que en las vidas y ministerios de estos predicadores de la Doctrina de la Prosperidad o Teología de la Fe, que hasta este momento hemos mencionado, además de los abusos emocionales y físicos y las mentiras bíblico\teológicas con las que han estado engañando a sus oyentes, el cinismo es una desfachatez a tal grado que hasta lo convierten en un arte oratorio. Por ejemplo:

"Tres años más tarde – después de que se descubriera su pecado de adulterio - Bakker dijo lo siguiente: 'Por lo menos la mitad de mi ministerio

---

[151] Wikipedia. La Enciclopedia Libre. *Benny Hinn.* (La Habra, California. Internet. Consultado el 7 de mayo del 2020), ¿? https:// es.wikipedia.org/wiki/Benny_Hinn. César Ángelo. *Prosperidad / Un Estudio Bíblico sobre la falsa doctrina de la prosperidad /Texto y Video.* (La Habra, California. Internet. Consultado el 1 de abril del año 2020), ¿? 1¿hhttps://contralobosblogcristiano.wordpress. com/2016/08/01/prosperidad-un-estudio-biblico-sobre-la-falsa-doctrina-de-la-prosperidad-por-cesar-angelo-texto-y-video/

yo presenté un evangelio de Disneylandia, en el cuál la gente buena siempre se hace rica, los malos son derrotados, y después todos viven una vida feliz. Yo viví e intenté promover una tierra de fantasía espiritual donde la gente de Dios era bendecida siempre física y, por supuesto, materialmente'."[152]

Estados Unidos no estaría en crisis económica si esto que ha dicho Bakker fuera verdad.

2.- Los otros líderes de la Teología de la Fe.

También debemos de hacer mención de otros líderes de la Teología de la Fe que durante la década de los años 1980 y 1990, surgieron entre el Cristianismo Evangélico. Son hombres y mujeres que también han desvirtuado la verdad bíblica y teológica del cristianismo tradicional. Algunos de ellos son: Morris Cerullo, Pat Robertson, Paul Crouch, quien fue el Creador del canal de televisión cristiana y las maratónicas TBN y quién fue acusado de mantener relaciones sexuales con su chofer particular. De este escándalo hablamos más adelante. Paul Yonggi Cho; más conocido como David Cho, Cash Luna, Ana Méndez, María Luisa Periquive y Cesar Castellanos. Hablemos un poco de sus vidas y de sus ministerios.

---

[152] César Ángelo. *Prosperidad / Un Estudio Bíblico sobre la falsa doctrina de la prosperidad /Texto y Video.* (La Habra, California. Internet. Consultado el 1 de abril del año 2020), ¿? 1¿hhttps:// contralobosblogcristiano.wordpress.com/2016/08/01/prosperidad-un-estudio-biblico-sobre-la-falsa-doctrina-de-la-prosperidad-por-cesar-angelo-texto-y-video/

a.- Ana Méndez.

En su biología dice que fue ordenada como Profeta y Apóstol. Se ha presentado en la historia de la iglesia como una misionera incansable. Es por esto que:

"Ana Méndez Ferrell está presente en más de 40 naciones, entrenando el ejército de Dios para derribar las fortalezas del mal y traer la gloria de Dios. Ana, es nacida en México, ahora reside en Jacksonville, Florida, con su esposo Emerson Ferrell. Fue 'salva por Jesucristo' en 1985 mientras estuvo recluida en un hospital psiquiátrico, después de haber sido una sacerdotisa de vudú. El poder milagroso de Dios la libertó completamente y la transformó en una de Sus generales para conducir Su ejército para destruir la obra de Satanás".[153]

Vicente Mercado Santamaría de Barranquilla, Colombia comenta que "la predicadora Ana Méndez Ferrell, quien se hace llamar 'profeta o apóstol, pontificaba (no hay otra palabra para expresarlo) sobre la 'lucha espiritual, en lo que evidentemente eran experiencia personales muy parecidas a las del Gnosticismo, parecidas también a las prácticas de la Metafísica o del Vudú (Brujería), mas no del Evangelio".[154] Es

---

[153]   Vicente Mercado Santamaría/Barranquilla, Colombia. Ana Méndez – *Fabulas Y Esquizofrenia.* (La Habra, California. Internet. Artículo en Elteologillo.com. Publicado el día 27 de febrero del año 2013. Consultado el día 11 de abril del año 2020), ¿? https://elteologillo. com/2013/02/27/ana-mendez-fabulas-y-esquizofrenia/

[154]   Vicente Mercado Santamaría/Barranquilla, Colombia. *Ana Méndez – Fabulas Y Esquizofrenia.* (La Habra, California. Internet. Artículo en Elteologillo.com. Publicado el día 27 de febrero del año 2013. Consultado el día 11 de abril del año 2020), ¿? https://elteologillo. com/2013/02/27/ana-mendez-fabulas-y-esquizofrenia/

decir que nos encontramos con una persona que al parecer es un agente de Satanás pero que habla y enseña de la Biblia desde los pulpitos cristianos. ¡Un engaño garrafal!

Ana Mandes, a quien se le considera una falsa profeta y que, como ya se ha comentado, es una exsacerdotiza satánica del Vudú y que además, por un tiempo estuvo internada en el Hospital Psiquiátrico para tratar sus problemas de nervios, ahora como predicadora del Movimiento de la Fe, tiene el poder para entender "hasta del comportamiento de la tierra y de la naturaleza, las estrategias y pensamientos de los demonios y otras muchas cosas que la Biblia no nos revela, pero que ella pretende enseñarnos con autoridad".[155] No dudamos del poder de Satanás y de sus estrategias para engañar y robar con un sentido espiritual, porque si lo hace con otro sentido, entonces, ya no podrá engañar.

Ana, como líder dentro de la Doctrina de la Prosperidad, ha sido una del grupo de animadores de las maratónicas de dinero en el canal de televisión Enlace TBN. Y entre sus doctrinas esta la enseñanza sobre la Santa Cena en la cual dice literalmente que comemos la carne de Cristo y bebemos su sangre. En la sociología esto es canibalismo.

También enseña:

> "Que las almas de los cristianos que están sufriendo pobreza económica o cualquier otra tribulación, se encuentran cautivas en ciertos lugares espirituales o espaciales (¿Salvados por Cristo y cautivos de Satanás?), lugares a los cuales ella viaja en su espíritu (¿viajes astrales

---

155 Vicente Mercado Santamaría/Barranquilla, Colombia. *Ana Méndez – Fabulas Y Esquizofrenia.* (La Habra, California. Internet. Artículo en Elteologillo.com. Publicado el día 27 de febrero del año 2013. Consultado el día 11 de abril del año 2020), ¿? https://elteologillo. com/2013/02/27/ana-mendez-fabulas-y-esquizofrenia/

gnósticos? ¿Son viajes acompañada por Jesucristo o por los demonios?), con solo disponerse para efectuar sus liberaciones, activando ella misma sus autoproclamados dones de profecía y ciencia, a veces sola o a veces de mano de algún ángel, o simplemente se despliega como telón de cine una visión delante de ella, en la cual visualiza en cuál lugar se encuentra el alma de cualquier cristiano".[156]

Las almas de los cristianos están seguras en las manos de Dios, él no ha salvado a las personas para después abandonarlas a cualquier lugar. Las palabras de Jesucristo nos garantizan seguridad eterna con él, no en un espacio en donde solamente Ana puede llegar. Jesucristo dijo:

"Las cosas que yo hago con la autoridad de mi Padre, lo demuestran claramente; pero ustedes no creen, porque no son de mis ovejas. Mis ovejas reconocen mi voz, y yo las conozco y ellas me siguen. Yo les doy vida eterna, y jamás perecerán ni nadie me las quitará. Lo que el Padre me ha dado es más grande que todo, y nadie se lo puede quitar".[157]

¡Nadie nos puede separar de las manos de Jesucristo! ¿Razón? ¡Nadie es más poderoso que él! Lo que Ana está enseñando es que todas las personas; cristianos o no, tiene una doble existencia: Una existencia en esta tierra y la otra en lugares

[156] Vicente Mercado Santamaría. *Ana Méndez – Fabulas Y Esquizofrenia*. (La Habra, California. Internet. Artículo publicado el 27 de febrero del 2013 en el teologillo.com https://elteologillo.com/2013/02/27/ana-mendez-fabulas-y-esquizofrenia/

[157] Juan 10:27-29, (DHH).

que solamente ella, en sus viajes astrales, ha visitado, lugares como el *Abadón* o la *Tierra del Olvido*, en esos lugares las almas de todas las personas se encuentra allí. ¡Esta sí que es una de las fantasías muy fuera de la realidad! Pero, reconocemos que con estas fantasías es como engaña y roba a la gente sus ahorros o el dinero que necesita para alimentar a su familia en este país y en los otros países en donde se encuentran sus familiares.

En otro de sus supuestos viajes astrales, fue al infierno – allá se hubiera quedado -. En esa ocasión fue porque estaba orando por un pastor que había sufrido varios accidentes automovilísticos. En ese viaje al infierno "pudo ver como en el infierno tenían una maqueta con el alma del pastor llena de sangre y montada en un automóvil destruido, alrededor de cuya maqueta bailaban los demonios y esa era la causa, según esta mentirosa o bruja moderna, de los varios accidentes sufridos por el pastor".[158]

Ana Méndez es una activista de la Teología de Fe de la cual se debe de tener mucho cuidado; sus doctrinas son una mezcla de cristianismo con el Vudú,[159] secta de la cual ella fue

---

[158] Vicente Mercado Santamaría. *Ana Méndez – Fabulas Y Esquizofrenia.* (La Habra, California. Internet. Artículo publicado el 27 de febrero del 2013 en el teologillo.com https://elteologillo. com/2013/02/27/ana-mendez-fabulas-y-esquizofrenia/

[159] En el vudú se considera que existe una entidad sobrenatural última, llamada de diversas maneras… a esta entidad se le denomina Bondye (buen Dios) o, Mawu (en ocasiones se hace referencia a una pareja, Mawu y Lisá), regente del mundo sobrenatural,… por lo que la comunicación con ese mundo sobrenatural ha de llevarse a cabo a través de los numerosos loas (el Barón Samedi, la Maman Brigitte, Damballa, etc), entidades también sobrenaturales que actúan como deidades intermediarias y que conforman de hecho el eje central del vudú, teniendo cada uno de ellos una personalidad diferente y múltiples modos de ser alabados (por canciones, bailes, símbolos rituales y otros). Wikipedia, La enciclopedia libre, *El Vudú.* (Habra, California. Internet. Consultado el 14 de diciembre del 2020), ¿?

sacerdotisa y que, ahora, las practicas satánicas del Vudú las aplica en sus viajes astrales y en otras enseñanzas dentro de sus fabulas y su esquizofrenia. Y es con este tipo de predicciones y sensacionalismo que ciega a la gente y les saca de sus chequeras hasta el último dólar.

Además se han documentado casos en los que Ana Méndez con el disfraz de arte profético ha estado practicando el fetichismo.

"El fetichismo es una práctica religiosa en la cual se considera que ciertos objetos poseen poderes mágicos o sobrenaturales por estar influidos por una deidad o espíritu que los posee, o bien por haber sido preparado mediante rituales mágicos de fuerza y protección. Estos objetos tienen por finalidad proteger a sus propietarios de sus enemigos y de las adversidades de la vida. Este tipo de creencia satánica es muy común verla disfrazada de doctrina cristiana en la *Iglesia Universal del Reino de Dios* o "*Pare de Sufrir*". Ana Méndez junto a otros la predican sin ningún problema dentro de la Iglesia Evangélica".[160]

Por lo menos, con Ana Méndez se puede decir volver a re-afirmar que la Doctrina de la Prosperidad es una doctrina diabólica; una Doctrina que usa la Biblia como un amuleto para seguir engañando a las personas que ignoran los principios y

---

https://es.wikipedia.org/wiki/Vud%C3%BA

[160] Paulo Arieu. Ana Méndez: *¿Arte Profético o Fetichismo?* (La Habra, California. Internet. Artículo publicado el 10 de agosto del año 2012 en el teologillo.com. Consultado el 6 de mayo del 2020), ¿? https://elteologillo.com/2012/08/10/ana-mendez-arte-profetico-o-fetichismo/

mandamientos bíblicos y también a los cristianos que solamente asisten a la iglesia como si asistieran a un club.

b.- Paul Yonggi Cho; más conocido como David Cho.

David Yonggi Cho, nació el 14 de febrero de 1936 en South Kyŏngsang provincia de Corea. Cho es otro de los líderes más sobresalientes de la época moderna de las Doctrina de la Prosperidad. Es el fundador del Movimiento conocido como: *Yoido Full Gospel Church* (YFGC) en Seúl, Corea. Su iglesia es una de las consideradas como Mega iglesias desde el 2008. "En 1968, la iglesia tenía 8,000 miembros. En 1973, el edificio actual de la iglesia fue construido con 12.000 asientos. En 2012, 200.000 personas en Seúl se reunían para adorar a Dios y 800.000 en el país estaban afiliadas a la Iglesia. En 2008, Young Hoon Lee se convirtió en Pastor Principal".[161]

Cuando Cho murió, en la iglesia que el pastoreo había unos 800.000 miembros, a finales del 2019 se calculó que la membrecía de la iglesia del pastor Yonggi Cho sería de unas 850,000 personas. Otra versión dice que "en el año 2013, la membrecía era arriba de ¡1 Millón de miembros! Su crecimiento numérico es por la implementación de Grupos de Células".[162] Las cuales se encuentran dentro y fuera de Corea del Sur. Es

---

[161] Wikipedia. La Enciclopedia Libre. *Iglesia del Evangelio Pleno de Yoido.* (La Habra, California. Internet. Consultado el 6 de mayo del 2020), ¿? https://es.wikipedia.org/wiki/Iglesia_del_Evangelio_Pleno_de_Yoido

[162] César Ángelo. *Prosperidad / Un Estudio Bíblico sobre la falsa doctrina de la prosperidad /Texto y Video.* (La Habra, California. Internet. Consultado el 1 de abril del año 2020), ¿? 1¿hhttps://contralobosblogcristiano.wordpress.com/2016/08/01/prosperidad-un-estudio-biblico-sobre-la-falsa-doctrina-de-la-prosperidad-por-cesar-angelo-texto-y-video/

decir que estamos hablando de un Movimiento dentro del cristianismo a nivel mundial.

Yonggi Cho "reclamaba haber recibido su llamamiento para predicar del mismo Jesucristo, quien supuestamente se le apareció vestido con un uniforme de bombero".[163] Una de las prácticas que Cho realizaba en el ministerio que tenía fue la mezcla del ocultismo con la religión que antes practicaba, es decir, el budismo.

A esos pensamientos y prácticas budistas, Cho, le agregaba la fe cristiana con el sentir del Yoga. Son con estos principios no bíblicos y bíblicos que realizaban sus llamativas fórmulas de superación personal que tanto les agradaba a los predicadores de la Teología de la Fe. Es decir que: "Cho había envasado sus fórmulas de fe con la etiqueta de 'el poder cuatri-dimencional'. Él estaba bien consciente de sus nexos con el ocultismo, argumentando que si los budistas y los practicantes del Yoga pueden obtener sus propios objetivos mediante las cuatro dimensiones del poder, entonces los cristianos deberían obtener mucho más sirviéndose de los mismos medios".[164]

¡Esta es la filosofía de Paul Yonggi Cho! Una mezcla de filosofías budistas con verdades bíblicas. Una práctica que Dios ha rechazado desde el mismo comienzo de la humanidad. La ofrenda de Caín fue rechazada posiblemente porque su énfasis en el pensamiento y deseos del mismo Caín: ¡Filosofía Humana!

Cuando sacó al pueblo de Israel de Egipto y lo hizo peregrinar por el desierto hacia la Tierra Prometida, dentro de todas las instrucciones que les dio, fue que no imitaran las prácticas de los pueblos de Palestina. Sus ordenanzas fueron:

---

[163] Hank Hanegraaff. Cristianismo en crisis. (USA. Harvest Hause Publishing), 35.

[164] Hank Hanegraaff. *Cristianismo en crisis*. (USA. Harvest Hause Publishing), 35.

"Cuando hayas comido y estés satisfecho, alabarás al Señor tu Dios por la tierra buena que te habrá dado. Pero ten cuidado de no olvidar al Señor tu Dios. *No dejes de cumplir sus mandamientos, normas y preceptos* que yo te mando hoy. Y cuando hayas comido y te hayas saciado, cuando hayas edificado casas cómodas y las habites, cuando se hayan multiplicado tus ganados y tus rebaños, y hayan aumentado tu plata y tu oro y sean abundantes tus riquezas, no te vuelvas orgulloso ni olvides al Señor tu Dios, quien te sacó de Egipto, la tierra donde viviste como esclavo".

Cuando entres en la tierra que te da el Señor tu Dios, *no imites las costumbres abominables de esas naciones*".[165]

Esta misma filosofía de Paul Yonggi Cho, es una filosofía que también Cesar Castellanos ha metido en la Iglesia Cristiana con su invento llamado del *"G12"*. Esta "horrible filosofía ha entrado fuertemente en el seno eclesial, y en el contexto hispano por mano de los Castellanos, del G12, de Cash Luna, y de muchos afamados pseudo apóstoles".[166] Es una filosofía que está en contra de los principios bíblicos. Una explicación sobre esta filosofía se puede leer en el *Capítulo Noveno: ¿Es bíblica la Doctrina de la Prosperidad?*, Allí daremos respuesta a esta pregunta.

---

[165] Genesis 4:1-5; Deuteronomio 8:10-14; 18:9, (NVI). Las **bolds** y las *itálicas* son mías.

[166] Paulo Arieu. *R. Warren y ecumenismo parte 8.* (La Habra, California. Internet. Artículo en Teologillo.com. Consultado el 11 de abril del año 2020), ¿? https://elteologillo.com/2013/04/10/warren-7/

Paul Yonggi Cho, al igual que Branham, Hagin, Benny Hinn Oral Roberts y otros más, cree en que Jesucristo es el *"Gran Sirviente"* de sus deseos; creen que El Señor Jesús está a la disposición para que cuando ellos chasquen los dedos o toquen la campanita, o se quiten el saco y golpeen con él al enfermo o desafortunado, Jesucristo se haga presente y les conceda sus deseos. Cho, ha dicho que: "Tú creas la presencia de Jesús con tu boca. Si tú hablas acerca de salvación, el Salvador Jesús aparece. Si tú hablas de sanidad divina, entonces tendrás al Sanador Cristo en tu congregación. Si tú hablas del Jesús que hace milagros, entonces la presencia del Jesús que hace milagros aparece. Él está atado a tus labios y a tus palabras. Él está dependiendo de ti".[167] ¿Dónde queda la soberanía de Jesucristo? Dentro de esta filosofía de Paul Yonggi Cho, la soberanía de Jesucristo queda relegada a la soberanía del que abre su boca para salvar, del que pronuncia palabras para sanar o para hacer cualquier otra clase de milagros: Es decir que, Jesucristo sigue siendo "El Sirviente de la Doctrina de la Prosperidad".

c.- Paul Crouch.

De acuerdo a la prestigiosa revista evangélica *Christianity Today*, el predicador neo pentecostal estadounidense Paul Crouch no es sólo uno de los Tele-evangelistas más famosos de los Estados Unidos. Crouch es también un personaje controversial por su persistente mensaje de *"confesión positiva"* que han tenido los otros personajes de la Teología de la Prosperidad, como Yonggi Cho (David Cho), Roberts Schuller, Ana Méndez, Cesar

---

[167] César Ángelo. *Prosperidad / Un Estudio Bíblico sobre la falsa doctrina de la prosperidad /Texto y Video.* (La Habra, California. Internet. Consultado el 1 de abril del año 2020), ¿? 1¿hhttps://contralobosblogcristiano.wordpress.com/2016/08/01/prosperidad-un-estudio-biblico-sobre-la-falsa-doctrina-de-la-prosperidad-por-cesar-angelo-texto-y-video/

Castellanos, Cash Luna y otros más que se han mencionado en este libro.

Recodemos que una de las definiciones dice que, la Doctrina de la Prosperidad es un movimiento que usa el Evangelio de la Biblia y le da matices con trasfondos humanistas, y de las ciencias ocultas como el Vudú. Asegurando que es la voluntad de Dios que todos los cristianos lleguen a ser rico y, si aumentan sus *Semillas de Fe*, podrían llegar a ser millonarios. ¡Ah, los garrafales engaños con matices espirituales! Hacen de Dios una especie de mago que con su varita mágica convierte todo en dólares.

Pero Paul Crouch y su esposa Lan, son mucho más que un líder dentro del positivismo de la Teología de la Fe. "Como fundador y presidente de *Trinity Broadcasting Network*, el Reverendo Crouch es el dueño de facto de la cadena televisiva religiosa más grande del mundo. De acuerdo a cifras publicadas en el número de septiembre de *Christianity Today*, el emporio de Paul Crouch, que tiene su sede en California, cuenta actualmente con 10,000 estaciones de televisión, incluyendo redes de trasmisión por cable afiliadas que trasmiten 24 horas al día internacionalmente a través de 43 satélites".[168] Nada malo para ellos, pues es una mina de dólares que con engaños llegan a sus cuentas bancarias.

Lo que estamos diciendo es que: "*Trinity Broadcasting Network* (TBN) es un pulpo electrónico que atrae miles de dólares. Esta fundación, que hoy tiene un valor estimado en más de quinientos millones de dólares",[169] es un verdadero monstro

168 WWW.Scyas.Org. *El Tele-evangelista Paul Crouch denunciado por sostener relaciones homosexuales con su chofer, un pedófilo convicto y ex-adicto a la cocaína.* (La Habra, California. Internet. Consultado el 6 de mayo del 2020), ¿? http://sectas.org/Articulos/movimiento/PaulCrouch.asp

169 Hank Hanegraaff. *Cristianismo en Crisis.* (USA. Harvest Hause Publishing), 37

electrónico que está sembrando el engaño usando el Evangelio de Jesucristo como un anzuelo.

Es una red televisiva de alcance increíble: "Como Crouch mismo lo explica, 'Dios nos ha dado, por seguro, la MAS PODEROSA VOZ en la historia del MUNDO'."[170] Al igual que los otros hombres y mujeres que ya hemos mencionado, Paul Crouch, con su TBN, ha llegado a ser una persona de mucha influencia a nivel mundial. Hank Hanegraaff dice que: "La influencia de Crouch ha llegado a ser tan vasta que hoy en día él puede conseguir tanto como 50 millones de dólares durante un simple 'Praise-a-Thon' ('un maratón de alabanzas')".[171]

El profeta Abdías hablando sobre la humillación del país de Edom, dice que: "El país de Edom, donde vivían los descendientes de Esaú, hermano gemelo de Jacob",[172] sería destruido. Abdías, al parecer, no da una posibilidad de arrepentimiento sino que dice: "Pero aunque vueles a lo alto como águila, y tu nido esté puesto en las estrellas, de allí te arrojaré —afirma el Señor—."[173] Esto nos dice que, aunque se puedan juntar – robar – cincuenta millones de dólares en un Teletón de Alabanza, aun así, Dios puede, hacer que esa millonaria desparezca sin frutos terrenales y mucho menos los frutos espirituales.

Cuando el pueblo de Dios es atacado, maltratado, burlado, robado o engañado, Dios no se queda en lo oculto viendo lo que les sucede a Sus amados hijos y sin hacer algo. El Señor es amoroso, Juan dice que *"Dios es amor"*,[174] pero eso no quita el

---

[170] Hank Hanegraaff. *Cristianismo en Crisis*. (USA. Harvest Hause Publishing), 37

[171] Hank Hanegraaff. *Cristianismo en Crisis*. (USA. Harvest Hause Publishing), 37, 38.

[172] Comentario en la *Biblia de Estudio Esquematizada*. Reina Valera 1960. (Brasil. Sociedades Bíblicas Unidas. 2010), 1318.

[173] Abdías 1:4 - Biblia Nueva Versión Internacional

[174] I Juan 4:8, (RV, 1960).

que también sea *justo*. A estos que han pervertido el Evangelio de Jesucristo, los que han creado sus propias mentiras, engaños e hipocresías, Dios no los ha dejado sin sus respectivos juicios.

En el *Capítulo Séptimo: Contradicciones*, notamos algunas de las consecuencias que Dios, en su Santo Juicio ha permitido que caigan sobre algunos de los predicadores de la Teología de la Fe; Para los otros, no les espera algo mejor que a sus compañeros. "Dios no puede ser burlado",[175] es la declaración bíblica. El apóstol Pablo - el cual sí era apóstol de Jesucristo -, les dijo a los hermanos de la Iglesia Cristiana en Galacia: "No os engañéis; Dios no puede ser burlado: pues todo lo que el hombre sembrare, eso también segará. Porque el que siembra para su carne, de la carne segará corrupción; más el que siembra para el Espíritu, del Espíritu segará vida eterna".[176] ¡Les llegará su hora!

3.- ¡Alerta, Comunidad Cristina!

¡No se dejen engañar! En el otro lado de la moneda de la Doctrina de la Prosperidad están los que quieren vivir como les dé la gana. Si la Doctrina de la Prosperidad busca, aunque sea con engaños, que el ser humano viva feliz con Dios a su lado, otros se van al extremo, dejan a Dios en el limbo para hacer lo que ellos consideran es la "buena filosofía. ¡Cristianos, cuidado!

"No sean engañados por aquellos que dicen que a Dios no le importa cómo vivimos nuestra vida. De hecho, Él tiene un profundo interés en nuestra conducta y nuestros motivos. Está demostrado que cosechamos lo que sembramos, más de lo que sembramos, después de sembrarlo. Esto significa que experimentamos las consecuencias de nuestras decisiones por mucho tiempo, sean

---

[175] Gálatas 6:7

[176] Gálatas 6:7-8, (RV, 1960).

buenas o malas. Por lo tanto, debemos de tener mucho cuidado y vivir en obediencia al Señor por amor a Él, para que podamos estar seguros que nuestras vidas producirán una cosecha de bendiciones que nos traerá un gran gozo".[177]

Los extremos son peligrosos: Ni la Doctrina de la Prosperidad, aun con sus millones y sus bien educados maestros y predicadores, ni los que quieren vivir en su propia filosofía de vida, son personas gratas hacia a Dios.

---

[177] Charles Stanley. *Biblia de Principios de Vida*. (Nashville, Dallas, México DF. Río de Janeiro. Grupo Nelson. 2010), 1330.

Capítulo Quinto:

LA EXTENSIÓN DE LA DOCTRINA DE LA PROSPERIDAD

"No abuses del pobre por ser pobre, ni oprimas ante los jueces al indefenso, pues el Señor saldrá en su defensa y oprimirá a quienes los opriman."

Proverbios 22:22-23, (DHH).

Como se pueden dar cuenta hay bastantes nombres de los predicadores y maestros de la Doctrina de la Prosperidad: Y la lista sigue. Llegando a nuestros tiempos, o sea, años 2,000 en adelante hasta hoy, tenemos a otros *lobos* supuestamente cristianos que fue imposible que se quedaran fuera de este estudio. Solamente daremos los nombres para que ustedes mismos investiguen y se den cuenta que básicamente predican exactamente lo mismo que los fundadores de los movimientos que ya se han mencionado.

En los Estados Unidos de América, tenemos *Joel Osteen* que, con su libro titulado: *Su mejor vida ahora*, es considerado por algunos representantes del Cristianismo Evangelio como uno de los líderes de la Doctrina de la Prosperidad.

En Centroamérica y Sudamérica, de acuerdo a César Ángelo, los predicadores considerados como líderes de la Teología de Fe o de la Doctrina de la Prosperidad o del Movimiento de la

Semilla de Fe, son: Dina Santamaría, Guillermo Maldonado, Cash Luna, Wolf, Ana Méndez, Marcos Witt, César Castellano, Jonás González (Enlace) y Jonas.

De la República de Argentina han surgido predicadores que han seguido la línea de la Teología de Fe como: Dante Gebel, Claudio Freidzon y Bernardo Stamateas.

En la República de Chile, se pueden señalar a los siguientes predicadores considerados como líderes de la Doctrina de la Prosperidad en ese país: Fernando Chaparro, Manuel Flores, Salvador Pino Bustos, Alejandro Martínez (Alex Marvel) y Rubén Sáez (Radio Armonía).[178]

Cesar Ángelo dice que, "todos estos rufianes solo hablan del dinero y solo piden dinero",[179] además de que son exhibicionistas; es decir que, les encantan los aplausos y los saludos de respeto en las calles, en los lujosos restaurantes y en los súper lujosos y carísimos hoteles. Y aunque hablan del Evangelio de Jesucristo no toman en cuenta algunos pasajes de los mismos evangelios que no concuerdan con sus mensajes.

---

[178] Citados por Cesar Ángelo y Hank Hanegraaff.

[179] César Ángelo. *Prosperidad / Un Estudio Bíblico sobre la falsa doctrina de la prosperidad /Texto y Video.* (La Habra, California. Internet. Consultado el 1 de abril del año 2020), ¿? https:// contralobosblogcristiano.wordpress.com/2016/08/01/prosperidad-un-estudio-biblico-sobre-la-falsa-doctrina-de-la-prosperidad-por-cesar-angelo-texto-y-video/

A.- Doctrina de la Prosperidad contra la Biblia.

Por ejemplo, los dos pasajes siguientes dicen lo contrario de lo que los líderes de la Doctrina de la Prosperidad predican y hacen. En la predicación del Sermón del Monte, Jesús presenta o predica un mensaje totalmente distinto al de los predicadores de la Doctrina de la Prosperidad. Jesús dijo:

> "No acumulen para sí tesoros en la tierra, donde la polilla y el óxido destruyen, y donde los ladrones se meten a robar.

> Más bien, acumulen para sí tesoros en el cielo, donde ni la polilla ni el óxido carcomen, ni los ladrones se meten a robar. Porque donde esté tu tesoro, allí estará también tu corazón".[180]

William Barclay dijo que: "La manera más corriente y normal de organizar la vida consiste sencillamente en dar prioridad a las cosas que duran".[181] A estas cosas le agregamos las virtudes que están en un valor superior a las cosas y que son las que nos llevaremos a dondequiera que vayamos después de esta vida terrenal. El apóstol Pablo dijo: "Ahora permanecen la fe, la esperanza y el amor. Estas tres, pero el mayor de ellos es el amor".[182] Y no se referiría al amor al dinero como los predicadores de la Prosperidad, sino el amor que cumple los dos Grandes Mandamientos: Amar a Dios y amar al prójimo.[183]

---

[180] Mateo 6:19-20, (NVI).

[181] William Barclay. *Comentario al Nuevo Testamento. Volumen 1. MATEO I.* (Terrassa (Barcelona), España. Editorial CLIE. 1997), 273.

[182] I Corintios 13:13.

[183] Mateo 22:37-40.

En uno de los variados y consecutivos diálogos entre Jesús y los fariseos, uno de ellos trato de ponerle una trampa a Jesús, por lo general, este era el método de los fariseos, hacerle preguntas al Maestro Jesús con el fin de hacerle caer en una trampa. En esta ocasión, uno de ellos, le pregunta:

> "—Maestro, ¿cuál es el mandamiento más importante en la ley de Moisés?

Jesús contestó:

> —'Ama al Señor tu Dios con todo tu corazón, con toda tu alma y con toda tu mente'. Este es el primer mandamiento y el más importante. Hay un segundo mandamiento que es igualmente importante: 'Ama a tu prójimo como a ti mismo'. Toda la ley y las exigencias de los profetas se basan en estos dos mandamientos".[184]

Siempre existirán los que, por envidia o por celos, tratan de hacer caer a los que están enseñando la verdad de la Santas Escrituras. Pero, gracias a Dios que él siempre tiene las respuestas a sus interrogantes tramposas.

El segundo pasaje bíblico que denuncia la desfachatez y el engaño de los predicadores de la Doctrina de la Prosperidad, dice:

> "Cuando llegó a la casa de Jairo, no dejó que nadie entrara con él, excepto Pedro, Juan y Jacobo, y el padre y la madre de la niña. Todos estaban llorando, muy afligidos por ella.

---

[184] Mateo 22:36-40, (NTV).

—Dejen de llorar —les dijo Jesús—. No está muerta, sino dormida.

Entonces ellos empezaron a burlarse de él porque sabían que estaba muerta. Pero él la tomó de la mano y le dijo: — ¡Niña, levántate!

Recobró la vida y al instante se levantó. Jesús mandó darle de comer. Los padres se quedaron atónitos, pero él les advirtió que no contaran a nadie lo que había sucedido".[185]

Notemos en esta lectura que Jesús mandó no divulgar el milagro. ¿Qué hacen los predicadores de la Doctrina de la Prosperidad? ¡Lo contrario! De boca en boca; de un periódico a otro; de una revista a otra; de un programa de radio a otro y de un Centro Televisivo a otro es anunciado o publicado dicho milagro. Por cierto, nadie ha podido probar que con las oraciones de los llamados "Ungidos de Dios" el cáncer haya desaparecido de las personas enfermas de este mal; en cambio, sabemos de personas cristianas que sí se han sanado del mal del cáncer a causa de una oración de un humilde predicador que, por temor y respeto a Dios, no lo publican en ningún medio. Dios sí puede sanar cualquier enfermedad pero, en ocasiones no lo hace para evitar el orgullo o la presunción humana.

El relato lucano muestra un gran milagro. Una cosas es sanar a una persona de una fiebre, como Jesús lo hizo con la suegra de Pedro o, darle vista a los ciegos, que son grandes milagros pero, ¡resucitar a una persona que ha muerto en presencia de varios testigos o, sacarlo de la tumba después de pasar cuatro días en ella como fue el caso de la resurrección de Lázaro de Betania! ¡Estos si son Grandes Milagros![186] Con Dios todo es posible.

---

[185]   Lucas 8:51-56, (NVI).

[186]   Lucas 22:51-56; Juan 11:38-44.

El problema es que no siempre está Dios en sus planes sino su orgullo y filosofía de vida.

Lo que hizo Jesús con la hija de Jairo, era un milagro como para que apareciera en todos los periódicos, revistas, en todos los canales de televisión o, en el caso y tiempo de Jesucristo, era para que los correos hablados y escritos de la época lo anunciaran en toda la Palestina y países vecinos. Ciertamente este milagro no quedó en la oscuridad, la noticia se corrió como se corre el agua de los ríos al mar. Sin embargo, notemos que Jesucristo, "les advirtió que no contaran a nadie lo que había sucedido".

¿¡Qué cosa!? ¡Acababa de hacer un Gran Milagro! ¡Resucitó a la hija de Jairo! Yo lo hubiera publicado en todos los medios de comunicación que hoy día tenemos. Lo hubiera publicado en las revistas de los movimientos de los predicadores de la Prosperidad; esto me daría más fama de "Sanar divino". Pero, Jesús, ordenó silencio. La idea humana, por lo menos la mía, es que si Jesús hubiese permitido que el milagro de la resurrección de la hija de Jairo se publicara, sin duda esto le daría mucha más fama y respeto a Jesús de Nazaret. Sin embargo, debemos de preguntarnos: ¿Jesús, buscaba fama y respeto o hacer la voluntad de Dios? El plan divino era la cruz; era la muerte por los pecados de la humanidad; era comprarle a Satanás los seres humanos que están bajo su propiedad a precio de sangre. ¡Era cumplir la voluntad del Padre Dios! Entonces, ¿Fama? ¿Prestigio? ¿Comodidad social? ¿Solvencia económica?, eran eventos o circunstancias que no estaban en la mente ni en el corazón del Señor Jesús.

Jesucristo sí fue un Sanador Divino Ambulante. Recorrió las ciudades, los pueblos y las aldeas o ranchos como los conocemos en México, pero no fue con ese propósito de sanador o de adquirir fama que vino a este mundo, sino con el objetivo de enseñar la verdad de Dios a cada ser humano; fue a eso lugares "para buscar y salvar lo que se había perdido".[187] El evangelista Lucas así entendió el ministerio de Jesús, Lucas no dijo que Jesús había venido a la tierra para recibir aplausos, ni para enriquecerse, ni para engañar y mucho menos robar. Para Lucas, Jesús, "el Hijo del hombre había venido a buscar y salvar lo que se había perdido".[188]

B.- No tratar de forzar a Dios.

Pero, la orden, con advertencia, del mismo Señor que resucitó a la hija de Jairo fue: *"que no contaran a nadie lo que había sucedido"*. ¡Qué diferencia con los predicadores de la Doctrina de la Prosperidad! Hombres y mujeres que están ansiosos de publicidad y de que la gente se dé cuenta que son hombres y mujeres de fe. Sin embargo, "La lección más fundamental de este pasaje es la combinación de características vinculadas a la fe. Esta debería de tomar la iniciativa para actuar en dependencia de Dios y no del ser humano – y hablar de él – de Dios y no del supuesto sanador en iglesias – no obstante, en ocasiones – esa fe - ha de ser paciente".[189] No siempre habrá una sanidad como se espera que suceda: Es decir, no hay que "forzar" a Dios para que lo haga. Si es la voluntad de Dios, el milagro sucederá. Tratar de forzar a Dios para que haga el milagro puede ser muy peligroso. ¿Por qué? Porque Dios puede decir: "¿Esto es lo que quieren? Yo no, pero, si esto es lo que quieren sucederá y con esto también vendrán las consecuencias".

Demos orar pidiendo sanidad pero dejar que se haga la voluntad de Dios, no la nuestra. Parte del Padre Nuestro dice:

---

[187] Lucas 19:10.

[188] Lucas 19:10, (DHH).

[189] Darrell L. Book. Comentarios Bíblicos con Aplicación. LUCAS. Del texto Bíblico a una aplicación contemporánea. (Miami, Florida. Editorial Vida. 2013), 233

"venga tu reino, hágase tu voluntad en la tierra como en el cielo".[190] Entonces, ¿por qué "forzar" a Dios que haga el milagro?

Jesús no llegó de una manera rápida a la casa de Jairo, se entretuvo en el camino sanado y dialogando con una mujer que había estado enferma por derramamiento de sangre por doce años. Los Predicadores de la Doctrina de la Prosperidad y sus seguidores deben entender que, "cuando todo va bien pensamos que podemos solos con la vida – basta con sembrar una semilla de fe -. Pero para experimentar los milagros de la gracia de Dios – no es suficiente la siembra de una semilla de fe sino que – tenemos que tragarnos el orgullo, y confesar humildemente nuestra necesidad, y pedir ayuda",[191] no necesariamente a un predicador cualquiera que éste sea, sino directamente a Dios. Por supuesto, esto es algo muy complicado entre los predicadores de la Doctrina de la Prosperidad. ¿Manifestar humildad sincera? Esto les descredita de sus mensajes de Fe en Dios.

C.- ¿Iguales?

Vladímir Vladímirovich Putin, el actual presidente de Rusia, nació en Leningrado, Unión Soviética, el 7 de octubre de 1952. Es presidente del país de Rusia desde 1999 hasta la fecha. En esa categoría presidencial, Putin ha dicho que el Comunismo y el Cristianismo son iguales. Ambos tienen los mismos principios y los mismos finales escatológicos. Un comentarista dice:

> "Yo no sé cómo Putin puede ¡Comparar el Comunismo con el Cristianismo! No es lo mismo. Aunque la Palabra de Dios dice que todos tenemos las cosas en común, debemos entender que el

---

Mateo 6:10, (NVI).

William Barclay. Comentario al Nuevo Testamento. Volumen 4. LUCAS. (Terrassa (Barcelona), España. Editorial LIE. 1994), 142-143.

Comunismo es solo una Teoría nunca se lleva a la Practica. El verdadero Comunismo, solo la Iglesia Primitiva lo llevó a la Práctica.

El libro de Los Hechos en su Capítulo 2:44-45, dice que todos los que habían creído estaban Juntos, y tenían en común todas las Cosas. Y vendían sus propiedades y sus bienes, y lo repartían a todos según la necesidad de cada uno. Este mensaje de Hechos 2:44-45, también excluye a los Evangelistas de La Prosperidad, como: Creffo Dollar, Los Maldonado de Florida, Paula White, Joel Osteen y Otros Charlatanes que tienen la 'Piedad' como Fuente de Ganancia".[192]

Algo que es común en el Comunismo actual; nada es para provecho de todos. Alguien dijo: *Lo tuyo es mío y lo mío es mío*. Este tipo de filosofía es la comunista y que en casi nada difiere de la filosofía de los predicadores de la Doctrina de la Prosperidad. Lo de ellos es de ellos y lo del pueblo también.

Si notamos muy bien de donde viene este principio bíblico, nos damos cuenta que la Iglesia Primitiva estaba en contra del consumismo que la Doctrina de la Prosperidad de una manera abierta práctica. Su pasión monetaria tergiversa la Hermenéutica Bíblica. Lo que tratamos de decir es que, a la luz de las prácticas de los predicadores de la Doctrina de la Prosperidad: "La gente haría cualquier cosa por dinero. Todo el mundo quiere más, y

---

[192] Bibliatodonoticias. *Presidente ruso Vladimir Putin, dice que el cristianismo es igual que el comunismo. Comentario de Ángel Marrero sobre las declaraciones del presidente Putin.* (La Habra, California. Internet. Consultado el 30 de marzo del año 2020), ¿? https://www.bibliatodo.com/NoticiasCristianas/presidente-ruso-vladimir-putin-dice-cristianismo-igual-comunismo/

nadie quiere compartir lo que tiene con los que tienen menos".[193] Un mensaje para los teólogos de la Doctrina de la Prosperidad es: *El mundo sería mejor si todos compartiéramos.* Es decir, el mundo cristiano sería mucho mejor si siguiéramos los parámetros que encontramos en Hechos 2:44-45; 4:32-37; 6:1-7. Por cierto, aunque se hará más claro lo que dice la Biblia con relación a la Doctrina de la Prosperidad, es bueno citar en este espacio lo que el apóstol Pablo le dijo al pastor y misionero Timoteo. La recomendación paulina fue:

"Si alguien enseña ideas extrañas y no está de acuerdo con la sana enseñanza de nuestro Señor Jesucristo ni con lo que enseña nuestra religión, es un orgulloso que no sabe nada. Discutir es en él como una enfermedad; y de ahí vienen envidias, discordias, insultos, desconfianzas y peleas sin fin entre gente que tiene la mente pervertida y no conoce la verdad, y que toma la religión por una fuente de riqueza.

Y claro está que la piedad es una fuente de gran riqueza, pero solo para el que se contenta con lo que tiene.

Porque nada trajimos a este mundo, y nada podremos llevarnos; si tenemos qué comer y con qué vestirnos, ya nos podemos dar por satisfechos. En cambio, los que quieren hacerse ricos caen en la tentación como en una trampa, y se ven asaltados por muchos deseos insensatos y perjudiciales, que hunden a los hombres en la ruina y la condenación.

---

[193]   William T. Cavanaugh. *Ser consumidos: Economía y deseo en clave cristiana.* Trd. Agustín Moreno Bravo y José María Bravo Domínguez. (Granada, España. Editorial Nuevo Inicio. 2011), 65.

Porque el amor al dinero es raíz de toda clase de males; y hay quienes, por codicia, se han desviado de la fe y se han causado terribles sufrimientos".[194]

Al parecer, siempre han existido los amantes del dinero. No es que no debemos tener dinero; la Biblia no impide o condena el ser rico económicamente, más bien desea que nadie que sea cristiano tenga necesidades que no pueda resolver sin el dinero. En lo que está en desacuerdo es la manera de conseguir dicho dinero. Es decir que, si se consigue el capital manipulando la fe de los seres humanos, ¡ese acto es contra la Doctrina Bíblica! ¡Es algo inmoral! ¡Es engañar! ¡Es robar! Por esta razón, Pablo le dijo a Timoteo que se apartara de ellos; que se hiciera aun lado del camino por el que este tipo de gente transita.

"Para San Agustín de Hipona, el pecado se comete cuando, es 'consecuencia de un apetito inmoderado por unos bienes que están en la parte más baja de la cadena del ser, abandonamos los bienes más altos y supremos, esto es, a Ti, Señor Dios nuestro, y tu verdad y tu ley".[195] Aunque cada ser humano tiene su preferencia y sus amores por las diferentes mascotas, en el fondo del ser humano solo hay dos amores: Dios o Mamón. Por eso Jesucristo dijo: "Nadie puede servir a dos amos, porque odiará a uno y querrá al otro, o será fiel a uno y despreciará al otro. No se puede servir a Dios y a las riquezas".[196] La historia de la Doctrina de la Prosperidad no muestra que sus líderes aman y sirven a las riquezas en lugar de Dios.

Para el apóstol Pablo, que no vivió esta desvirtuada hermenéutica que tenemos entre los predicadores de la Teología de

194   I Timoteo 6:3-10, (DHH).

195   William T. Cavanaugh. *Ser consumidos: Economía y deseo en clave cristiana*. Trd. Agustín Moreno Bravo y José María Bravo Domínguez. (Granada, España. Editorial Nuevo Inicio. 2011), 43.

196   Mateo 6:24, (DHH).

la Fe, pero que en sus días existían personas con el mismo espíritu egoísta y satánico como el de hoy día. Hacía aquellos que estaban enseñando otra hermenéutica del Evangelio que Pablo predicaba: "De forma enérgica Pablo ataca el 'evangelio' que sus adversarios estaban anunciando. Afirma que ese evangelio es falso".[197] Es un evangelio cruel y despiadado. Notemos las palabras de Pablo;

"Me asombra que tan pronto estén dejando ustedes a quien los llamó por la gracia de Cristo, para pasarse a otro evangelio. No es que haya otro evangelio, sino que ciertos individuos están sembrando confusión entre ustedes y quieren tergiversar el evangelio de Cristo. Pero, aun si alguno de nosotros o un ángel del cielo les predicara un evangelio distinto del que les hemos predicado, ¡que caiga bajo maldición! Como ya lo hemos dicho, ahora lo repito: si alguien les anda predicando un evangelio distinto del que recibieron, ¡que caiga bajo maldición!".[198]

¿Era una situación diferente que hoy? No, no lo era. Por ejemplo, sabemos que comercialmente: "Nos llegan rumores de que nuestros zapatos están hechos por niños y por otros trabajadores explotados, pero no tenemos la menor idea de cómo podríamos empezar una resistencia a este tipo de cosas".[199] De la misma manera, sabemos que lo que nos llega de la Doctrina de la Prosperidad no son "rumores" sino hechos; son noticias concretas de crueldades, de abusos, de engaños, de robos y de

---

197 Comentario en la *Biblia de Estudio Esquemática.* (Brasil. Sociedades Bíblicas unidas. 2010), 1751.

198 Gálatas 1:6-9, (NVI).

199 William T. Cavanaugh. *Ser consumidos: Economía y deseo en clave cristiana.* Trd. Agustín Moreno Bravo y José María Bravo Domínguez. (Granada, España. Editorial Nuevo Inicio. 2011), 29-30.

inmoralidades pero, al parecer, la Iglesia Cristiana Evangélica no sabe cómo parar su influencia doctrinal a nivel mundial. Su teología se ha extendido a cada rincón del planeta, aunque, ciertamente ya ha disminuido su popularidad y con ello su crecimiento numérico.

Sin embargo, uno puede darse cuenta que aunque están disminuyendo, esto es muy gradual, pues, por ejemplo:

> "Los alcances de Ministerios Kenneth Hagin incluyen: La Palabra de Fe, una revista gratis; Centro de Entrenamiento Bíblico RHEMA; Asociación de Graduados de RHEMA; Asociación Ministerial internacional RHEMA; Escuela Bíblica por Correspondencia RHEMA; y el Ministerio de Prisiones RHEMA. El hijo y la nuera del Rev. Hagin, Kenneth W y Lynette Hagin, son coanfitriones de Rhema para hoy, un programa de radio transmitido los días de semana, Alabanzas RHEMA, un programa semanal de televisión, y cruzadas de Fe Viva realizadas alrededor del mundo".[200]

Son Grandes Ministerios que están atrayendo a multitudes a una fe vana. Ministerios que hacen de la fe en Dios una burla y una ilusión descabellada. ¡Ministerios que encierran a la gente en un engaño fatal! ¡Alguien tiene que parar con estos engaños!

D.- En resumen:

Un breve resumen de esta sección que hemos llamado: La extensión de la Doctrina de la Prosperidad, o su difusión en

---

[200] Kenneth El Hagin. *Yo fui al Infierno.* (Tulsa, OK. Kenneth Hagin Ministries, Inc. 1998), pagina de contraportada del libro: *Yo fui al Infierno.*

el mundo, se podría quedar de esta manera: La Doctrina de La Teología de Fe o como le hemos venido llamando en las páginas de este libro; La Doctrina de la Prosperidad, aunque nos duela decirlo, ha cumplido, aunque malamente, la declaración de Hechos 1:8, de que los seguidores de Jesucristo, desde la ciudad desde Jerusalén llevarían el Evangelio *hasta lo último de la tierra.*

La Biblia dice:

"Así que mientras los apóstoles estaban con Jesús, le preguntaron con insistencia:

—Señor, ¿ha llegado ya el tiempo de que liberes a Israel y restaures nuestro reino?

Él les contestó:

—Solo el Padre tiene la autoridad para fijar esas fechas y tiempos, y a ustedes no les corresponde saberlo; pero recibirán poder cuando el Espíritu Santo descienda sobre ustedes; y serán mis testigos, y le hablarán a la gente acerca de mí en todas partes: en Jerusalén, por toda Judea, en Samaria y hasta los lugares más lejanos de la tierra".[201]

Nos guste o no, ¡la doctrina de la Prosperidad lo ha hecho! La Iglesia Cristiana Evangélica y también la Católica Apostólica Romana, se han dormido en las tradiciones; ambas se han encerrado en los templos con cultos o reuniones motivadoras sentimentalmente pero, han dejado el terreno libre y desamparado para que los Movimientos de los cuales se ha

---

[201] Hechos 1:6-8, (NTV).

hecho mención, tomen la delantera en lo que es la Misión de la Iglesia.

Históricamente no hay manera de negar que estos *"Magnates de Dios"* han salido desde Estados Unidos o de sus países natales y han recorrido el mundo entero. En todos los Continentes del globo terráqueo; en cada uno de los 194 países reconocidos por la ONU; y casi en cada ciudad principal del mundo existe una iglesia o un ministerio de La Teología de la Fe. Aunque, como se ha comentado, lo están haciendo malamente, porque el evangelio que se anuncia en este movimiento no es el que presentan la Biblia, pero ellos: ¡Han cumplido o están cumpliendo con Hechos 1:8!

Lo anterior, no significa que debemos de dar alabanza a los Maestros de la Fe por su audacia, esfuerzo y valentía en proclamar y enseñar la Teología de la Prosperidad. Son engañadores y ladrones con una máscara de espiritualidad que, usan al Espíritu Santo como su siervo para lograr sus intereses personales. Los que sí merecen ser honrados son los hombres y mujeres que se han mantenido firmes en la verdad de Dios aun a pesar de andar mendingando y de morir como gente despreciable.

El libro apócrifo *Sirac*, presenta una alabanza a los que el autor considera como héroes judíos. A ellos los describe de la siguiente manera:

"Alabemos a los hombres famosos

Y a nuestros padres, quienes fueron celebres en su generación.

El Señor decretó gran gloria para ellos

Y las edades pasadas ordenaron su majestad para ellos.

Fueron gobernantes en sus reinos y fueron hombres renombrados en su poder;

Daban consuelo con su discernimiento y decían oráculos a través de sus poderes proféticos.

Dirigían al pueblo con sus consejos

Y las personas con su entendimiento como escribas;

Las palabras de su instrucción eran sabias.

Buscaban melodías musicales y organizaban versos en un texto escrito.

Eran hombres ricos bien abastecidos, con recursos, y vivían pacíficamente en sus casas.

Todos estos hombres fueron honrados en sus generaciones, y fueron el orgullo de su época".[202]

¡Gracias a Dios por sus vidas y por sus ministerios!

---

[202] Sisac 44:1-7. *Alabanza a los héroes judíos*. (Miami, Florida. Texto escrito en la *Biblia de Estudio NVI Arqueológica*. Texto copiado de la Septuaginta de Raiifs. Trad. Duane Garrett. Publicada por Editorial Vida. 2009), 2022.

Capítulo Sexto:

LAS DOCTRINAS CLAVE DE LA DOCTRINA DE LA PROSPERIDAD

"Honra al Señor con tus riquezas y con los primeros frutos de tus cosechas; así se llenarán a reventar tus graneros y tus depósitos de vino".

Proverbios 3:9-10, (DHH).

En los capítulos anteriores y en los que siguen se han escrito las diferentes ideas doctrinales de algunos de los líderes de la Teología de la Fe. Como ya se han dado cuenta, son pensamientos diversos. Eso es natural, pues cada cabeza es un mundo y no siempre los discípulos seguimos los mismos pensamientos o prácticas de nuestros maestros. Se ha comentado también sobre las doctrinas del Movimiento de la Prosperidad y sus derivados o ramificaciones como: *Siembra la Semilla de Fe*; *"Teología de la Fe"*; *"la Palabra de Fe"*; *"Palabra de Poder"*, y las otras que se han mencionado en páginas anteriores. Ahora nos enfocaremos en las doctrinas clave de estos movimientos.

Ahora bien, en este sentido, tenemos que preguntarnos si hay algo en común entre los predicadores de la Doctrina de la Prosperidad. Es decir que tenemos que preguntarnos: ¿Cuál es el meollo de la Doctrina de la Prosperidad? A la luz de la historia de este movimiento se ha notado que su mensaje central tiene dos grandes objetivos: *El Bienestar Económico* y la *Sanidad Divina*.

Ya se han presentado algunos ejemplos y, en las páginas siguientes también se hace referencia a estos objetivos de la Teología de la Fe.

Pero ahora, tomemos otros ejemplos para asegurar que, dentro del movimiento de la Prosperidad, *El Bienestar Económico* y la *Sanidad Divina*; estos dos objetivos, son mucho más importantes que lo que la misma Biblia diga o lo que el Espíritu Santo revele o inspire.

A.- El bienestar económico.

El predicador afroamericano Frederick K. C. Price, nació el 3 de febrero de 1932 en Santa Mónica, California. Es el fundador y Obispo de la Iglesia *Crenshaw Christian Center* (CCC), localizada en el 7901 S. Vermont y W.78th St, en Los Ángeles, California.[203] Una iglesia, por cierto, con un edificio muy hermoso. La gente se presenta con amabilidad a tal grado que uno puede pensar que es una Iglesia Cristiana que está siguiendo al cien por ciento los mandamientos, decretos y ordenanzas bíblicas.

Sin embargo, su pastor, Frederick K. C. Price, predica sobre la prosperidad económica. Nuevamente aclaramos que esto no tiene nada de malo siempre y cuando se haga o se enseñe con propósitos de bienestar social y no egoístamente. Por ejemplo "Refiriéndose a su riqueza, dice Price que la razón por la que el anda en un Rolls Royce es que quiere seguir los pasos de Jesús".[204] ¿Los pasos de Jesús? Recordemos que Jesús ni siquiera tenía un burro, tuvo que pedir prestado uno para entrar a la

---

203   Wikipedia, La enciclopedia Libre. *Frederick K. C. Price.* (La Habra, California. Internet. Consultado el 8 de mayo del 2020), ¿? https:// en.wikipedia.org/wiki/Frederick_K._C._Price

204   Hank Hanegraaff. *Cristianismo en Crisis.* (USA. Harvest Hause Publishing), 33

ciudad de Jerusalén.[205] Si Price quiere seguir los pasos de Jesús, pues que camine, que deje de manejar su lujoso automóvil.

De acuerdo a las enseñanzas de John Avanzini, Jesucristo y sus seguidores fueron una comunidad de ricos. "John Avanzini nació en 1936. John Avanzini es uno de los televangelistas y maestro de la llamada *'Palabra de Fe'* que predica un mensaje de la prosperidad económica, junto con la enseñanza de que Jesús y sus seguidores eran ricos y que al creyente se le promete la riqueza. En sus cruzadas para recolección de fondos ha dicho a sus seguidores y oyentes: "Ha llegado algo mejor que una lotería, su nombre es Jesús".[206] Ya se ha comentado que Dios desea lo mejor para sus hijos y que no está en contra de que Sus Amados hijos sean ricos, lo que odia es la manera de conseguir las riquezas; Es decir, Dios no está de acuerdo con las enseñanzas de John Avanzini, no en el sentido de ser ricos sino en la manera de conseguir las riquezas.

Ahora bien, sí se puede llegar a esta idea de que los discípulos eran ricos, porque los hijos de Zebedeo dejaron a su padre con los jornaleros remendando las redes de pescar cuando Jesús los llamó.[207] Si tenían jornaleros o siervos a su cargo, significa que tenían cierta posición económica alta. Además se cree que el Aposento Alto era propiedad de Juan o de su padre. ¡Sí!, ¡tenían sus propiedades! Aunque no todos. ¿Eso significa que eran ricos? ¿Tenían ellos las mansiones como la que tiene Benny Hinn en Dana Point, California? ¿Tenían los aviones privados (o los mejores caballos) como los tienen algunos de los predicadores de la prosperidad? ¡No!, ¡claro que no! ¡Los seguidores de Jesús no eran millonarios!

---

[205] Marcos 11:1-11.

[206] Carlos Ballesteros. *Conozca al movimiento carismático: Primera Parte; 1904-1989.* (La Habra, California. Internet. Artículo Publicado el 30 de agosto de 2011. Consultado el 9 de mayo del 2020), ¿?

[207] Marcos 1:18-20.

Haciendo una sana hermenéutica, tenemos que preguntarnos: ¿Tener siervos o una casa en la ciudad, eso significa que eran ricos? Los ricos no van a pescar, sus siervos les llevan el pescado ya frito a sus mesas. Tener una casa grande en la ciudad de Jerusalén no significaba ser un rico al grado de las mansiones que tienen los predicadores de la prosperidad. No, ni Jesús ni sus seguidores fueron personas ricas económicamente. Jesús y su grupo apostólico caminaron por los polvorientos y peligrosos caminos de Palestina sin monturas ni lujosos vestidos; comieron lo que encontraron en el camino o lo que les ofrecían; y no siempre fueron banquetes o grandes fiestas.

Sin embargo, sí tenemos que afirmar que Jesús y su grupo apostólico eran ricos. No en lo económico sino en lo espiritual y moral. Eran ricos en las virtudes que el mismo Jesús les estaba compartiendo como las Bienaventuranzas. El Cuerpo Apostólico estaba desarrollando la riqueza del amor a Dios y al prójimo. Eran ricos en un mensaje de perdón de pecados y transformador de caracteres. ¡Esta fue la riqueza de ellos! La Biblia no habla de las riquezas materiales de los seguidores de Jesús ni de que aumentarían sus posesiones económicas si tenían fe en Dios. El mismo Señor Jesucristo fue sepultado en una tumba prestada,[208] ¡ni el mismo tenía un lugar para descansar![209] Esta idea de que los discípulos eran ricos es filosofía de los predicadores de la *Semilla de Fe* no de la Biblia.

Seamos más específicos en cuanto al bienestar económico en el contexto de la Teología de la Prosperidad, la cual usa el ministerio de la Santa Trinidad –Padre, Hijo y Espíritu Santo -, como si fuera una persona al servicio de los predicadores de esta Fe; alguien que está allí para cumplir con todos los antojos supuestamente espirituales y para hacerlos famosos ante un auditorio que está manipulado por las palabrerías dichas por los

---

[208] Mateo 27:57-60.

[209] Mateo 8:20.

Maestros de la Fe. Pero, mucho más, es un auditorio que está controlado por las fuerzas espirituales de maldad. Un auditorio ciego espiritualmente y que camina por senderos que les llevan al engaño y al robo literal.

1.- En cuanto al Espíritu Santo.

Lo que se nota en sus prácticas y declaraciones de estos líderes de la Teología de la Fe es que al Espíritu Santo lo reducen a un poder que está al servicio del hombre y, en cierta manera tienen tazón; Dios Espíritu Santo está disponible para servirnos en nuestras necesidades, angustias, dolores y tribulaciones pero, siempre él hace su voluntad no la del peticionario. En algunas ocasiones, por la necedad del que hace cumplir las peticiones, el Espíritu Santo, por decirlo de esta manera, permite que se cumpla su antojo; no es del agrado del Espíritu pero permite que suceda.

Los predicadores de la Fe han hecho del Espíritu Santo como alguien que este a su lado para darles bienestar individual. Para darles la fama que están esperando. Es decir que lo usan como si fuera su empleado; alguien que está allí para limpiarles los zapatos con el fin de que al presentarse ante el público sean admirados por su pulcritud que, en realidad no la tienen. Jesucristo dijo de los fariseos de su tiempo que eran "sepulcros blanqueados"[210] porque por fuera se veían bien con sus lujos vestidos pero por dentro estaban muertos, apestaban, estaban podridos espiritualmente y no podían hacer absolutamente nada para remediar su situación.

2.- En cuanto a Jesucristo.

A Jesucristo lo han relegado. Los maestros de la Prosperidad, en sus cultos y en sus enseñanzas, Jesucristo, lamentablemente

---

[210] Mateo 23:27.

Eleazar Barajas

ha abandonado su poder, también ha abandonado su papel de Salvador, porque basta con sembrar la Semilla de la Fe para ser rico y, siendo rico económicamente, ¿para qué se necesita un salvador? Jesucristo ha dejado de ser el Señor porque las riquezas o la visión de las riquezas se convertido en el "Señor" de la persona. También, Jesucristo, al parecer, ha abandonado su poder transformador. ¿Quién es el poder transformador en la Teología de la Prosperidad? No lo es Dios, no lo es Jesucristo ni tampoco lo es el Espíritu Santo, sino las riquezas.

Es interesante notar que en la parábola del mayordomo infiel,[211] "se demanda fidelidad y sabiduría en el manejo del dinero".[212] "Esta parábola es una de las más difíciles que Jesús narró. Aun siendo deshonesto, el administrador es elogiado porque fue astuto (v.8). - Así que en esta parábola – Jesús recomienda a sus seguidores que sean honrados y fieles en el uso de los bienes materiales (v.9-12)".[213] Y luego pone una advertencia muy seria: "Ningún sirviente puede servir a dos amos; porque odiará a uno y querrá al otro, o será fiel a uno y despreciará al otro. No se puede servir a Dios y a las riquezas".[214]

Una vez más decimos que las riquezas no son malas; aseguramos desde el punto de vista de la Biblia que Dios no está en contra de las riquezas sino en el mal uso de ellas y la manera de conseguirlas. La Biblia nos enseña que: "A diferencia de los fariseos, los seguidores de Cristo no han de ser amantes del dinero. La responsabilidad que Dios asigna a sus discípulos tiene implicaciones éticas y de estilo de vida, que afectan incluso

[211] Lucas 16:1-13.

[212] Darrell L. Bock. *Comentarios Bíblicos con Aplicación: Lucas. Del Texto bíblico a una aplicación contemporánea.* (Miami, Florida. Editorial Vida. 2011), 381.

[213] Comentario en la *Biblia de Estudio Esquemática.* (Brasil. Sociedades Bíblicas Unidas. 2010), 1533.

[214] Lucas 16:13, (DHH).

el modo en que utilizamos nuestros recursos".[215] Debemos ser buenos administradores de todo lo que recibimos por la gracia de Dios.

Hablando, pues, del peligro de las riquezas, Jesús dijo que había que tener cuidado contra todo tipo de avaricia. Esta lección la dijo mientras contaba la historia o parábola del rico insensato; con ella, también hace "una invitación a que sus discípulos confíen en Dios".[216]

La Biblia dice que un día:

"Uno de entre la gente le dijo a Jesús: —Maestro, dile a mi hermano que me dé mi parte de la herencia.

Y Jesús le contestó: —Amigo, ¿quién me ha puesto sobre ustedes como juez o partidor?

También dijo: —Cuídense ustedes de toda avaricia; porque la vida no depende del poseer muchas cosas.

Entonces les contó esta parábola: «Había un hombre rico, cuyas tierras dieron una gran cosecha. El rico se puso a pensar: "¿Qué haré? No tengo dónde guardar mi cosecha." Y se dijo: "Ya sé lo que voy a hacer. Derribaré mis graneros y levantaré otros más grandes, para guardar en ellos toda mi cosecha y todo lo que tengo. Luego me diré: Amigo, tienes muchas cosas guardadas para muchos años; descansa, come, bebe, goza de la

---

[215] Darrell L. Bock. *Comentarios Bíblicos con Aplicación: Lucas. Del Texto bíblico a una aplicación contemporánea.* (Miami, Florida. Editorial Vida. 2011), 381.

[216] Comentario en la *Biblia de Estudio Esquemática.* (Brasil. Sociedades Bíblicas Unidas. 2010), 1524.

vida." Pero Dios le dijo: "Necio, esta misma noche perderás la vida, y lo que tienes guardado, ¿para quién será?" Así le pasa al hombre que amontona riquezas para sí mismo, pero es pobre delante de Dios".[217]

El problema que Jesucristo ve en la persona que lo interroga, no es la herencia sino la avaricia. Jesús no esquivó la pregunta pero sí fue al grano con lo que el interrogante tenía en mente. De inmediato dijo: "—Cuídense ustedes de toda avaricia; porque la vida no depende del poseer muchas cosas".[218] Cuando Jesús enfatiza: "... ¡Tengan cuidado con toda clase de avaricia! La vida no se mide por cuánto tienen",[219] recalca el problema de la avaricia, lo cual es el verdadero problema detrás de la pregunta hecha a Jesús.

¡Ah, la avaricia! Lo que los predicadores de la Teología de la Prosperidad no entienden es que: "La satisfacción verdadera en la vida fluye de cumplir el propósito para el cual fuimos creados; disfrutar una relación íntima con Dios. La riqueza nunca puede reemplazar nuestra relación con El, y en última estancia, - las riquezas - solo producirán un gran vacío en nuestro corazón (Ec 6:2)".[220] Pero como no entienden esto, entonces, las riquezas son su dios y, entonces, Jesucristo queda fuera de sus *Modus Vivendus*. El humilde carpintero de Nazaret de Galilea, no cabe en sus elegantes cultos. Jesús no podría ofrendar o Sembrar ni siquiera una pequeña moneda, pues no la tenía. Así que él no recibiría ningún aplauso.

---

[217] Lucas 12:13-21, (DHH).

[218] Lucas 12:15, (DHH).

[219] Lucas 12:15, (NTV).

[220] Charles E. Stanley, *Biblia de Principios de Vida*. (Nashville, Dallas, México DF. Río de Janeiro. Grupo Nelson. 2010), 1153.

Otro serio problema en la práctica cultica de los predicadores de la Doctrina de la Prosperidad es que, Jesucristo en un culto de alguno de estos predicadores de este movimiento; es un deudor de su palabra. ¿Cómo es esto? Los maestros de la fe dicen que si Jesús lo dijo, entonces; Si lo dijo, lo tiene que cumplir. Las ya famosas expresiones: *"Yo demando"* o *"Yo exijo"* son pronunciadas cuando se trata de estar orando por un milagro y se rematan con: "Tú lo dices en tu Palabra así que: ¡Cumple con tu Palabra!" Lo que hacen en este estilo de culto, ¡es blasfemar! Es hacer una hermenéutica errónea. Jesucristo, aunque vino para servir, su principal propósito fue "buscar y salvar lo que se había perdido",[221]

Entonces, concluimos con dos aspectos: *Primero*, que Jesucristo, ¡no debe estar fuera de la adoración! Él debe de ser el principal motivo de una adoración a Dios. En los cultos o reuniones de los del Movimiento de Fe, se hace mucha mención del Espíritu Santo y casi nada del Señor Jesucristo. *Segundo:* Aunque Jesucristo vino para servir y para enseñar la voluntad de Dios en bien de la humanidad, esto no significa que debe de cumplir Su Palabra de acuerdo a nuestro antojo y para nuestro orgullo personal.

3.- En cuanto al Padre.

Como cada uno de los líderes de la Doctrina de la Prosperidad que se han mencionado en las páginas de este libro le han faltado el respeto a Dios, entonces, el Dios Padre, al igual que Jesucristo queda reducido a una especie de botones cósmicos que se ocupa de las necesidades y los deseos de sus criaturas. Esta filosofía es una idea que se materializa en las prácticas culticas de estos movimientos. ¡Por favor! No abusemos de la gracia, la paciencia y la misericordia de Dios. Ni siquiera en

---

[221] Lucas 19:10.

los adoradores paganos, como la adoración a Zeus, se le falta al respeto a su dios.

Ahora bien, además de usar al Espíritu Santo como un amuleto, además de minimizar a Jesucristo en sus prácticas culticas, ¿qué más se puede esperar de uno o una que llamándose cristiano o cristiana le falte el respeto a Dios? Como Ana Maldonado, la esposa de Guillermo Maldonado, quienes son un par de irrespetuosos hacia Dios. Ana Maldonado, por ejemplo, en uno de sus mensajes a un grupo de mujeres, interpretando el término hebreo el *Shadday*, creyéndose muy sabia en el idioma hebreo, le faltó el respeto a Dios. ¿De qué manera? La hemos visto y escuchado en más de un video diciendo que Dios tiene tetas grandes; que el termino *Shadday* significa pecho grande (teta de mujer mientras se toca su propio ceno) y también se le puede oír diciendo que existe Dios el hombre Padre y la mujer Dios Madre. Es decir que Dios es mujer y hombre a la vez. ¡Cuidado, nunca la Biblia habla de que Dios es hermafrodita![222] Esta mujer no tiene temor de Dios y lo peor es que miles la siguen igual como lo hacen con su esposo.[223]

Pues bien, el primer punto clave este Movimiento de la Prosperidad, aunque se dice que el bienestar de la humanidad,

---

[222] Definiciones. *Definición de hermafrodita. Cuando una persona nace con rasgos de órganos sexuales de ambos sexos a la vez se dice que es hermafrodita o que sufre de hermafroditismo.* (La Habra, California. Internet. Consultado el 15 de diciembre del 2020), ¿? https://www.google.com/search?rlz=1C1GCEA_enUS764US764&ei=QCzZX-WOG_eT0PEPj-qtqAM&q=definicion+de+hermafrodita+... De acuerdo a la Wikipedia. *El hermafroditismo es la presencia normal en un ser vivo de órganos reproductivos funcionales de los dos sexos, masculino y femenino.* (La Habra, California. Internet. Consultado el 15 de diciembre del 2020), ¿? https://es.wikipedia.org/wiki/Hermafroditismo

[223] Luis Ortega. *Video: Desenmascarando a la falsa profeta y apóstol Ana Maldonado.* (La Habra, California. Internet. Consultado el 8 de mayo del 2020), ¿? https://www.youtube.com/watch?v=uf34iIg-6cQ

la verdad es que es un enriquecimiento de los Maestros de la fe; es decir que, sí es un bienestar pero no de la humanidad, sino de ellos.

B.- La sanidad divina.

Ahora explicamos brevemente el segundo punto clave de la Doctrina de la Prosperidad. El primero fue: *El bienestar económico*. El segundo es: *La Sanidad Divina*.

E. W. Kenyon.

Aunque los predicadores de la Teología de la Fe se esfuerzan en un Bienestar Económico, no cabe duda que su principal mensaje es la Sanidad Divina; es una doctrina que supera el poder de Cristo y aun del Espíritu Santo, pues casi todos se atribuyen ese poder como un don personal. Por ejemplo, E. W. Kenyon, en su libro *Jesús el Sanador*, dice: "Creo que está en el plan del Padre que ningún creyente esté nunca enfermo, que viva todos sus días y después se desgaste y muera. No es voluntad del Padre que suframos de cáncer o cualquier otra enfermedad mortal que produce dolor y angustia".[224] Usando el pasaje bíblico de Isaías 53, Kenyon dice que somos sanados desde el momento en que "Jesús derrotó a Satanás y le despojó de su autoridad y resucitó".[225] Aunque el hecho mismo de que Jesús haya vencido a Satanás y que haya resucitado, no significa que no vamos a sufrir ciertas enfermedades. Estamos en un mundo en donde los efectos del pecado, uno de ellos, la muerte, es una realidad. El apóstol Pablo dice que, "…. este

---

[224] E. W. Kenyon. *Jesús el Sanador*. (New Kensington, PA. Whiteker House. 2011), 97.

[225] E. W. Kenyon. *Jesús el Sanador*. (New Kensington, PA. Whiteker House. 2011), 99.

cuerpo nuestro se va desgastando"[226] es decir, nuestro cuerpo no tiene la capacidad de permanecer siempre joven. Desde que el ser humano pecó, comenzamos a sufrir las consecuencias del pecado: dolores, enfermedades, angustias, envejecimiento y muerte.

¿Sanidad divina? ¡Claro que existe! El Nuevo Testamento tiene muchos ejemplos de este tipo de sanidad. Sin embargo, el mismo Señor Jesucristo, no sanó a todos los enfermos ni hizo ricos a todos los pobres, al contrario, dijo: "Siempre habrá pobres entre ustedes, y pueden ayudarlos cuando quieran,…".[227]

En su hermenéutica de 2 Corintios 5:17, Kenyon, asegura que Cristo dijo: "'De modo que si alguno está en Cristo, nueva criatura es; las cosas viejas pasaron; he aquí todas son hechas nuevas' (2 Corintios 5:17). La enfermedad no tiene nada que hacer en la nueva criatura".[228] Su compañero de ministerio Don Gossett, en sus confesiones dijo: "Nunca jamás voy a confesar enfermedades porque, 'Por las llagas de Jesús yo he sido sanado' (Isaías 53:5), 'y Jesús mismo llevó mis enfermedades y mis dolencias' (Mateo 8:17)".[229] Así que, siguiendo este principio hermenéutico de la Teología de la Fe o por lo menos de estos dos predicadores: E. W. Kenyon y Don Gossett, el que está enfermo de cualquier enfermedad o, no es cristiano o a él o ella, Dios no los quiere sanar para que sean condenados: Es decir, para que no sean salvos por la gracia y el poder de Dios.

---

[226] 2 Corintios 4:16.

[227] Marcos 14:7, (NTV).

[228] E. W. Kenyon. *Jesús el Sanador.* (New Kensington, PA. Whiteker House. 2011), 126.

[229] Don Gossett & E. W. Kenyon. *El Poder de rus Palabras.* (New Kensigton, PA. Whiteker House, 2009), 200.

Benny Hinn.

Benny Hinn es uno de los que se vanaglorian de tener el don de sanidad. Se ha comentado que en el caso de Hinn sus palabras son autoridad y por eso no se llega a la verdad de los hechos; todo lo que él diga es verdad y punto.

"Un caso a la mano es el de miles de sanaciones reclamadas por él. - Hank Hanegraaff dice que -. Recientemente él me envió tres ejemplos – presumiblemente lo mejor de la cosecha -, como prueba de su milagroso poder. Uno de los casos involucraba a un hombre que supuestamente había sido sanado de un cáncer del colon. Aun una persona ajena al tecnicismo médico que leyera el informe del patólogo se hubiera fijado en la expresión 'no hay evidencia de malignidad' y hubiera llegado a la conclusión de que verdaderamente no hubo tal cosa como un milagro de sanidad divina".[230]

Sin embargo, Benny Hinn, se vanagloria de su supuesto poder sanador.

Nosotros, en nuestra iglesia hemos orado por la sanidad de cáncer en algunas personas, algunas de ellas se han sanado y tres cosas hemos notado: *Primero*, que la enfermedad ha disminuido grandemente, no se ha quitado de la persona al cien por ciento pero, si ha parado en su crecimiento y malestar físico. *Segundo*, que la persona que ha sido sanada, por recomendación de su doctor sigue tomando medicinas y la precaución para su recuperamiento de sanidad. Y, *tercero*, nunca nos gloriamos de que tenemos el don de sanidad, aunque hemos visto la sanidad

---

[230] Hank Hanegraaff. Cristianismo en Crisis. (USA. Harvest Hause Publishing), 32-33

de otro tipo de enfermedades; siempre se ha dicho que fue el poder y la gracia de Dios sobre la persona sanada.

El *Instituto Cristiano de Investigaciones* por medio de sus médicos consultivos descubrió que el tumor del colon, del hombre que supuestamente había sido sanado del cáncer del colon por el supuesto poder sanador de Benny Hinn, en cuestión de poco tiempo se descubrió que había sido quirúrgicamente removido, lo que dejaba fuera de lugar la posibilidad de una sanación milagrosa por un predicador de la Teología de la Fe o de la Prosperidad. Los otros dos casos presentan problemas comparables con estos.[231]

Frederick K. C. Price.

Frederick K. C. Price, predicador de la Teología de la Prosperidad en los Ángeles California que se vanagloria de que su iglesia: *Crenshaw Christian Church* (CCC), ubicada en el 7901 S. Vermont, Los Ángeles, California tiene aproximadamente unos 28,000 miembros, es también un predicador que practica la sanidad divina y que está reprendiendo continuamente las enfermedades porque, en su opinión, estar enfermo no es la voluntad de Dios.

"En febrero de 1970, Price recibió el bautismo del Espíritu Santo con la evidencia de 'hablar en lenguas', un acontecimiento que consideró el punto de partida en su propio ministerio. Poco después, se encontró con el ministerio de enseñanza de la Biblia del último predicador/televangelista Kenneth E. Hagin. Price se unió al movimiento neo- carismático, afiliado a palabra de fe, y comenzó a enseñar los mensajes sobre hablar en lenguas, sanación divina y enseñanzas de prosperidad".[232]

---

[231]   Hank Hanegraaff. *Cristianismo en Crisis.* (USA. Harvest Hause Publishing), 32-33

[232]   Wikipedia, la enciclopedia libre. *Frederick K. C. Price.* (La Habra,

Sin embargo: "A pesar de que repetidas veces les ha dicho a su seguidores que él no permite enfermedades en su hogar, su esposa está siendo tratada por cáncer en la región pélvica".[233] Su esposa Betty es co-fundadora con su esposo Frederick K. C. Price del *Crenshaw Christian Center.*

Esto se llama: *"Engaño desvergonzado".* ¿Por qué tienen que engañar a los seguidores de esta manera? La respuesta es sencilla, porque si aceptan que no tienen el poder sanador, entonces, toda su teología queda en el piso para ser pisoteada y burlada. Además, si su teología llega a esa lamentable situación, entonces sus finanzas disminuyen; sus cuentas bancarias se pondrían en números rojos. Esta es parte de la razón por la cual siguen engañando con sus falsas enseñanzas de: *Prosperidad.*

El profeta Isaías en su capítulo cincuenta y tres dice:

"Despreciado y rechazado por los hombres, varón de dolores, hecho para el sufrimiento.

Todos evitaban mirarlo; fue despreciado, y no lo estimamos.

Ciertamente él cargó con nuestras enfermedades y soportó nuestros dolores, pero nosotros lo consideramos herido, golpeado por Dios, y humillado.

Él fue traspasado por nuestras rebeliones, y molido por nuestras iniquidades; sobre él recayó el castigo, precio de nuestra paz, y gracias a sus heridas fuimos sanados".[234]

California. Internet. Consultado el 15 de Diciembre del 2020), ¿? https://en.wikipedia.org/wiki/Frederick_K._C._Price

[233] Hank Hanegraaff. *Cristianismo en Crisis.* (USA. Harvest Hause Publishing), 33.

[234] Isaías 53:3-5, (NVI).

Esta es una de las profecías en las que el Mesías Jesús es descrito en el Antiguo Testamento. Es una profecía que dice que Jesucristo fue nuestro sustituto. Es decir que, Jesús, el cual no conoció pecado, se hizo pecado por nosotros, tomó nuestro lugar de pecadores: ¡Es nuestro substituto! Y por eso, todo cristiano es un justo delante de Dios.[235] Es difícil entenderlo pero, "Dios hizo de Cristo un sacrificio para quitar nuestro pecados".[236]Fue así que: "Al morir en la cruz, Cristo se convirtió en maldición por nosotros, es decir, en lugar nuestro".[237]

Sin embargo, esto no significa que no sufriéremos las consecuencias de las enfermedades. Por eso existe la Sanidad Divina; ¡Porque nos enfermamos! Pero la Sanidad Divina es precisamente eso: Sanidad por parte del poder de Dios no de un hombre o mujer.

Erwin W. Kenyon.

En la hermenéutica que Erwin W. Kenyon le da a estos textos de Isaías 53, dice que ya Jesucristo llevó nuestras enfermedades al igual que nuestros pecados; los llevó cuando fue crucificado por nosotros. Sus palabras son:

"Nuestras enfermedades incluyen nuestras pequeñas rarezas de carácter, las cosas que nos hacen ser desagradables y antipáticos con la gente. Son principalmente enfermedades de la mente.

Jesús las llevó todas. Lo que le llevó, no tenemos que llevarlo nosotros. Lo que el sufrió, no tenemos que sufrirlo nosotros.

---

[235] 2 Corintios 5:21.

[236] Gálatas 3:13, (RV, 1960).

[237] Comentario de pie de página en la *Biblia de Estudio Esquemática*. (Brasil. Sociedades Bíblicas Unidas. 2010), 1755.

Hemos llegado a la convicción de que es tan erróneo que un creyente lleve sus enfermedades cuando Jesús ya las llevó, como lo que es que lleve sus pecados cuando Cristo ya los llevó. No tenemos derecho a vivir en pecado y llevar esos malos hábitos que hacen que la vida sea una maldición, porque Cristo los llevó. No es correcto que él lo llevara si nosotros vamos a llevarlos también.

De igual forma, no es correcto que nosotros tengamos enfermedades y dolores en nuestros cuerpos cuando Dios puso esas enfermedades en Jesús. Él se convirtió en dolor con nuestros dolores, para que fuéramos sanados. El no conoció enfermedad alguna hasta que fue hecho enfermedad con nuestras enfermedades".[238]

Kenyon, también afirma que la enfermedad no es la voluntad del Padre. Dice que: "La enfermedad no vine del amor, y Dios es amor. La enfermedad es un ladrón. Roba la salud, roba el dinero que necesitamos para otras cosas. La enfermedad es un enemigo.... Todo esto es del diablo... No le diga a nadie que la enfermedad es la voluntad del amor. Es voluntad del odio. Es voluntad de Satanás".[239] Es muy cierto que Satanás desea que estemos enfermos, en especial con la enfermedad espiritual, nos quiere mantener con una venda en los ojos para que no veamos las verdades de Dios; ¡esto es muy cierto! Pero también

---

[238] E. W. Kenyon. *Jesús el Sanador.* (Madrid, España. Belmonte Traductores. Impreso en USA. Kenyon's Gospel Publishing Society. 2011), 68-69

[239] E. W. Kenyon. *Jesús el Sanador.* (Madrid, España. Belmonte Traductores. Impreso en USA. Kenyon's Gospel Publishing Society. 2011), 69-70.

es muy cierto que, aun con su amor inagotable, Dios permite que Satanás nos enferme, como lo hizo con el Patriarca Job.[240] También nos enfermamos por nuestro descuido tanto en las comidas y bebidas, como también el no hacer ejerció o el mal uso del tiempo como las desveladas y las bebidas alcohólicas. Dios, es verdad, no quiere vernos enfermos, por eso está dispuesto a sanarnos. Pero aun así, le da permiso a Satanás para que nos enferme. Y en la enfermedad glorificar su nombre; no el de los hombres sino el Nombre de Dios.

Don Gossett.

Don Gossett, co-autor con E. W. Kenyo y también líder de la Teología de la Fe, en el libro titulado: *El poder de tus palabras*, en su Capítulo 8, testifica: "Yo Reconozco", dice: "Yo reconozco que 'puedo poner misma manos sobre los enfermos y ellos sanarán' (Marcos 16:18). Jesús lo dijo y esta es mi autoridad ritual sobrenatural, para poder ministrar la sanidad y el poder sanador de Jesús a los enfermos y a los cuerpos debilitados. Y ellos van a sanar".[241] ¡Tremenda vanagloria! Ni el mismo Jesucristo dijo o pensó en tal vanagloria. Si Dios te ha concedido esta autoridad, entonces dale la gloria a Dios; no te llenes de orgullo y continúes engañando a la gente.

Oral Roberts.

El ministerio de Oral Roberts es hasta la fecha uno de los más populares dentro de la Teología de Fe. Hablaremos más sobre la persona, sus carencias, sus prácticas y sombre el ministerio de Oral Roberts. Aquí se hace mención de él por su énfasis en la sanidad divina como un ejemplo de la prosperidad.

---

[240] Job 2:1-8

[241] Gossett, Don y E. W. Kenyon. *El poder de tus palabras.* (New Kensington, PA. Whitaker House. 2009).

"Oral Roberts nació en 1918 y murió en 2009. Como uno de los líderes carismáticos más controvertidos, los ministerios de Oral Roberts llegaron a millones de seguidores en todo el mundo, en un período que abarca más de seis décadas. Su ministerio de sanidad, haciendo uso de la televisión, tuvo un gran impacto, colocando al pentecostalismo como una de las corrientes principales del cristianismo norteamericano. El ministerio de Roberts colaboró en sentar las bases del evangelio de la prosperidad. En 1987, durante una campaña de recaudación de fondos, Roberts anunció a una audiencia televisiva que a menos que recaudara US$8 millones en marzo de ese año, Dios; 'le llevaría a casa'.

Dadas las súplicas y lágrimas apasionadas que acompañaron su declaración, algunos tuvieron miedo de que él se estuviera refiriendo al suicidio, por lo que se recaudaron US$9,1 millones. También en 1987, anunció que Dios había efectuado resurrecciones de muertos a través de su ministerio. Algunas de las cartas de recaudación de fondos de Roberts fueron escritas por Gene Ewing, quien creó una empresa de escribir cartas de donación de otros evangelistas, como Don Stewart y Robert Tilton".[242]

Enviar cartas solicitando apoyo económico, esta ha sido una de las maneras muy efectivas para recolectar dinero. Hasta la fecha se hace. En su página de internet, llamada: *Punto de*

---

[242] Carlos Ballesteros. *Conozca al movimiento carismático: Primera Parte; 1904-1989.* (La Habra, California. Internet. Artículo Publicado el 30 de agosto de 2011. Consultado el 9 de mayo del 2020), ¿?

Contacto, dice: Si desea un paño de oración o un frasco de aceite de unción, haga clic en la imagen de abajo".[243] (Debajo de este ofrecimiento aparecen los dibujos del frasco de aceite y el pañuelo con la cita de Hechos 14:11-12. Una cita, por cierto, que no tiene nada que ver con sanidad o con ser ungido con aceite. Se trata, pues de engañar, aunque sea usando medias verdades y textos que están fuera de contexto con el fin de obtener dinero. La página termina con la declaración: ¡Tú generosidad hace la diferencia! DONAR.[244]

Ruth Carter Stapleton.

Ruth Carter Stapleton nació en el año 1929 y murió de cáncer en 1983. "Ruth Carter Stapleton fue una predicadora y sanadora por fe, famosa también por ser hermana del ex presidente estadounidense Jimmy Carter, siendo ella pentecostal a pesar de que Jimmy Carter era bautista. Ruth Carter Stapleton rehusó tratamiento médico para el cáncer por su creencia en la sanidad por fe. Al final murió a los 54 años de edad".[245]

Este tipo de ejemplo negativo es común en muchos lugares en donde esta influencia de la doctrina de Sanidad por Fe es enseñada. Y si alguien toma medicamentos para sanarse, aunque sea una aspirina, es una persona que no tiene fe en que Dios la puede sanar y entonces se vuelve una persona despreciable.

---

[243] Oral Roberts Ministries. *Punto de Contacto.* (La Habra, California. Internet. Consultado el 8 de diciembre del 2020), ¿? https://oralroberts.com/es/punto-de-contacto/

[244] Oral Roberts Ministries. *Punto de Contacto.* (La Habra, California. Internet. Consultado el 8 de diciembre del 2020), ¿? https://oralroberts.com/es/punto-de-contacto/

[245] Carlos Ballesteros. *Conozca al movimiento carismático: Primera Parte; 1904-1989.* (La Habra, California. Internet. Artículo Publicado el 30 de agosto de 2011. Consultado el 9 de mayo del 2020), ¿?

En otro de mis libros cuento la siguiente historia. Estábamos desayunando en la casa de la hermana Agripina en San Felipe Usila, Oaxaca, México. Usila era un pueblo en donde el idioma oficial era el Chinanteco. Por la ventana de la cocina en donde estábamos desayunado vimos a un pequeño grupo de personas. Una de ellas cargaba un pequeño ataúd. El día anterior un niño murió a causa de fiebre y problemas estomacales. Aquella mañana, el padre del niño cargaba el ataúd, lo seguía su madre, y dos personas más. ¡Solo ellos cuatro! Un hombre y tres mujeres: La madre, la abuela del niño y una tía.

La familia pertenecía a la iglesia que conocíamos como: *La iglesia de Arriba*. Un movimiento cristiano que creía a ciegas en la sanidad divina. El padre del niño, al ver que su hijo no sanaba con las oraciones le dio un jarabe para que le ayudara a sanarse de la fiebre. Los líderes de la iglesia se dieron cuenta de la acción del padre y, de inmediato, uno de ellos fue para maldecirlos; les dijo que por su falta de fe el niño moriría.

Pues sí, el niño murió. No por falta de fe sino por falta de atención médica. Como eran gente maldita por su falta de fe, a los miembros de la iglesia se les prohibió saludarlos, se les prohibió ayudarlos, se les prohibió consolarlos y se les prohibió acompañarlos al cementerio. Al saber la situación de la familia del niño, dejamos de desayunar, los alcanzamos en el cementerio, le ayudamos al padre con la excavación del sepulcro. Ninguno de los cuatro nos saludaron ni nos hablaron, con mucho temor nos permitieron ayudarlos en el sepelio. Les habían dicho que si nos saludaban o que si permitían nuestra ayuda, se irían directamente al infierno en donde su hijo ya estaba. Era gente atemorizada sencillamente porque, habían fallado a la doctrina de la iglesia: Supuestamente, su falta de fe los condenó.

Las enseñanzas de la Sanidad por Fe en la hermenéutica de la Doctrina de la Prosperidad son un engaño y un robo de los más astutos que se pueden ver en cualquier otro movimiento o práctica cúltica. Este es un engaño y robo supuestamente espiritual. Si la cosa no funciona, sencillamente se lavan las manos diciendo: "*Le faltó fe*".

Jim Jones.

Uno de los líderes de la Doctrina de la Prosperidad y que era de origen pentecostal más crueles de la historia fue *Jim Jones*. Un mentiroso, ladrón, mujeriego y asesino, todo con una máscara de espiritualidad que asombraba a sus súbditos, porque no eran cristianos voluntarios, sino súbditos que tenían que obedecer al jefe Jim Jones.

Uno de los historiadores, Carlos Ballesteros cuenta que: "Jim Jones nació en 1931 y murió en 1978. Con un gran coro, un grupo de jóvenes, espacio para 700 personas y la reputación de Jim Jones como sanador por fe, en poco tiempo grandes multitudes llenaron el lugar al que llamaron el *Templo del Pueblo*. En 1978, en la ciudad de Jonestown, Guayana, 913 estadounidenses miembros de esta secta carismática (incluidos 270 niños), cometieron suicidio masivo mediante la ingestión de cianuro, en uno de los peores casos de suicidio colectivo de la historia de la humanidad.

La Wikipedia hace un breve resumen de sus crueles actos, diciendo que Jim Jones:

> "… fue un pastor estadounidense, fundador y líder de la secta Templo del Pueblo, famosa por el suicidio colectivo realizado el 18 de noviembre de 1978 por parte de 917 de sus miembros en Jonestown (Guyana), y el asesinato de cinco individuos en una pista de aterrizaje cercana, entre ellas el congresista estadounidense Leo Ryan. Alrededor de 200 niños fueron asesinados en Jonestown, casi todos por envenenamiento de

cianuro. Jones murió por una herida de bala en la cabeza presuntamente auto infligida".[246]

James nació en Indiana y allí comenzó su templo en los años cincuenta. Luego se mudó con el templo a California a mediados de los años sesenta y ganó notoriedad con el traslado de la sede central del templo a San Francisco a principios de los setenta.

"La iglesia venía siendo investigada sobre abusos sexuales de mujeres por parte de Jones, golpizas a los descontentos, explotación laboral y torturas a niños.

A Jim Jones le sobrevivieron sus dos hijos adoptivos quienes testificaron que su padre sufría adicción al LSD y a la marihuana así como una avanzada paranoia. Jim Jones sostenía la doctrina económica y social marxista y llamaba a su movimiento 'Socialismo Apostólico'. El enseñó que todos tenían acceso al Espíritu Santo dentro de sí mismos, pero que el poder de sanidad que él supuestamente tenía, era una manifestación especial del 'Cristo de la Revolución'."[247]

Engaños, robos, actos inmorales, sexo ilícito y asesinatos son los resultados de este predicador de la Sanidad por Fe. Jim Jones fue un hombre, como ya se ha dicho, cruel y despiadado, pero con un carisma asombroso a tal grado que pudo engañar

---

[246] Wikipedia, la enciclopedia libre. *Jim Jones (pastor).* (La Habra, California. Internet. Consultado el 15 de diciembre del 2020), ¿? https://es.wikipedia.org/wiki/Jim_Jones_(pastor)

[247] Carlos Ballesteros. *Conozca al movimiento carismático: Primera Parte; 1904-1989.* (La Habra, California. Internet. Artículo Publicado el 30 de agosto de 2011. Consultado el 9 de mayo del 2020), ¿?

a los cientos de personas que le escuchaban enseñar su errática hermenéutica bíblica. Pudo aun engañarlos hasta hacer que vendieran sus propiedades (casas, autos, muebles) y con ese dinero se embarcaron hacia Guyana. "Oficialmente República Cooperativa de Guyana (en inglés: Cooperative Republic of Guyana), es un país de América, ubicado en la costa norte de América del Sur, miembro de la Unasur, CELAC y miembro asociado del Mercosur".[248] En la Guyana, era en donde, supuestamente sería la Tierra Prometida. Allí estarían libres del Anticristo que estaba encarnado en el Capitalismo estadounidense.

C.- Cerrando la brecha.

Los ejemplos que aquí se han escrito dicen mucho sobre las personas, sus creencias y prácticas dentro del movimiento de Fe. Se nota que la palabra FE que los predicadores de la *Sanidad por Fe* pronuncian, es una palabra que tradicionalmente es un término en la Iglesia Cristiana Evangélica, y de allí que puedan engañar. Pues, supuestamente lo que enseñan es enseñanza bíblica. En sus cultos este término se eleva a una potencia increíble en la boca del "Ungido", pues es él, el que habla supuestamente de una manera directa en nombre de Dios. La palabra del "Ungido" es, supuestamente palabra directa, concreta y específica, aunque cometan las más brutales prácticas como las de Jim Jones o los abusos sexuales como los de Paul Cain.

Aunque ya se han citado algunos pasajes bíblicos que los predicadores de la Teología de la Fe o de la Doctrina de la Prosperidad usan con una hermenéutica bien armada para sus fines lucrativos, avaros, mentirosos, engañosos e hipócritas, cerramos este capítulo con dos textos bíblicos muy usados por ellos.

---

[248] Wikipedia, la enciclopedia libre. *Guyana*. (La Habra, California. Internet. Consultado el 15 de diciembre del 2020), ¿? https://es.wikipedia.org/wiki/Guyana

"Amado, yo deseo que tú seas *prosperado* en todas las cosas, y que tengas salud, así como prospera tu alma.

Si realmente escuchas al Señor tu Dios, y cumples fielmente todos estos mandamientos que hoy te ordeno, el Señor tu *Dios te pondrá por encima* de todas las naciones de la tierra. Si obedeces al Señor tu Dios, todas estas bendiciones vendrán sobre ti y te acompañarán siempre:

Bendito serás en la ciudad, y bendito en el campo.

Benditos serán el fruto de tu vientre, tus cosechas, las crías de tu ganado, los terneritos de tus manadas y los corderitos de tus rebaños.

Benditas serán tu canasta y tu mesa de amasar.

Bendito serás en el hogar, y bendito en el camino.

El Señor te *concederá la victoria* sobre tus enemigos. Avanzarán contra ti en perfecta formación, pero huirán en desbandada.

El Señor *bendecirá tus graneros*, y todo el trabajo de tus manos. El Señor tu Dios te *bendecirá* en la tierra que te ha dado.

El Señor *te establecerá* como su pueblo santo, conforme a su juramento, si cumples sus mandamientos y andas en sus caminos. Todas las naciones de la tierra te respetarán al reconocerte como el pueblo del Señor.

El Señor *te concederá abundancia de bienes*: *multiplicará* tus hijos, tu ganado y tus cosechas en la tierra que a tus antepasados juró que te daría.

El Señor *abrirá* los cielos, su generoso tesoro, para derramar a su debido tiempo la lluvia sobre la tierra, y *para bendecir* todo el trabajo de tus manos. Tú les *prestarás* a muchas naciones, pero no tomarás prestado de nadie. El Señor te pondrá a la cabeza, nunca en la cola. *Siempre estarás en la cima*, nunca en el fondo, con tal de que prestes atención a los mandamientos del Señor tu Dios que hoy te mando, y los obedezcas con cuidado. Jamás te apartes de ninguna de las palabras que hoy te ordeno, para seguir y servir a otros dioses".[249]

En cuanto al versículo de la Tercera de Juan, debemos entender que lejos de que el apóstol Juan le esté diciendo a Gayo (que puede ser el pastor de la iglesia o uno de los líderes del Cristianismo del siglo I de la Era Cristiana), que busque una riqueza material o que será rico por la "*Semilla de Fe*" que ha sembrado, lo que notamos es que el apóstol Juan lo alaba "no solo porque es fiel a la verdad del evangelio (3) sino también porque hospeda a los mensajeros cristianos que van a la iglesia a la que pertenece Gayo (v.5-6)".[250]

En esta carta, Juan presenta a Gayo "como un hombre que tenía siempre abiertas las puertas de su casa y de su corazón".[251]

---

[249] 3 Juan 2; Deuteronomio 28:1-14, (NVI). Las *itálicas* y las **bolds** son mías.

[250] Comentario en la *Biblia de Estudio Esquematizada*. (Brasil. Sociedades Bíblicas Unidas. 2010), 1884.

[251] William Barclay. *Comentario al Nuevo Testamento. Volumen 15. 1ra, 2da, y 3ra de Juan y Judas.* Trd. Alberto Araujo. (Terrassa

¿Podría cualquier cristiano entrar a una de las mansiones de los predicadores de la Prosperidad y dormir allí una noche? ¿Podría un cristiano sentarse en las lujosas mesas de uno de los líderes de la Teología de la Fe o de la Prosperidad para comer juntos los alimentos? ¡Lo dudamos! Nos parece más bien que, después de recibir el dinero, nos darían una patada por el trasero y nos mandarían a buscar más dinero. Y, de seguro, lo harían con un engaño de que alguna promesa bíblica se cumplirá en nosotros si les obedecemos.

Si seguimos las reglas de la hermenéutica Bíblica, podemos decir acertadamente que ésta es la interpretación bíblica correcta en el texto que ya hemos leído. Esto es que, Juan no le dice al hermano Gayo que siembre una semilla de fe o que está sembrando semillas de fe para que Dios le bendiga o lo haga rico. ¡Ese no es el contexto de la Tercera Carta de Juan! Esta carta fue escrita por el apóstol Juan y dirigida a Gayo "dirigente de una iglesia y amigo cercano del autor. Este, que es un presbítero, se queja de Diotrefes, un líder de la iglesia que está en contra suya y de sus enseñanzas. Diotrefes inclusive impide que la iglesia reciba a los predicadores que van de lugar en lugar predicando el evangelio. Además, dice mentiras contra el presbítero y sus colegas".[252] Aun así, Gayo fue una persona hospedadora, un cristiano que estaba dispuesto a ayudar a todo el que necesitaba de su ayuda. Por eso es que "el autor alaba a Gayo no solo porque es fiel a la verdad del evangelio (v.3), sino también porque hospeda a los mensajeros cristianos que van a la iglesia a la que pertenece Gayo (v.5-6)".[253]

(Barcelona), España. Editorial CLIE. 1998). 170.

[252] Comentario en la *Biblia de Estudio Esquematizada*. (Brasil. Sociedades Bíblicas Unidas. 2010), 1884.

[253] Comentario en la *Biblia de Estudio Esquematizada*. (Brasil. Sociedades Bíblicas Unidas. 2010), 1884.

Cuando el apóstol Juan le dice a Gayo: "Querido hermano, oro para que te vaya bien en todos tus asuntos y goces de buena salud, así como prosperas espiritualmente". ¿Juan le está hablando de riqueza material? ¡Claro que no! Notemos la expresión: "... así como prosperas espiritualmente". ¿Qué es la enseñanza juanina en este caso? No es una prosperidad material, aunque Dios no está en contra de eso, sino que: "Dios quiere que progresemos en todas las disciplinas espirituales que acercan nuestros corazones a Él y a nuestros hermanos creyentes en Cristo Jesús".[254] ¡Esta es la riqueza espiritual! Y, es esta clase de Prosperidad que Gayo tenía y a la que el apóstol Juan le exhorta a seguir enriqueciendo.

En el pasaje de Deuteronomio, ciertamente Moisés les anuncia sobre las bendiciones que los israelitas recibirán cuando lleguen a la Tierra Prometida. Pero, notemos, que Moisés no les dice que tienen que sembrar una semilla de fe, lo que tienen que hacer es cumplir con todos los requisitos o mandamientos que se les ha dado en el camino por el desierto. Además, todo eso es de Dios; todo es por la gracia de Dios. Todas las bendiciones que se anuncias por boca de Moisés, son bendiciones que los israelitas recibirían si obedecían la ley de Dios dada por medio de Moisés: Es decir, no es un acto, como sembrar una semilla de fe, sino en guardar toda la ley de Dios.

Como Dios no está en contra de la prosperidad de sus amados hijos e hijas, entonces la prosperidad espiritual y económica llegan cuando obedecemos todos los mandamientos y deseos de Dios escritos en Su Palabra, aunque en ocasiones solo llegan las bendiciones espirituales y las materiales son limitadas a lo básico, no a la abundancia, de cualquier manera, Dios no deja a sus fieles seguidores sin bendiciones. ¡Dios siempre suple lo necesario! Y en ocasiones da un poco más.

---

[254] Charles E. Stanley. *Biblia de Principios de Vida.* (Nashville, Dallas, México DF. Río de Janeiro. Grupo Nelson. 2010), 1458.

Las bendiciones de Dios sobre sus amados y amadas, no llegan por ver supuestos milagros como los supuestos milagros de Benny Hinn y los de Oral Roberts o de los fantásticos, difamadores y humillantes milagros de Cash Luna. ¡El bienestar espiritual, social y moral llega cuando obedecemos todas las palabras que se encuentran en la Biblia! Y, por cierto, ¡llegan sin engaño!

Capítulo Séptimo:

CONTRADICCIONES

"Hay camino que al hombre le parece derecho;
Pero su fin es camino de muerte".

Proverbios 14:12, (RV).

Todos los aquí mencionados en este libro son predicadores y maestros dentro del contexto: Cristianismo Evangélico y pertenecen al *Movimiento de la Teología de la Fe o Doctrina de la Prosperidad* o al *Movimiento de Semilla de Fe* o "*La Palabra de Fe*". Todos ellos hablan y enseñan del Poder Soberano que Dios les ha concedido a través del llamamiento, en algunos casos un llamamiento algo raro, como fue el de Oral Roberts; en otros casos, ese Poder Soberano para sanar; para echar fuera demonios y para hacer de la iglesia un concepto diferente de predicación, ha llegado por medio de la Unción Espiritual, como en el caso de Benny Hinn.

En fin, cada uno de ellos se enorgullece del don que Dios le ha concedido y sobretodo de que están en las filas de los victoriosos. Todo su éxito se debe a una fórmula que ya se ha mencionado en páginas anteriores: *Repite esto en alta voz, una y otra vez. Tú tienes el poder en tus palabras.*

Todos hablan de respeto a Dios aunque, al examinar sus vidas y sus enseñanzas ese respeto que dicen tener no se hace presente. Y sus vidas de victorias, en varios de ellos son contradicciones, pues son vidas derrotadas; vidas fracasadas. Pero aun así E. W. Kenyon dice: "Debes darle a Jesús el honor que El merece. Debes darle gracias por su presencia. Debes darle gracias por Su Habilidad. Debes darle gracias de que has acabado con los fracasos pasados, y que ahora tú estás viviendo en la luz de Su Victoria".[255]

Ahora bien, los personajes que se mencionan en las siguientes páginas, al parecer, no le hicieron caso a Kenyon, pues sus testimonios no le dan el honor que La Santa Trinidad merece o, como dice Kenyon: *Debes darle a Jesús el honor que El merece. Debes darle gracias por su presencia.* Con hipocresías, con vanagloria del Don de sanidad, con fraudes, con inmoralidades y cosas parecidas, ¡en ninguna manera Jesucristo es honrado! Pensemos en los siguientes ejemplos:

A.- Hipocresía en la enfermedad física.

Ya se ha comentado que uno de los temas favoritos de los predicadores de La Teología de la Fe es la *Sanidad Divina.* Algunos seguidores de las enseñanzas de William Branham hicieron mucho énfasis en que la fe tiene toda la autoridad sobre la enfermedad. Uno de estos predicadores fue Kenneth E. Hagin, que, queriendo ocultar su enfermedad o sus males físicos, aun así, notamos su hipocresía médica. Pues: "Aunque Hagin enseñaba esto muy fuertemente y sin excepción en sus sermones y enseñanzas, proclamando que él no había estado enfermo en sesenta años, Si embargo tuvo varias crises cardiovasculares en el tiempo que estaba diciendo las enseñanzas sobre el poder de le fe para sanar desde el púlpito. Una de estas crisis cardiovasculares, al final, fue la causa de su muerte".[256]

[255] Don Gossett & E. W. Kenyos. *El Poder de tus Palabras.* (New Kesington, PA. Whiteker House. 2009), 189

[256] David Cox. *Kenneth Hagin Sr.* (La Habra, California. Internet. Artículo publicado en la: Gaceta de estudios bíblicos para cristianos. Consultado el 30 de abril del 2020), ¿? https://www.gacetadeestudiosbiblicos.com/referencia/dicsectas/hagin-kenneth-sr/

B.- *Charles Peter Wagner y la enfermedad de las vacas.*

El iniciador de la Nueva Reforma Apostólica, Charles Peter, Wagner: "Poco tiempo después, y como prueba de su ordenación apostólica – profetizada por dos mujeres y confirmada en una conferencia en Dallas, Texas, de la que ya se ha mencionado-, Wagner afirma haber terminado con la enfermedad conocida como 'el mal de la vacas locas', en Europa.

En sus propias palabras, dijo:

> Sabía que Dios quería que tomara la autoridad apostólica que me había dado y decretara de una vez por todas que la enfermedad de las vacas llegaría a su fin en Europa y el Reino Unido, lo cual hice [...] Esto fue el 1 de octubre del 2001. Un mes más tarde, un amigo mío me envió un artículo de un periódico de Inglaterra diciendo que la epidemia se había contenido y que el último caso de la enfermedad de las vacas locas había sido el 30 de septiembre de 2001, ¡el día antes del decreto apostólico![257]

Lamentablemente, el decreto de la supuesta autoridad apostólica de Wagner en cuanto al fin de la enfermedad de las vacas locas, al igual que su Nueva Reforma Apostólica, son fraudes, pues: "Hasta 2007, inclusive, se declararon 336.799 reses enfermas de EEB (*Encefalopatía Espongiforme Bovina*, más popular como: *Enfermedad de las Vacas Locas*) en la Unión Europea y 516 más en el resto del mundo, la inmensa mayoría en el Reino Unido: el 98,38%. Solo en Gran Bretaña fueron sacrificadas más de 2 millones de reses".[258]

---

[257] MacArthur, John. *Fuego Extraño. El peligro de ofender al Espíritu Santo con adoración falsa.* (Nashville, TN. Grupo Nelson. 2014), 87.

[258] Wikipedia. La Enciclopedia Libre. *Encefalopatía espongiforme bovina.* (La Habra, California. Internet. Consultado el 28 de abril

"Dado su entusiasmo, Wagner al parecer no es consciente del hecho de que la enfermedad todavía existe en Europa, de forma que se registraron sesenta y siete casos positivos de vacas infectadas en el 2009 solamente".[259] Luego: "En 2010, un equipo de Nueva York describió la detección de PrPSc incluso cuando inicialmente estaba presente en solo una parte en cien mil millones (10-11) en tejido cerebral…., hasta junio de 2010 se diagnosticaron 220 pacientes humanos afectados por la nueva variante de la Enfermedad de Creutzfeldt-Jakob, 217 casos primarios y 3 secundarios (por una transfusión de sangre). Y, El 18 de octubre de 2018 el gobierno de Escocia confirmó la identificación de un caso de EEB en una granja de Aberdeenshire".[260] No, la enfermedad de las vacas, por una supuesta profecía, se ha terminado.

Lo que la historia en general prueba es otro fraude de los llamados "ungidos" de Dios. Sin titubeos, MacArthur asegura "que la declaración apostólica de Wagner – que supuestamente - terminó con la enfermedad – de las vacas locas - es evidentemente falsa".[261]Y la historia de la medicina y de la investigación de las enfermedades entre los animales dicen que, ¡la enfermedad entre las vacas aún existe! Por consiguiente, también en las llamadas profecías por los llamados "ungidos" de Dios, existe el engaño eclesiástico.

---

del 2020), ¿? https://es.wikipedia.org/wiki/Encefalopat%C3%ADa_espongiforme_bovina

[259] MacArthur, John. *Fuego Extraño. El peligro de ofender al Espíritu Santo con adoración falsa.* (Nashville, TN. Grupo Nelson. 2014), 87.

[260] Wikipedia. La Enciclopedia Libre. *Encefalopatía espongiforme bovina.* (La Habra, California. Internet. Consultado el 28 de abril del 2020), ¿? https://es.wikipedia.org/wiki/Encefalopat%C3%ADa_espongiforme_bovina

[261] MacArthur, John. *Fuego Extraño. El peligro de ofender al Espíritu Santo con adoración falsa.* (Nashville, TN. Grupo Nelson. 2014), 87.

C.- Una catedral vendida.

El afamado "pastor Robert Schuller, uno de los iconos de la llamada teología de la prosperidad",[262] quien fue el Pastor principal de la iglesia más grande en la ciudad de Anaheim, California, de nombre: *Catedral de Cristal*, de quien ya se ha hecho mención, al parecer no sembró la "Semilla de Fe" y, si la sembró no dio el fruto esperado porque condujo su iglesia a la quiebra y terminó vendiéndosela a la Archidiócesis católica de California.

D.- Oral Roberts y la cura para el cáncer.

Oral Roberts, "Quién enseñaba que Dios quería que Dios quería que todos los cristianos fueran ricos, saludables y felices, pero paradójicamente, todos sus negocios fueron un fracaso financiero. Oral Roberts, como ya se ha mencionado, fue pionero como "tele -evangelista" en 1950. Según él, una vez se le apareció Jesús en persona y le dijo que encontrara una cura para el cáncer, el remedio NUNCA fue encontrado".[263] Recordemos que en aquella ocasión, Oral Roberts dijo que el Señor le había dicho que si le permitía a él y a sus socios construir un edifico de vente pisos para investigaciones y que

---

[262] Charles Torres. *Benny Hinn admite estar endeudado y pide ayuda a los fieles.* Trd. Y adaptado por Christian Post y Ministerios Benny Hinn. (La Habra, California. Internet. Noticias Cristianas.com. Publicado el 2 de mayo del 2013. Consultado el 28 de marzo del 2020), ¿? https://www.noticiacristiana.com/pastor/2013/05/benny-hinn-admite-estar-endeudado-y-pide-ayuda-a-los-fieles.html

[263] César Ángelo. Prosperidad / Un Estudio Bíblico sobre la falsa doctrina de la prosperidad /Texto y Video. (La Habra, California. Internet. Consultado el 1 de abril del año 2020), ¿? https://contralobosblogcristiano.wordpress.com/2016/08/01/prosperidad-un-estudio-biblico-sobre-la-falsa-doctrina-de-la-prosperidad-por-cesar-angelo-texto-y-video/

el descubriría la cura para el cáncer, Pues bien, "El proyecto fue terminado, pero posteriormente fue cancelado y vendido para desarrollo comercial a un grupo de inversionistas, Y la cura para el cáncer no apareció".[264] Como tampoco apareció todo el dinero recaudado para tal proyecto.

E.- Adulterio, fraude y relaciones sexuales ilícitas.

Para el tele evangelista Jim Bakker y su esposa Tammy Faye Bakker, después de sus malos manejos de dinero y el adulterio con la ex - secretaria Jessica Hahn, a quien le pagaron $260, 000 dólares para que guardara silencio sobre el asunto sexual, después que todo salió a la luz, ese fue el principio del fin de este matrimonio y de su ministerio, ya que Jim Bakker perdió su ministerio y en 1989 fue condenado a 45 años de cárcel por fraude, evasión de impuestos y chantaje. Tres años después su mujer lo abandonó para casarse con uno de sus mejores amigos.[265]

Earl Paulk nació en 1927 y murió en 2009. Earl Paulk fue el fundador y pastor principal de la iglesia *Cosechadora Chapel Hill* en Decatur, Georgia, desde 1960 hasta la década de 1990. Un número de mujeres de la congregación dieron a conocer que durante los años 1990 y 2000, Paulk tuvo relaciones sexuales con ellas, a lo que se añadió cargos de abuso sexual de menores. Por otra parte, en 2007, un tribunal ordenó que a Donnie Earl Paulk, actual pastor principal de la iglesia y sobrino de Earl

---

[264] Hank Hanegraaff. *Cristianismo en crisis.* (USA. Harvest Hause Publishing), 29.

[265] César Ángelo. *Prosperidad / Un Estudio Bíblico sobre la falsa doctrina de la prosperidad /Texto y Video.* (La Habra, California. Internet. Consultado el 1 de abril del año 2020), 3. ¿https://contralobosblogcristiano.wordpress.com/2016/08/01/prosperidad-un-estudio-biblico-sobre-la-falsa-doctrina-de-la-prosperidad-por-cesar-angelo-texto-y-video/

Paulk, le fuera efectuada una prueba de ADN con lo que se demostró que él era el hijo de Earl, y no su sobrino; lo que significa que Earl y su cuñada habían tenido una relación".[266]

F.- Falsas profecías de Benny Hinn y Chuck Smith.

Notemos algunos ejemplos de estos dos Maestros de la fe. Comencemos con las llamadas profecías de Benny Hinn. Benny Hinn, en su libro *La Unción* tiene una interesante recomendación. Él dice: "Además del pecio que debemos de pagar por la presencia y la unción del Espíritu Santo, está el importante asunto del respeto por esa unción. Puede que esto no suene terriblemente espiritual, pero he escuchado a Dios amonestar en contra de 'jugar' con la unción. Y te exhorto, al proseguir hacia adelante en la vida en el Espíritu, a no permitir nada en tu vida que pueda faltar el respeto al Señor".[267] ¡Interesante recomendación!

Sin embargo, a Benny Hinn le fascina dictar profecías como si en verdad fuera un profeta de Dios, pero sus profecías, como no son de Dios, entonces no se han cumplido. Por ejemplo: "Este farsante ha dicho varias profecías, como por ejemplo: 'Dios destruirá a la comunidad homosexual de EEUU', también 'Fidel Castro Morirá' (todos sabemos que los seres humanos somos mortales, así que esta profecía, sin decir fecha, lugar y como sucedería es para pensarse. Sí, Fidel Castro murió pero no de acuerdo a la profecía de Benny Hinn,[268] El dictador Fidel Castro

---

[266] Carlos Ballesteros. *Conozca al movimiento carismático: Primera Parte; 1904-1989.* (La Habra, California. Internet. Artículo Publicado el 30 de agosto de 2011. Consultado el 9 de mayo del 2020), ¿?

[267] Benny Hinn. *La Unción.* (Miami, Florida. Editorial UNILID. 1992), 182.

[268] Pablo De Llano. *Muere Fidel Castro a los 90 años.* Su hermano, el presidente Raúl Castro, lo ha comunicado en un mensaje de televisión. "Con profundo dolor comparezco para informarle

murió el 25 de noviembre del 2016; Benny Hinn había profetizado que moriría entre los años 1990 y 1995.[269] Por consiguiente), sabemos que ambas profecías No se cumplieron".[270]

Benny Hinn, en sus prácticas de estar bajo la unción del Espíritu: Una vez este sinvergüenza dijo que Jesús se haría presente en forma física en una de sus cruzadas, todavía estamos esperando. ¡Eso sería fabuloso! Ver a Jesús en persona tal y como lo conocieron los apóstoles; poder ser testigos oculares de su poder para sanar y escuchar de su boca las verdades de la Biblia, ¡eso sería maravilloso! En estos días en que la gente se está muriendo en la pandemia del coronavirus, el poder sanar de Jesús sería un gran alivio. Alguien ha dicho que Dios no cumple antojos ni endereza jorobados. Es decir que, aunque no es imposible que Jesucristo se presente en forma física en una reunión o en una de las cruzadas pero, ¿por qué debe de hacer lo que Benny Hinn dice?

Benny Hinn nos ha decepcionado con sus falsas profecías. ¿Qué podemos pensar de Chuck Smith? Veamos:

---

a nuestro pueblo, a los amigos de nuestra América y del mundo que hoy, 25 de noviembre del 2016, a las 10.29 horas de la noche falleció el comandante en jefe de la revolución cubana Fidel Castro Ruz", ha dicho emocionado el mandatario. (La Habra, California. Internet. Consultado el 6 de mayo del 2020)? https://elpais.com/internacional/2016/11/26/actualidad/1

[269] Diario Cristiano. *Benny Hinn es desenmascarado y expuesto por falsa profecía sobre la muerte de Fidel Casto.* (La Habra, California, Internet. Consultado el 6 de mayo del 2020), ¿? https://www.diariocristianoweb.com/2016/12/06/benny-hinn-es-desenmascarado-y-expuesto-por-falsa-profecia-sobre-la-muerte-de-fidel-castro/

[270] César Ángelo. *Prosperidad / Un Estudio Bíblico sobre la falsa doctrina de la prosperidad /Texto y Video.* (La Habra, California. Internet. Consultado el 1 de abril del año 2020), 3. ¿https://contralobosblogcristiano.wordpress.com/2016/08/01/prosperidad-un-estudio-biblico-sobre-la-falsa-doctrina-de-la-prosperidad-por-cesar-angelo-texto-y-video/

Chuck Smith nació en 1927. Chuck Smith fue ordenado como pastor de la *Iglesia Cuadrangular.* En los últimos cincuenta años Smith fue el jefe de campaña y director de las Campañas de Sanidad del Evangelista Paul Cain. En 1978, Chuck Smith profetizó que 'el Señor podría regresar a su Iglesia en cualquier momento antes de que comience la tribulación, lo que significaría en cualquier momento antes de 1981'. Smith apoyó sus convicciones de nuevo en su folleto *'Supervivencia en el futuro'* (1980), que postula que a partir de su 'comprensión de las profecías bíblicas... dijo: "Estoy convencido de que el Señor vendrá a Su Iglesia antes de que finalice 1981'."[271]

¡También nos decepcionó! Especialmente a los que esperamos la Segunda venida de Jesucristo. Ya estamos en el 2020, es decir que han pasado ya casi cuarenta años desde que Chuck Smith que vendría y... ¡no ha llegado!

G.- El escándalo financiero en la iglesia de Paul Yonggi Cho.

Este lamentable escándalo no solo afectó a los seguidores de Paul Yonggi Cho, sino que fue un acto que involucró a todos los cristianos evangélicos. El escándalo económico que surgió en la iglesia a finales de septiembre de este año 2011, fue porque "29 ancianos de la Iglesia denunciaron la malversación de unos 23 millones de wones (21046.76 dólares americanos); un reportaje emitido por el Canal Cultural MBC sostuvo que este dinero fue utilizado para comprar propiedades en los Estados Unidos, a la vez que demostraba que su esposa había vendido una propiedad adquirida con donativos de los miembros para su beneficio económico personal".[272]

---

[271] Carlos Ballesteros. *Conozca al movimiento carismático: Primera Parte; 1904-1989.* (La Habra, California. Internet. Artículo Publicado el 30 de agosto de 2011. Consultado el 9 de mayo del 2020), ¿?

[272] Miguel Perlado. *Un escándalo sacude la megaiglesia de Yoido.* (La Habra, California. Internet. Artículo publicado en Educa sectas el

Otro artículo dice que:

"El escándalo financiero de la iglesia sucedió en el año 2002, cuando Cho ordenó que los tesoros compraron acciones de su hijo, *Cho Hee-Jun,* por un valor 4 veces mayor al mercado financiero…. El Tribunal Central de Seúl… condenó al pastor a pagar una multa de cerca de 5 millones de dólares. Durante el mismo proceso, su hijo y uno de los dos dirigentes de la iglesia también fueron condenados por evasión de impuestos por el valor de 4 millones de dólares, más 3 años de prisión por conspirar junto con Cho para defraudar a la denominación".[273]

Todos estos actos de los llamados "ungidos" de Dios, lo que han hecho son poner el Evangelio de Jesucristo como una fuente de dinero. Además, una "fuente económica" con la cual se puede hacer fraudes. ¡Esto es lamentablemente vergonzoso en el Cristianismo Evangélico!

H.- Suicidios.

En páginas anteriores se han citado las palabras de Jesucristo que encontramos en el Evangelio de Mateo, cuando Jesús dijo: "No acumulen para sí tesoros en la tierra, donde la polilla y el óxido destruyen, y donde los ladrones se meten a robar".[274] Se repite esta cita bíblica porque con las declaraciones de este texto, Jesucristo: "Nos advierte de lo inseguro que son los placeres que nos pueden robar".[275] Además, son las cosas que se quedan en

---

24 de octubre del 2011. Consultado el 6 de mayo del 2020), ¿? https://educasectas.org/iglesia-yoido-1/

[273] Cristianos. *4 Reflexiones después de la prisión del Pastor Tonggi Cho.* (La Habra, California. Internet. Consultado el 6 de mayo del 2020), ¿? https://www.devocionalescristianos.org/2014/02/4-reflexiones-despues-de-la-prision-del-pastor-david-yonggi-cho.html

[274] Mateo 6:19-21, (NVI).

[275] William Barclay. *Comentario al Nuevo Testamento. Volumen 1.*

este mundo después de que muramos; nada nos podemos llevar para disfrutarlo en el Mas Allá, aunque nos los pongan en el ataúd. Lo contrario es lo que no nos pueden robar y que sí lo podemos llevar hacia el Mas Allá; es decir, aquello que son las virtudes cristianos o el fruto del Espíritu Santo. Estos nos acompañarán por la eternidad.

"Eso pasa con todas las posesiones materiales; no hay ninguna entre ellas que nos sean seguras y, si uno edifica su felicidad sobre ellas, está edificando sobre una base que ni es estable ni segura".[276] La riqueza y la fama no aseguran la felicidad ni una vida tranquila. La *Teología de la Prosperidad* económica que se predica entre los líderes de esta Doctrina no garantiza que si se dan los diezmos y las ofrendas se puede llegar ser rico y una vez rico, la vida se es feliz y dichosa. Pero, pensemos que podemos ser ricos y famosos; ¿Esto garantiza la felicidad? Las estadísticas de suicidios dicen que no. Por ejemplo, el cantante "Kurt Cobain se disparó con una escopeta a la cabeza. En su último disco cantaba 'Me odio y quiero morir'. Fue uno de los suicidios más polémicos. El cantante era politoxicómano y se dice que eso le llevó al borde de la locura y la depresión".[277]

Y, luego al suicidio.[278]

MATEO I. (Terrassa (Barcelona), España. Editorial CLIE. 1997), 273.

[276] William Barclay. *Comentario al Nuevo Testamento. Volumen 1. MATEO I*. (Terrassa (Barcelona), España. Editorial CLIE. 1997), 273.

[277] Actualidad. *Los suicidios más famosos*. (La Habra, California. Internet. Consultado el 5 de abril del año 2020), ¿? https://listas.20minutos.es/lista/los-suicidios-mas-famosos-339967/

[278] Definición de politoxicómano. *¿Qué es un politoxicómano?* La

El suicidio más exagerado, aunque no deja de ser una terrible fatalidad que muestra que el dinero y la fama no son garantía de una felicidad ni mucho menos de estar bien con Dios y Dios con el rico como se anuncia entre los teólogos de la Doctrina de la Prosperidad.

Pues bien, el suicidio más exagerado fue el de:

"Raymond Roussel (1877-1933): Un dandi viajero, millonario y drogadicto publica *Locus Solus* e *Impresiones de África*, con un inimitable estilo basado en la homofonía. Aunque más que por su obra se le recuerda por ser autor de cabecera de los surrealistas, los *oulipo* y los escritores de la *nouveu roman*. A la hora de su suicidio no quiso dejar abierta la puerta al fracaso. Según cuenta Leonardo Sciacia (su único biógrafo) ingiere dieciséis ampollas de Somnothyril, quince de Sonéryl, diez de Hypalène, once de Lutonal, ocho de Phanadorme, una caja de Declonol, un frasco de Hyrpholene, diez ampollas de Neurinare y doce de Veriane para suicidarse. Sobra decir que lo consigue".[279]

---

politoxicomanía se da en una persona que a lo largo de su vida ha desarrollado un vínculo con distintas sustancias. Es una persona que tiene mucha tendencia a engancharse a distintas sustancias. La politoxicomanía, entonces es una combinación de drogas. (La Habra, California. Internet. Consultado el 15 de diciembre del 2020), ¿? https://www.google.com/search?rlz=1C1GCEA_enUS764US764&ei=q3fZX8jKDu7v5gLP57y4Ag&q=que+es+un+politoxic%C3%

[279] Actualidad. *Los suicidios más famosos.* (La Habra, California. Internet. Consultado el 5 de abril del año 2020), ¿? https://listas.20minutos.es/lista/los-suicidios-mas-famosos-339967/

Michael Strunge (1958-1986) Poeta noruego practico lo que se considera el suicidios más estúpido. "Influenciado por The Cure y Joy Division (¿Robert Smith es una influencia literaria válida?), se convierte en el bardo de culto de los góticos nórdicos. En una de los permisos para salir del psiquiátrico en el que lleva ingresado cinco años, Strunge salta desde la ventana del piso de un amigo. Sus últimas palabras fueron '¡Mirad! ¡Puedo volar!'."[280]

I.- Selección de los que serán salvos.

Un caso más de lo que son los abusos y fracasos espirituales de los líderes de la *Doctrina de la Prosperidad* es el caso de la iglesia llamada: *Iglesia de Dios Ministerial de Jesucristo Internacional*:

> "María Luisa Piraquive de Moreno, que nació en Chipatá, Santander, el 10 de febrero de 1949. Su nombre de soltera es María Luisa Piraquive Corredor, es una maestra licenciada en filología hispánica y doctora en derecho internacional, cantante, filántropa, y dirigente cristiana colombo-estadounidense. Cofundadora y Líder Mundial de la Iglesia de Dios Ministerial de Jesucristo Internacional, creadora y presidente de la *Fundación Internacional María Luisa de Moreno* con amplia proyección de ayuda social, y precursora del partido MIRA. Comúnmente es conocida como la Hermana María Luisa".[281]

---

[280] Actualidad. *Los suicidios más famosos.* (La Habra, California. Internet. Consultado el 5 de abril del año 2020), ¿? https://listas.20minutos.es/lista/los-suicidios-mas-famosos-339967/

[281] Wikipedia. La Enciclopedia Libre. *María Luisa Piraquive de Moreno.* (La Habra, California. Internet. Consultado el 4 de mayo

Los seguidores de María Luisa Periquive la reconocen como pastora, profetisa, y apóstol.

La señora María Luisa Periquive. – se le refiere como señora, porque no concederemos que sea una pastora -. Después de que su esposo Luis Eduardo Moreno murió en 1996, ella cuenta que tuvo un sueño en donde Jesucristo estaba seleccionando a las personas que serían del reino. En ese sueño, dice que el Señor le dijo: 'Ayúdame para escoger las personas para el reino'. Después de ese pedido, ella se ha vuelto la ayudadora de Dios para seleccionar a las personas para el reino. Es decir que tenemos otra Artemisa, u otra Virgen María o Virgen de Guadalupe.

J.- *Homosexualismo y manejo turbio de las ofrendas.*

Uno de los que se pueden considerar como uno de los más hipócritas dentro del Movimiento de la Prosperidad es Paul Cain. Este maestro de la Prosperidad nació en 1929 y murió en octubre de 2004. "Paul Cain, considerado 'el más grande profeta pentecostal', fue acusado de llevar una doble vida siendo ocultamente homosexual y alcohólico. Caín se había negado a someterse a disciplina. Finalmente Caín admitió su pecado, diciendo: 'He luchado en dos áreas particulares, la homosexualidad y el alcoholismo, por un período prolongado de tiempo. Pido disculpas por la negación de estos asuntos de la verdad, en lugar de admitirlo".[282]

Ahora le toca al hombre de más influencia del momento en la *Doctrina de la Prosperidad*: **Paul Crouch.**

---

del 2020), ¿? https://es.wikipedia.org/wiki/Mar%C3%ADa_Luisa_ Piraquive

[282] Carlos Ballesteros. *Conozca al movimiento carismático: Primera Parte; 1904-1989.* (La Habra, California. Internet. Artículo Publicado el 30 de agosto de 2011. Consultado el 9 de mayo del 2020), ¿?

"El mes de septiembre de 2004 resultó ser uno de los más críticos en la historia de la cadena televisiva, la cual depende financieramente de los donativos voluntarios de millones de creyentes de diferentes denominaciones. Una detallada investigación periodística, publicada en el diario Los Ángeles Times en primera plana el día doce del mes pasado, reveló que, en 1996, Paul Crouch, presidente de TBN, sostuvo relaciones homosexuales con E. Lonnie Ford, uno de sus empleados de la cadena televisiva".[283]

Paul Crouch es casado, tiene hijos y además es un hombre de setenta años; un hombre que ha tratado de tapar todo su escándalo homosexual con Lonnie Ford. Al cual se le pagó una suma de 425,000 dólares para comprar su silencio. Por supuesto que ese dinero no fue de la cuenta bancaria de Crouch sino de las ofrendas que se dan para la empresa televisiva. A Ford lo despidieron de la empresa por un par de años pero, para seguir con el silencio homosexual, los abogados le pagaron casi medio millón de dólares.

Como Lonnie Ford que, por cierto, además de homosexual, también es drogadicto y ex presidiario (estuvo más de una vez en la cárcel) quería editar un libro en el que contaba lo sucedido en la empresa TBN, lo volvieron a silenciar con otros "regalitos" y el libro nunca se editó. Después de todo este escándalo, el hijo de Paul Crouch se lamentó diciendo: "Estoy devastado. Tengo que enfrentar el hecho de que mi padre es homosexual".[284]

---

[283] WWW.Scyas.Org. *El Tele-evangelista Paul Crouch denunciado por sostener relaciones homosexuales con su chofer, un pedófilo convicto y ex-adicto a la cocaína.* (La Habra, California. Internet. Consultado el 6 de mayo del 2020), ¿? http://sectas.org/Articulos/movimiento/PaulCrouch.asp

[284] WWW.Scyas.Org. *El Tele-evangelista Paul Crouch denunciado*

En cuanto a los malos manejos de las ofrendas para sostener el Canal de Televisión (TBN):

"El meticuloso reportaje de Los Ángeles Times puso en cuestionamiento público, no solo la moralidad del Tele-evangelista de prosperidad, sino la forma turbia en que Paul Crouch maneja el dinero de miles de fieles donantes evangélicos. Eso, a pesar de que el mismo Crouch se ha asegurado un salario de más de 800,000 dólares anuales, además de otros muchos beneficios.

Los registros de la televisora evangélica muestran también sospechosos pagos de deudas personales del chofer del Tele-evangelista. En octubre de 1996, precisamente alrededor de la fecha de los primeros encuentros homosexuales, TBN expidió un cheque por 12 mil dólares para esos efectos. El chofer de Paul Crouch fue recompensado también de otras maneras. Por ejemplo, se le permitió vivir sin pagar renta en uno de los departamentos ubicados en los cuarteles generales de la cadena televisiva".[285]

Estos magnates del Evangelio de Jesucristo o mejor dicho, magnates del Movimiento de la Prosperidad, hacen y deshacen

---

por sostener relaciones homosexuales con su chofer, un pedófilo convicto y ex-adicto a la cocaína. (La Habra, California. Internet. Consultado el 6 de mayo del 2020), ¿? http://sectas.org/Articulos/movimiento/PaulCrouch.asp

[285] WWW.Scyas.Org. *El Tele-evangelista Paul Crouch denunciado por sostener relaciones homosexuales con su chofer, un pedófilo convicto y ex-adicto a la cocaína.* (La Habra, California. Internet. Consultado el 6 de mayo del 2020), ¿? http://sectas.org/Articulos/movimiento/PaulCrouch.asp

lo que les plazca, y cubren sus fechorías con las ofrendas de los que los siguen como si fueran dioses.

K.- Apoyando las herejías.

En su pequeño pero muy interesante libro de 187 páginas titulado: *La Unción,* Benny Hinn describe de una manera asombrosa el ministerio del Espíritu Santo y hace énfasis en la Trinidad; habla de que el Espíritu Santo es la Tercera Persona de la Trinidad. Sus palabras escritas son:

"El Espíritu Santo es el maravilloso Consolador, el Consejero, el Ayudador, el enviado cuando Jesús ascendió a los cielos por el Padre y el Hijo, para estar con, en, y sobre los hijos de Dios.

Y esta gloriosa tercera persona de la Trinidad tiene el principal propósito de revelar al Señor Jesucristo. Como el Espíritu Santo es verdad, Él ha tomado las cosas de Jesús y las revela a aquellos que la quieren escuchar, ver y obedecer".[286]

Muy buen concepto sobre el Espíritu Santo. Entonces, ¿cómo se apoya la herejía? Paul Crouch ha creado la red de televisión más grande entre el pueblo cristiano evangélico, la *Trinity Broadcasting Netword* (TBN). Los mensajes y las Campañas de Benny Hinn son transmitidos en esta red televisiva. ¿Y qué hay de malo en esto? Lo malo es que Paul Crouch junto con Kenneth Hagin que también se ve predicando en esta misma red, no creen en la Doctrina de la Trinidad; la han llamado una invención del diablo. El que Hinn permita que sus mensajes y sus campañas sean vistos por el público en esta cadena televisiva da a entender que apoya la doctrina de Paul.

---

[286]   Benny Hinn. *La Unción.* (Miami Florida. Editorial Unilit. 1992), 111.

L.- Prosperidad y alcoholismo.

A. A. Allen, nació en 1911 y murió en 1970. Allen se convirtió en pentecostal en la *Iglesia Metodista Onward*, en Miller, Missouri. Más tarde, aprendió sobre el Bautismo del Espíritu Santo de un predicador pentecostal. Sus enseñanzas sobre la prosperidad fueron su tema más importante en las reuniones de avivamiento en los años 1960s. Como evangelista de Asambleas de Dios, Allen empezó a vender 'ropas de prosperidad' a cambio de donaciones por valor de US$100 y US$1000. Además, afirmó haber recibido 'visiones, voces divinas y profecías'. En 1962, se separó de su esposa con quien tenía cuatro hijos.

A. A. Allen, murió en San Francisco a los cincuenta y nueve años de edad a causa de una insuficiencia hepática causada por el alcoholismo agudo, que mantuvo oculto por muchos años.

M.- Advertencia.

En el Nuevo Testamento encontramos advertencias y declaraciones como las que ya se han mencionado y las que se mencionan en las siguientes páginas. Tenemos que entender que: "Cualquier persona que dice hablar en nombre de Dios al mismo tiempo que lleva a la gente lejos de la verdad de la Palabra de Dios se muestra claramente como un profeta falso y engañador. Incluso si una persona hace predicciones exactas o realiza supuestas maravillas se le rechazará, ya que Satanás mismo es capaz de realizar milagros falsos (cp. 2 Tesalonicenses 2.9)".[287]

---

[287] MacArthur, John. *Fuego Extraño. El peligro de ofender al Espíritu Santo con adoración falsa*. (Nashville, TN. Grupo Nelson. 2014), 107.

Mentiras tras mentiras, engaños y más engaños, errores y más errores bíblicos, teológicos y morales son los que se encuentran en las vidas de los más prominentes predicadores ya sea de *La Doctrina de la Prosperidad* o de *La Teología de la Fe*. Es decir que: "Cuando examinamos a los más importantes proveedores de la *Teología de la Fe*, ratificamos la máxima de que 'error engendra error y herejía engendra herejía'."[288]

---

[288] Hank Hanegraaff. *Cristianismo en crisis.* (USA. Harvest Hause Publishing), 30.

Capítulo Octavo:

LA DOCTRINA DE LA PROSPERIDAD Y LAS ENSEÑANZAS BÍBLICAS

"Hijos, atiendan a los consejos de su padre; pongan atención, para que adquieran buen juicio.

Yo les he dado una buena instrucción, así que no descuiden mis enseñanzas. Pues yo también he sido hijo: mi madre me amaba con ternura y mi padre me instruía de esta manera: Grábate en la mente mis palabras; haz lo que te ordeno, y vivirás.

Adquiere sabiduría y buen juicio; no eches mis palabras al olvido.

Ama a la sabiduría, no la abandones y ella te dará su protección.

Antes que cualquier otra cosa, adquiere sabiduría y buen juicio.

Ámala, y te enaltecerá; abrázala, y te honrará; ¡te obsequiará con la más bella guirnalda y te coronará con ella!"

Proverbios 4:1-9, (DHH).

En un video del Ingeniero Electromecánico especializado en administración, titulado en alta dirección de empresas, Carlos Cuauhtémoc Sánchez, y publicado por Javier Rocha, habla de las ideas básicas del satanismo y dice lo siguiente: "¡Existen seis ideas del satanismo con las que convives y no te das cuenta! de allí se desprenden mucha corrientes filosóficas y conferencistas motivacionales que se autonombran cristianos".[289] Esta declaración confirma lo que hemos leído en los capítulos anteriores. Luego, en ese mismo video, Carlos Cuauhtémoc Sánchez, con la Biblia Satánica en una mano y la Biblia Cristiana en otra, menciona las seis ideas básicas del satanismo de esta manera:

1.- El mal no existe.
2.- El hombre es animal.
3.- El único dios que existe es el hombre mismo.
4.- El odio y la venganza son sentimientos naturales.
5.- No hay vida después de la muerte.
6.- El creador del universo es energía.[290]

Estas ideas fueron escritas por el autor de la Biblia Satánica Anton Szandor LaVey. Este hombre:

---

[289] Carlos Cuauhtémoc Sánchez. *Ideas básicas del satanismo*. (La Habra, California. Internet. Video publicado por Javier Rocha el 31 de agosto del 2020 en el correo electrónico de Eduardo Ramírez. Consultado el 4 de diciembre del 2020), ¿? Facebook notification@ facebookmail.com https://outlook.live.com/mail/0/deleteditems/id/

[290] Carlos Cuauhtémoc Sánchez. *Ideas básicas del satanismo*. (La Habra, California. Internet. Video publicado por Javier Rocha el 31 de agosto del 2020 en el correo electrónico de Eduardo Ramírez. Consultado el 4 de diciembre del 2020), ¿? Facebook notification@ facebookmail.com https://outlook.live.com/mail/0/deleteditems/id/

"… fue un escritor, músico y ocultista estadounidense. Fundó la Iglesia de Satán. Escribió varios libros, entre ellos la Biblia satánica,… Fundó el satanismo LaVeyano, un sistema sintetizado de su comprensión de la naturaleza humana y las ideas de los filósofos que abogaban por el materialismo y el individualismo, por el que no se reivindica ninguna inspiración sobrenatural o teísta. LaVey nació en Howard Stanton Levey; Chicago, Illinois, el 11 de abril de 1930 y murió en San Francisco, California, el 29 de octubre de 1997".[291]

Por lo que notamos en la Historia de las Religiones, la estrategia de Anton LaVey fue muy exitosa, pues como se ha notado en páginas anteriores, algunos de los predicadores llamados cristianos han usado sus métodos para lograr lo que la historia nos ha enseñado. LaVey prosperó económicamente con su música y sus prácticas satánicas y algunos predicadores cristianos también, usando sus métodos, han prosperado económicamente.

Siguiendo el tema de la Prosperidad: "El conferencista César Ángelo, en su estudio sobre la Prosperidad se pregunta: "¿Que significa la Prosperidad de Dios? – Y luego sigue diciendo - Para continuar, es necesario conocer el concepto de prosperidad según Dios, y quiero tomar el siguiente texto del Salmos 1:3, que dice: "Será como árbol plantado junto a corrientes de agua, Que da su fruto a su tiempo, y su hoja no se marchita, Y todo lo que hace prosperará".[292] La Versión Traducción del Lenguaje Actual (TLA), traduce el término "prosperará", como ¡Todo

[291] Wikipedia, la enciclopedia libre. Anton Szandor LaVey. (La Habra, California. Internet. Consultado el 4 de diciembre del 2020), ¿? https://es.wikipedia.org/wiki/Anton_Szandor_LaVey

[292] Salmo 1:3, (Versión BTX2)

lo que hacen les sale bien! Según este texto y según la palabra hebrea *tsalákj,* prosperidad significa: empujar hacia adelante, bueno y éxito.

Entonces, pues, podríamos decir que prosperidad quiere decir *"que te vaya bien",* para los judíos el término implicaba un éxito integral, desde lo espiritual hasta lo material".[293]

Wendell Berry, en su libro: *Sexo, Economía, Libertad y Comunidad,* dice que: "Después de la Segunda Guerra Mundial, los Estados Unidos, junto con otras diecisiete naciones, adoptamos el Acuerdo General sobre Aranceles y Comercio (también conocido como GATT), con el fin de regular el comercio internacional y resolver todo tipo de disputas a este respecto".[294] Una buena idea y acción de las administraciones Reagan y Bush desde el año 1986. Pero, en el caso de la Doctrina de la Prosperidad, cave la pregunta: ¿Quién "regula" y "resuelve" los abusos económicos de los líderes de esta corriente eclesiástica/ teológica?

Si las autoridades gubernamentales no lo hacen, entonces la responsabilidad cae sobre los teólogos, sobre los profesores de Bíblia, sobre los pastores, sobre los líderes cristianos pero también sobre los miembros de las iglesias, los cuales tienen que hacer un esfuerzo por abrir la Biblia y ver en ella si lo que están escuchando es lo correcto; cada uno y en grupos cristianos deben de hacer lo que hicieron los cristianos de la ciudad de Berea en Asia Menor. La Biblia dice que:

---

[293] César Ángelo. *Prosperidad / Un Estudio Bíblico sobre la falsa doctrina de la prosperidad /Texto y Video.* (La Habra, California. Internet. Consultado el 1 de abril del año 2020), 3. ¿https:// contralobosblogcristiano.wordpress.com/2016/08/01/prosperidad-un-estudio-biblico-sobre-la-falsa-doctrina-de-la-prosperidad-por-cesar-angelo-texto-y-video/

[294] Wendell Berry. *Sexo, economía, libertad y comunidad. Ocho ensayos.* (Granada, España. Editorial Nuevo Inicio. 2012), 73.

"Tan pronto como se hizo de noche, los hermanos enviaron a Pablo y a Silas a Berea, quienes al llegar se dirigieron a la sinagoga de los judíos. Estos eran de sentimientos más nobles que los de Tesalónica, de modo que recibieron el mensaje con toda avidez y todos los días examinaban las Escrituras para ver si era verdad lo que se les anunciaba".[295]

Notemos en este texto que los cristianos de Berea "recibieron el mensaje con toda avidez y todos los días examinaban las Escrituras para ver si era verdad lo que se les anunciaba". Si acaso Pablo y Silas trataban de sacar ventaja de los creyentes en Berea al estilo de los líderes de la *Doctrina de la Prosperidad* – que ese no era en ninguna manera el espíritu de estos siervos de Dios -, con los bereanos no lograrían explotarlos espiritualmente ni mucho menos en lo económico porque, ellos, los bereanos, abrieron las Escrituras para darse cuenta si lo que Pablo y Silas decían era compaginado con lo que dice la Biblia.

El escritor del Libro a los Hebreos, dijo que: "… la palabra de Dios es viva y poderosa. Es más cortante que cualquier espada de dos filos; penetra entre el alma y el espíritu, entre la articulación y la médula del hueso. Deja al descubierto nuestros pensamientos y deseos más íntimos".[296] Para este autor, la Palabra de Dios es el arma más útil y poderosa para enfrentarse a las enseñanzas de la *Doctrina de la Prosperidad*, pues, son las enseñanzas de las Escrituras como una espada que llega hasta los sentimientos para darles un buen sentido y no un temor o un falso emocionalismo de una fe que no es bíblica. Son las Sagradas Escrituras las que nos indicaran cuales son los verdaderos pensamientos de los líderes de la *Doctrina de la*

---

[295] Hechos 17:10-11, (NVI).

[296] Hebreos 4:12, Nueva Traducción Viviente (NTV)

Prosperidad; será el Espíritu Santo usando la Biblia la que nos ayudará a descubrir los pensamientos de los predicadores que se llaman los profetas o los apóstoles o los siervos de Dios. La doctrina bíblica mostrará si son en verdad lo que dicen ser o son falsos ministros con una doctrina que no es bíblica.

Así que, si la Biblia es "poderosa"; y si es "más cortante que cualquier espada de dos filos" y si "deja al descubierto nuestros pensamientos y deseos más íntimos" – y sí lo es -, entonces, son las enseñanzas de la Biblia el arma con la cual se puede parar las atrocidades económicas, bíblicas y teológicas que la Doctrina de la Prosperidad ha estado causando en la Iglesia Cristiana; en especial, en la Iglesia Cristiana Evangélica. Se puede ver con claridad en la *Doctrina de la Prosperidad* que existe una marcada frontera entre los que dan y los que reciben; entre los que tienen y los que no tienen y, entre los manipuladores y los manipulados en la fe.

No se trata, pues, de que si tengo fe o no la tengo, sino que es un asunto de libertad. El ofrendar a Dios y a su obra es bueno y es un principio bíblico pero, no es un asunto de obligación en el sentido en que la *Doctrina de la Prosperidad* lo manifiesta al decir que, si no se ofrenda o es por fatal de fe o es por pecado. Cuando Oral Roberts inventó la filosofía de: *"Siembra una semilla de Fe"*, dio por sentado que los que no ofrendan, los que no diezman o los que no hacen promesas económicas no tiene fe. ¡Esto es un abuso emocional!

Por ejemplo, Benny Hinn fue criticado fuertemente en el Caribe porque en una de sus cruzadas en Trinidad y Tobago les pidió a los miles de fieles "que cada persona donara 100 dólares como una 'semilla de fe'. El valor es muy alto para los estándares de ese pequeño país, uno de los más pobres del Caribe".[297] Cuando la Biblia dice: "Cada uno dé como propuso

---

[297] Charles Torres. *Benny Hinn admite estar endeudado y pide ayuda a los fieles.* Trd. Y adaptado por Christian Post y Ministerios Benny

en su corazón: no con tristeza, ni por necesidad, porque Dios ama al dador alegre",[298] da libertad para ofrendar. No es una obligación impuesta humanamente y con propósitos económicos sino que, es la gracia del Señor que motiva al que ama a Dios, por eso, su ofrenda es dada con alegría; lo hace en la libertad espiritual.

"Así, la libertad es por entero una función de la gracia de Dios actuando dentro de nosotros. La libertad está, pues, envuelta en la voluntad de Dios, y Dios es la condición de la libertad humana".[299] Por eso es que el que está en Cristo es una nueva criatura con una libertad que se le ha dado en el momento en que por gracia fue salvo.[300]

Uno de los textos más usados por los predicadores de la *Teología de la Fe* es el texto en donde el Evangelista expone el poder de la fe desde el punto de vista de Jesucristo. Este texto dice:

"Por la mañana, al pasar junto a la higuera, vieron que se había secado de raíz. Pedro, acordándose, le dijo a Jesús:

— ¡Rabí, mira, se ha secado la higuera que maldijiste!

Hinn. (La Habra, California. Internet. Noticias Cristianas.com. Publicado el 2 de mayo del 2013. Consultado el 28 de marzo del 2020), ¿? https://www.noticiacristiana.com/pastor/2013/05/benny-hinn-admite-estar-endeudado-y-pide-ayuda-a-los-fieles.html

[298] 2 Corintios 9:7, (RV, 1960).

[299] William T. Cavanaugh. *Ser consumidos: Economía y deseo en clave cristiana.* Trd. Agustín Moreno Bravo y José María Bravo Domínguez. (Granada, España. Editorial Nuevo Inicio. 2011), 36.

[300] 2 Corintios 5:17; Gálatas 5:1; Efesios 2:8-9.

—Tengan fe en Dios —respondió Jesús—. Les aseguro que, si alguno le dice a este monte: "Quítate de ahí y tírate al mar", creyendo, sin abrigar la menor duda de que lo que dice sucederá, lo obtendrá. Por eso les digo: Crean que ya han recibido todo lo que estén pidiendo en oración, y lo obtendrán".[301]

"Esta figura dramática, a la luz de su contexto, que habla acerca de la fe y de la oración, debe significar, por tanto, que ninguna tarea en armonía con la voluntad de Dios le será imposible realizar a aquellos que creen y no dudan".[302] Notemos, pues, que es de acuerdo a la voluntad de Dios y no a la voluntad del hombre. Es decir que aunque se diga: *"Yo declaro"*, si no es la voluntad de Dios, ¡de nada sirve el *"yo declaro"*!

Conclusión

Una breve conclusión de este punto que hemos titulado: *La Doctrina de la Prosperidad y las enseñanzas bíblicas*, la podemos hacer haciendo una sencilla hermenéutica de los siguientes textos que usa la que se considera un profeta, aunque debemos ser sinceros, sí es una buena predicadora. Hablamos de Gloria Copeland que, en su libro titulado: *La voluntad de Dios es la Prosperidad*, dice que el Señor la guio a "reconocer lo grande que es la cosecha del ciento por uno. Usted da US$1.00 para el evangelio, y la cosecha completa del ciento por uno correspondería a US$100.00. Entonces US$10.00 equivaldría a

---

[301] Marcos 11:20-24, (NVI).

[302] Guillermo Hendriksen. *El Evangelio Según San Marcos. Comentario del Nuevo Testamento.* (Grand Rapids, Michigan. Distribuido por T.E.L.L. 1987), 471.

US$1000.00 y una cosecha del ciento por uno de US$1,000.00, sería US$100,000".[303] Todo es asunto de fe, de acuerdo a Gloria Copeland. Es la fe la que proporciona el medio para ser bendecidos. Es la palabra de fe la que vence a Satanás y es la misma palabra de fe la que hace que Dios – aunque no quiera – responda y cumpla con lo que le pedimos por fe. Gloria dijo que: "La fe de las personas es necesaria para que Dios establezca Su Palabra en la tierra".[304] De esta hermenéutica se deduce que tu palabra de fe es más allá de lo que Dios puede hacer. Por ejemplo, si Dios no te ha quitado la pobreza, Gloria Copeland dice que: "Reprenda cualquier síntoma de escases, como lo haría si se tratara de un síntoma de enfermedad. En el preciso momento en que la señal de escases se presente en tu vida, toma autoridad sobre ella – nota que eres tú el que toma la autoridad, no Dios -. Ordénale que se vaya en el nombre de Jesús y mantente firme".[305]

El proverbista, dijo: "Hijos, atiendan a los consejos de su padre; pongan atención, para que adquieran buen juicio". Esto es que, si seguimos los consejos que el Padre Dios ha puesto en Su Palabra (La Biblia), podremos llegar a tener "buen juicio" con el cual podremos discernir si lo que los Predicadores de *La Doctrina de la Prosperidad* están usando es una hermenéutica correcta y una ética de ayuda social y moral, o son artimañas con matiz espiritual para engañar y robar.

---

[303] Gloria Copeland. *La voluntad de Dios es La Prosperidad. Un mapa para obtener la plenitud espiritual, emocional y financiera.* Trd. KCM. (Guatemala, CA. Kenneth Copeland Publications. 1984), 71.

[304] Gloria Copeland. *La voluntad de Dios es La Prosperidad. Un mapa para obtener la plenitud espiritual, emocional y financiera.* Trd. KCM. (Guatemala, CA. Kenneth Copeland Publications. 1984), 28

[305] Gloria Copeland. *La voluntad de Dios es La Prosperidad. Un mapa para obtener la plenitud espiritual, emocional y financiera.* Trd. KCM. (Guatemala, CA. Kenneth Copeland Publications. 1984), 28

Capítulo Noveno:

¿ES BÍBLICA LA DOCTRINA DE LA PROSPERIDAD?

"¿Acaso no está llamando la sabiduría? ¿No está elevando su voz la inteligencia?

Toma su puesto en las alturas, a la vera del camino y en las encrucijadas. Junto a las puertas que dan a la ciudad, a la entrada misma, grita a voz en cuello: 'A ustedes los hombres, los estoy llamando; dirijo mi voz a toda la humanidad. Ustedes los inexpertos, ¡adquieran prudencia! Ustedes los necios, ¡obtengan discernimiento!

Escúchenme, que diré cosas importantes; mis labios hablarán lo correcto. Mi boca expresará la verdad, pues mis labios detestan la mentira'."

Proverbios 8:1-7, (NVI).

En el segmento anterior se ha dicho que las enseñanzas de la Biblia son el arma más poderosa para combatir la influencia y las enseñanzas de la *Doctrina de la Prosperidad.* Se podría decir que es la única arma pero, tenemos que ser conscientes que existen otras armas que pueden ayudar en la Batalla o Guerra Espiritual en contra de la *Doctrina de la Prosperidad.*

A.- *La voluntad humana.*

Una de ellas es la voluntad de las personas, pues existen aquellos seres humanos que saben que lo que están viviendo no es del todo correcto a la luz de la Biblia, pero, su voluntad ha sido dominada para seguir en esta doctrina o, sencillamente se someten voluntariamente porque les gusta el sistema social/ eclesiásticos que se practica en esta corriente teológica. Y sin embargo, uno tiene que profundizar en el área teológica; es decir, uno tiene que ser realista ante la persona y obra de Jesucristo (*Cristología*), ante las enseñanzas bíblicas (*Teología Bíblica*) y la Doctrina del Espíritu Santo (*Pneumatología*). Es decir, se tiene que hacer un concepto formalmente ortodoxo aunque no meramente legalista.

En esa ortodoxia, se debe poner atención a los sentimientos, con los cuales el liderazgo de la *Doctrina de la Prosperidad* "juega" a su atojo con el fin de lograr sus objetivos económicos con el pretexto de que, si se da "para la obra de Dios", entonces el dador es más espiritual que los otros cristianos que no están dispuestos a recibir la "multiplicación" de lo que ofrendan por fe. "El tele-evangelista Benny Hinn, en una 'carta abierta" publicada en el sitio Web oficial de su ministerio – dijo - que necesitaba 2.5 millones de dólares en donaciones con el fin de seguir adelante".[306]

Para continuar ablandando el corazón de sus seguidores para conseguir los 2.5 millones de dólares, Hinn, dijo que tenía a un donante que no quiso mencionar su nombre pero que ese donante

---

[306] Charles Torres. *Benny Hinn admite estar endeudado y pide ayuda a los fieles.* Trd. Y adaptado por Christian Post y Ministerios Benny Hinn. (La Habra, California. Internet. Noticias Cristianas.com. Publicado el 2 de mayo del 2013. Consultado el 28 de marzo del 2020), ¿? https://www.noticiacristiana.com/pastor/2013/05/benny-hinn-admite-estar-endeudado-y-pide-ayuda-a-los-fieles.html

donaría "un dólar por cada dólar enviado por los fieles".[307] El donante, supuestamente habló con Benny Hinn para decirle que Dios, supuestamente, le había puesto en su corazón sembrar "una semilla de 2.5 millones de dólares en su ministerio. Pero Dios solo quiere que yo haga esto si los compañeros de su ministerios donan la misma cantidad ¡dentro de 90 días! Dios quiere que su ministerio sea completamente libre de deudas, y quiero sembrar una semilla ungida, que le ayudará a dar un paso gigante para deshacerse de estas deudas'."[308] Esto es lo que le dijo a Hinn el supuesto donante. ¿No sería esto un chantaje para seguir engañando y robando a la gente sus pocos ingresos económicos?

B.- *Diezmos y ofrendas.*

No es que, como cristianos, no debemos ofrendar y diezmar para la obra del Señor, ¡sí debemos hacerlo! La Biblia indica que esta es parte de la adoración a Dios; es teología bíblica. Existen algunos términos interesantes en la Biblia, cuatro de ellos son: *Creer, orar, amar* y *dar.* Estas palabras claves se encuentran en la Biblia en estas cantidades: *Creer:* 272; *Orar*: 371; *Amar*: 714

---

[307] Charles Torres. *Benny Hinn admite estar endeudado y pide ayuda a los fieles.* Trd. Y adaptado por Christian Post y Ministerios Benny Hinn. (La Habra, California. Internet. Noticias Cristianas.com. Publicado el 2 de mayo del 2013. Consultado el 28 de marzo del 2020), ¿? https://www.noticiacristiana.com/pastor/2013/05/benny-hinn-admite-estar-endeudado-y-pide-ayuda-a-los-fieles.html

[308] Charles Torres. *Benny Hinn admite estar endeudado y pide ayuda a los fieles.* Trd. Y adaptado por Christian Post y Ministerios Benny Hinn. (La Habra, California. Internet. Noticias Cristianas.com. Publicado el 2 de mayo del 2013. Consultado el 28 de marzo del 2020), ¿? https://www.noticiacristiana.com/pastor/2013/05/benny-hinn-admite-estar-endeudado-y-pide-ayuda-a-los-fieles.html

y *Dar:* 2162.[309] ¿Qué indican estas cantidades? Que la virtud de "*Dar*" supera a las otras tres virtudes. Es decir que Dios sí quiere que le *demos* parte de lo que Él nos provee con el fin de que no seamos materialistas sino agradecidos con el Proveedor.

Es decir que si *damos*, que es el punto más difícil a causa de nuestra naturaleza pecaminosa, pues somos egoístas, entonces, si *damos*, la virtud de *amar* a Dios, la virtud de *orar* en adoración a Dios y la virtud de *creer* en Dios vienen por añadidura; todo mundo *cree* en algo, todos los seres humanos se inclinan hacia alguien o algo con una *oración* mental o verbal, todos los seres humanos tienen la capacidad y la necesidad de *amar*, pero, no todos tienen la voluntad de *dar*, por eso es que se ha dicho que, si existe el deseo de *dar*, entonces *creer, orar* y *amar* pueden ser un resultado de una voluntad que está inclinada a *dar*.

Pero, cuidado, "… los efectos de esa espiritualidad y de esa teología – de dar con fe como la aplican en la *Doctrina de la Prosperidad* -, por lo general, alcanza solo a eso que se suele llamar 'la vida interior' o la 'vida espiritual', acerca de la cual uno se pregunta a veces en qué se distingue de una autosugestión sentimental, o se limita a ser un soporte, también bastante sentimental, de los llamados valores",[310] porque puede que se limite solo a un valor netamente monetario o materialista en el sentir de: "Yo le doy para que El me dé más de lo que le ofrendo. Le doy un dólar para que me lo devuelva multiplicado".[311] Esto también es chantaje, pero ahora es hacia Dios.

---

[309] Rick Warren. Clases de Desarrollo Cristiano: Clase 201. (Lake Forest, California. Saadlebak Community Church. 2001).

[310] William T. Cavanaugh. *Ser consumidos: Economía y deseo en clave cristiana*. Trd. Agustín Moreno Bravo y José María Bravo Domínguez. (Granada, España. Editorial Nuevo Inicio. 2011), 13.

[311] Fermín Hernández Hernández. *El desprendimiento*. (La Habra, California. Internet. Artículo publicado el día 22 de agosto del año 2016. Consultado el día 1 de mayo del 2020), ¿? https://amorpazycaridad.es/el-desprendimiento/

C.- El Desprendimiento cuerpo/espíritu.

A la mayoría de los seres humanos nos gusta lo llamativo; lo misterioso; nos gusta todo aquello que sea llamativo: "Uno de los grandes enigmas que en todo momento ha sido motivo de enorme preocupación y que ha venido embargando constantemente a la Humanidad es el desconocimiento de las motivaciones existenciales del hombre en la Tierra. El momento y, el por qué y para qué de su venida al Planeta.

Esa incógnita nos lleva a otra similar ¿Qué vendrá después? ¿Que encontraremos en el otro lado..., si acaso lo hay? ¿Qué hay en el Mas Allá? Estas dudas sobre el destino presente y futuro del hombre son las causantes de innumerables conflictos existenciales en las personas que conforman el vasto conglomerado humano de este Planeta".[312] De esta curiosidad se han aprovechado algunos, como William Branham, Essek William Kenyon, Ana Méndez, Kenneth E. Hagin, Phineas Parkhurst Quimby y otros más de los líderes de la *Teología de la Fe*, para hacer creer a algunos que todo es de Dios.

Como el asunto de la materia y el espíritu es un misterio al mismo tiempo que un deseo de saber las respuestas que involucran este campo materia/espíritu: "El Espiritismo, con el respaldo de la ciencia ha venido a aportar luz y esclarecimiento a estas cuestiones y muchísimas otras más relacionadas con el tránsito del hombre sobre los mundos".[313] Aunque en realidad es un claro oscuro, y no del todo una luz con la que se pueda ver la

---

[312] Fermín Hernández Hernández. *El desprendimiento.* (La Habra, California. Internet. Artículo publicado el día 22 de agosto del año 2016. Consultado el día 1 de mayo del 2020), ¿? https://amorpazycaridad.es/el-desprendimiento/

[313] Fermín Hernández Hernández. El desprendimiento. (La Habra, California. Internet. Artículo publicado el día 22 de agosto del año 2016. Consultado el día 1 de mayo del 2020), ¿? https://amorpazycaridad.es/el-desprendimiento/

realidad total. Se ha comentado que Phineas Parkhurst Quimby, fue un maestro charlatán espiritual estadounidense: Además de ser considerado como filósofo, también fue magnetizador, promotor del Mesmerismo y uno que practicó la Sanidad por Fe.

También se ha hecho mención de William Branham, el personaje que hacía sanidades, pero que él decía que no las realizaba el Espíritu Santo de Dios, sino que las hacía un ángel que estaba dentro de él, al mismo tiempo que negó la Doctrina de la Trinidad, y en su lugar aceptó la idea de la existencia de los ovnis.

D.- Amalgama peligrosa.

Con lo que hasta este momento se ha dicho, se puede notar que *La Teología de la Fe* no procede de un trasfondo bíblico al cien por ciento; sino que es una mezcla de ocultismo y teología bíblica. Notemos, por ejemplo, éste otro caso. Cuando Hann Hanegraaff escribió su libro *Cristianismo en Crisis* (1993), dijo que Hagin: "No solamente se ufana de sus alegadas visitas al cielo y al infierno, sino que también relata numerosas experiencias de su espíritu abandonando su cuerpo".[314] En una ocasión, Hagin, cuenta que estaba predicando y de momento se encontró en el asiento trasero de un automóvil desde donde pudo ver a una mujer de su iglesia cometiendo adulterio. "La experiencia total duró 15 minutos después de los cuales Hagin apareció abruptamente en la iglesia, implorando a sus feligreses a que oraran".[315] No, *La Teología de la Fe* no es bíblica.

Ya se ha comentado sobre este asunto, así que solamente pensemos en lo siguiente. Cuando hablamos del ministerio de

---

[314] Hank Hanegraaff. Cristianismo en crisis. (USA. Harvest Hause Publishing), 31.

[315] Hank Hanegraaff. Cristianismo en crisis. (USA. Harvest Hause Publishing), 31.

Kenneth E. Hagin, dijimos que Hagin: "Aprovechó el trabajo de Kenyon y lo popularizó".[316] También se ha comentado lo que dijo Hanegraaff de que, Hagin se jactaba de sus viajes al cielo y al infierno.

Benny Hinn, al aparecer, este televangelista tiene una afección por el contacto con los muertos o, por lo menos así lo hace entender, pues: "Este estafador visita continuamente la tumba de Katherine Khulman, de la que ha hecho mención en la biografía de Benny Hinn y según él, recibe su unción. La práctica que Hinn está haciendo es espiritismo".[317] Y, Dios ha condenado la práctica del espiritismo dentro de la vida humana y en especial dentro de su pueblo. "Por ejemplo, la Ley que Jehová dio a la nación de Israel decía: 'No debería hallarse en ti nadie que [...] consulte a un médium espiritista [...] ni nadie que pregunte a los muertos. Porque todo el que hace estas cosas es algo detestable a Jehová' (Deuteronomio 18:10-12)".[318]

Benny Hinn, en su libro *La Unción*, todo el Capítulo 6 lo dedica para hablar de Katherine Khulman (o Kathryn Kuhlman, como el la llama). Y comienza diciendo: "Debido

---

[316] César Ángelo. *Prosperidad / Un Estudio Bíblico sobre la falsa doctrina de la prosperidad /Texto y Video.* (La Habra, California. Internet. Consultado el 1 de abril del año 2020), 1¿hhttps://contralobosblogcristiano.wordpress.com/2016/08/01/prosperidad-un-estudio-biblico-sobre-la-falsa-doctrina-de-la-prosperidad-por-cesar-angelo-texto-y-video/

[317] César Ángelo. *Prosperidad / Un Estudio Bíblico sobre la falsa doctrina de la prosperidad /Texto y Video.* (La Habra, California. Internet. Consultado el 1 de abril del año 2020), 1¿hhttps://contralobosblogcristiano.wordpress.com/2016/08/01/prosperidad-un-estudio-biblico-sobre-la-falsa-doctrina-de-la-prosperidad-por-cesar-angelo-texto-y-video/

[318] El espiritismo. ¿Es malo tratar de comunicarse con los muertos? (La Habra, California. Internet. Consultado el 7 de mayo del 2020), ¿? https://www.jw.org/es/biblioteca/revistas/g201402/espiritismo/

al número de jóvenes que he conocido que saben bien poco de Kathryn Kuhlman, quiero contarles brevemente acerca de esta maravillosa mujer que hizo tal impacto en mi vida y que tocó tantas vidas alrededor del mundo. De lo que Dios hizo en su vida Él puede hacer en la nuestra por medio de la unción".[319] El resto del capítulo habla del abandono de la obra de Dios por parte de Katherine y su matrimonio con un evangelista divorciado de nombre Burroughs Waltrip, al que después de seis años abandonó y se dedicó a predicar nuevamente en el *Tabernáculo de Avivamiento* en Denver que ella había fundado.

Al final del Capítulo 6, Benny Hinn dice que: "No todos hemos sido llamados o capacitados para sanar a otros como Kathryn. Pero si estamos dispuestos a dar a Dios todo, sin tomar en cuenta el costo, El ungirá nuestra vidas, y nos guiará a hacer grandes obras para El a través del poder de Su magnífico Espíritu".[320]

E.- El amor al dinero.

Ahora, para asegurarnos de que *La Teología de la Fe* no es bíblica y para aumentar las insensateces que Hagin cometía, su compañera de ministerio, es decir su esposa, era también una amante del dinero; adoraba sus grandes cuentas bancarias algo que al parecer, a Hagin no le molestaba para nada. "Su esposa una vez dijo que Dios deseaba que la iglesia debía apoderarse de todo el dinero del mundo".[321] ¿Estaría pensando en que ellos

[319] Benny Hinn. *La Unción.* (Miami, Florida. Editorial Unilit. 1992), 63.

[320] Benny Hinn. *La Unción.* (Miami, Florida. Editorial Unilit. 1992), 71.

[321] César Ángelo. *Prosperidad / Un Estudio Bíblico sobre la falsa doctrina de la prosperidad /Texto y Video.* (La Habra, California. Internet. Consultado el 1 de abril del año 2020), 1¿hhttps://contralobosblogcristiano.wordpress.com/2016/08/01/

eran la única iglesia? Notemos lo que dice la Biblia en cuanto al amor al dinero:

"Manténganse libres del amor al dinero, y conténtense con lo que tienen, porque Dios ha dicho: 'Nunca te dejaré; jamás te abandonaré'...

Los que quieren enriquecerse caen en la tentación y se vuelven esclavos de sus muchos deseos. Estos afanes insensatos y dañinos hunden a la gente en la ruina y en la destrucción.

La bendición del Señor trae riquezas, y nada se gana con preocuparse.

Quien ama el dinero, de dinero no se sacia. Quien ama las riquezas nunca tiene suficiente. ¡También esto es absurdo!"[322]

Si los líderes de *La Teología de la Fe* siguieran estos consejos bíblicos y los otros que se han resaltado, se podría decir que su doctrina es una doctrina sana. ¿Por qué?, porque cumplen con lo que dice la Biblia en cuanto al uso correcto del dinero o de los otros mandamientos de los cuales ya se han comentado. Pero, como no están en la línea correcta que marca la verdad Bíblica/ Teológica Evangélica, entonces, *La Teología de la Fe* no es una Doctrina Bíblica.

---

prosperidad-un-estudio-biblico-sobre-la-falsa-doctrina-de-la-prosperidad-por-cesar-angelo-texto-y-video/

[322] Hebreos 13:5, (NVI); 1 Timoteo 6:9, (NVI); Proverbios 10:22, (NVI); Eclesiastés 5:10, (NVI).

F.- Odio a quien los descubra y ataque sus prácticas.

Paul Crouch, "recuerda Olsen, es famoso por sus profecías 'mortales' contra sus críticos. En 1997, Crouch oró públicamente diciendo lo siguiente: 'Dios, proclamamos muerte contra cualquiera cosa o persona que levante su mano contra este ministerio que te pertenece a ti...'"[323] En otra ocasión, cuando se vio atacado por la verdad que le presentaban y que él consideraba como un ataque a su ministerio en TBN, el mismo Paul Crouch dijo: "'Yo creo que ellos están condenados y de camino al infierno; y no creo que haya posibilidad de redención para ellos".[324] Hablar de esta manera no es nada del Espíritu Santo; no es nada normal en un líder de la iglesia cristiana y no es nada aceptable en una persona que está enseñando las verdades bíblicas. Así que, volvemos a recalcar que las enseñanzas de la *Teología de la Fe* o de la *Doctrina de la Prosperidad* que está predicando Paul Crouch: ¡No son bíblicas!

En el Evangelio de Marcos, Jesucristo acusa a los maestros de la ley de ser vanidosos e hipócritas. Luego, les advierte a los discípulos que en los días venideros se levantarían "falsos Cristos y falsos profetas";[325] gente sin escrúpulos que engañarían aun a los que son seguidores de Jesucristo. No necesariamente habló de los predicadores de *La Doctrina de la Prosperidad* pero, creemos que están dentro de todo ese grupo o grupos de los que Jesucristo profetizó.

---

323 WWW.Scyas.Org. *El Tele-evangelista Paul Crouch denunciado por sostener relaciones homosexuales con su chofer, un pedófilo convicto y ex-adicto a la cocaína.* (La Habra, California. Internet. Consultado el 6 de mayo del 2020), ¿? http://sectas.org/Articulos/movimiento/PaulCrouch.asp

324 Hank Hanegraaff. *Cristianismo en crisis.* (USA. Harvest Hause Publishing), 38.

325 Marcos 13:5-6.

G.- Herejías y falta de respeto a Dios.

Kenneth Copeland es uno de los predicadores que posiblemente le falte el respeto a Dios y al Espíritu Santo mucho más que los otros. Hank Hanegraaff, dice: "Decir que sus enseñanza son heréticas sería una afirmación insuficiente. Copeland desafiantemente acusa a Dios de ser el más grande fracaso de todos los tiempos, de manera grosera dice que 'Satanás conquistó a Jesús en la cruz' y describe a Cristo en el infierno como 'extenuado, flagelado y mancillado'."[326]

El discípulo de William Marrio Branham, Kenneth Hagin: "A partir de una extraña cristología, Hagin enseña que la muerte física de Cristo no quita el pecado, sino su 'muerte espiritual' y sus luchas en el infierno".[327] Porque Hagin cree que Jesús no fue la cielo sino al Infierno. "Hagin enseña que Cristo fue enviado al infierno y allí luchó contra Satanás y los demonios, y por su victoria sobre ellos nació de nuevo".[328] Ya se ha mencionado lo que Hank Hanegraaff ha dicho sobre las supuestas visitas de Hagin al cielo y al infierno y de sus relatos numerosos de sus experiencias en donde su espíritu abandona su cuerpo.[329]

Esta misma declaración la confirma Cesar Ángelo y además agrega diciendo que "Tanto en los cultos de Hagin como en los de Copeland habían manifestaciones de 'risa santa' y personas

---

[326] Hank Hanegraaff. *Cristianismo en crisis.* (USA. Harvest Hause Publishing), 31-32.

[327] Carlos Ballesteros. *Conozca al movimiento carismático: Primera Parte; 1904-1989.* (La Habra, California. Internet. Artículo Publicado el 30 de agosto de 2011. Consultado el 9 de mayo del 2020), ¿?

[328] Carlos Ballesteros. *Conozca al movimiento carismático: Primera Parte; 1904-1989.* (La Habra, California. Internet. Artículo Publicado el 30 de agosto de 2011. Consultado el 9 de mayo del 2020), ¿?

[329] Carlos Ballesteros. *Conozca al movimiento carismático: Primera Parte; 1904-1989.* (La Habra, California. Internet. Artículo Publicado el 30 de agosto de 2011. Consultado el 9 de mayo del 2020), ¿?

que caían como borrachas, incluso algunas gemían y emitían ruidos de animales, ellos decían que era El Espíritu Santo de Dios".[330] Esto es lo que se conoce como la *Teología de la Risa*, que, por cierto, nada tienen que ver con las enseñanzas bíblicas. Ver y oír risas burlonas como las que se pueden ver y oír en un video a Cash Luna es una burla satánica hacia la obra del Espíritu Santo. ¡Es una burla hacia Dios![331]

En el caso del ministerio de Paul Crouch: "Lo que muchos de los que sostienen a TBN no saben es que parte de ese dinero se dedica a promover grupos cultistas e individuos que no solo niegan la Trinidad, sino que identifican esta doctrina esencial del cristianismo como una declaración pagana. Es evidentemente una ironía que una cadena nacional de transmisiones se llame *'Trinity'* y que al mismo tiempo promueva doctrinas antitrinitarias".[332] Decir que la *Doctrina de la Prosperidad* es bíblica sería caer en las mismas herejías, engaños, mentiras y blasfemias que los líderes de La Teología de la Fe están enseñando. ¡No!, ¡*La Teología de la Fe* no es bíblica!

Frederick K. C Price, el predicador afroamericano y predicador de la *Doctrina de la Prosperidad*: "Aparece nacionalmente en la televisión y se identifica así mismo como el principal exponente de 'menciónalo y reclámalo'. Price añade a

---

[330] César Ángelo. *Prosperidad / Un Estudio Bíblico sobre la falsa doctrina de la prosperidad /Texto y Video.* (La Habra, California. Internet. Consultado el 1 de abril del año 2020), 1¿hhttps://contralobosblogcristiano.wordpress.com/2016/08/01/prosperidad-un-estudio-biblico-sobre-la-falsa-doctrina-de-la-prosperidad-por-cesar-angelo-texto-y-video/

[331] Cash Luna tirando la Biblia al piso. https://video.search.yahoo.com/yhs/search?fr=yhs-pty-pty_maps&hsimp=yhs-pty_maps&hspart=pty&p=Videos+de+Cash+Luna+burlandose+de+Dios#id=1&vid=ec518aabd847a9159ac91edf07e4a87a&action=click

[332] Hank Hanegraaff. *Cristianismo en crisis.* (USA. Harvest Hause Publishing), 38

su retorcida interpretación de la teología de la Fe, afirmando que Jesús adquirió la naturaleza de Satanás antes de su crucifixión, además asegura que el Padre Nuestro no es para los cristianos de hoy".[333]

El predicador de la Teología de la Fe, John Avanzini, el maestro en conseguir dinero y al cual acuden otros para recibir instrucción de cómo sacarle el dinero a todos; ricos y pobres. Así: "Avanzini recorre la gama desde enseñar a sus discípulos como poner sus manos en las riquezas de los impíos hasta lo que puede identificarse el engaño cien veces engaño... Cuando se trata de sacar dinero al pueblo de Dios, pocos pueden igualar la destreza de John Avanzini".[334] Aunque al parecer, Robert Tilton es mucho más hábil en este engaño económico.

Volviendo a los orígenes de la *Doctrina de la Prosperidad*, que como ya sabemos, nació dentro del Movimiento Pentecostal, en esta sección que le hemos llamado: Herejías y falta de respeto a Dios, se puesto algo sobre el que posiblemente sea uno de los más influyentes dentro del Movimiento de Fe. William Marrion Branham.

> "William Marrion Branham que nació en 1909 y murió en 1965, habiendo abandonado su ministerio como pastor bautista, llega a convertirse en uno de los 'Grandes del Pentecostalismo'. Branham fundó el movimiento conocido como: *Sanidad Divina*, llamado Movimiento de la '*Lluvia Temprana*', y se autoproclamó como el profeta Elías y como el Ángel del Apocalipsis. Fue uno de los más grandes promotores de la rama del pentecostalismo que niega la doctrina de la Santísima Trinidad,

---

[333] Hank Hanegraaff. Cristianismo en crisis. (USA. Harvest Hause Publishing), 33.

[334] Hank Hanegraaff. Cristianismo en crisis. (USA. Harvest Hause Publishing), 34.

creyendo que sus énfasis teológicos provenían por revelación directa de Dios. Vivió su época dorada en los años posteriores a la Segunda Guerra Mundial, gracias al poder de masificación de la radio. Branham profetizó el rapto y el inicio del milenio en 1977.

Murió en 1965 en un accidente automovilístico. Muchos pastores de la 'Lluvia Temprana' oraron sobre el cuerpo de Branham para que volviera a la vida pero no pudieron resucitarlo. Después fue sepultado en una tumba en forma de pirámide, muy similar a la pirámide erigida en homenaje a Charles Taze Russell, el fundador de la secta de los Testigos de Jehová. Branham creía que el Zodíaco y las pirámides de Egipto eran fuentes de revelación tanto como las Sagradas Escrituras. Hoy muchos creen que William Branham fue otra manifestación de Dios como lo fue Jesucristo, y otros creen que nació de una virgen".[335]

Notamos una vez más que desde los orígenes de la *Doctrina de la Prosperidad* o *Teología de la Fe*, no es bíblica. Ya desde el principio del siglo XIX, se nota que este movimiento, como ya se ha mencionado antes, es una mezcla de las Ciencias Ocultas con la Doctrinas del Cristianismo.

H.- El "G12".

Esta es otra de las filosofías con la que los predicadores de la *Teología de Fe* han hecho una hermenéutica filosófica/

---

[335] Carlos Ballesteros. *Conozca al movimiento carismático: Primera Parte; 1904-1989.* (La Habra, California. Internet. Artículo Publicado el 30 de agosto de 2011. Consultado el 9 de mayo del 2020), ¿?

espiritual pero no bíblica. El escritor e investigador cristiano Les Thompson, miembro de Ministerios LOGOI, ha escrito la siguiente respuesta a la pregunta: ¿Qué es el movimiento G12?

Les, en el siguiente escrito, contesta también las siguientes preguntas: ¿Qué me puede decir de G12? ¿Quién es César Castellanos y qué tiene que ver con todo eso? ¿Y por qué causa tanta polémica? Sus respuestas son:

> "El G12 (Gobierno de 12) es una estrategia iniciada en Bogotá, Colombia que pretende ser la estrategia usada por Jesús. No nació de la Biblia, sino de una "visión" que dice el pastor César Castellanos (de Misión Carismática Internacional) que le fue revelada por el mismo Señor (así indica uno de los folletos de la organización). Se presenta en el folleto como la última, más novedosa manera de hacer crecer la iglesia. Declara que si se usan estos métodos se llegará a tener una mega iglesia.
>
> El G12 consiste en organizar la iglesia en grupos de 12 personas (como Jesús que tuvo 12 discípulos). Es una variación de la estrategia de crecimiento celular, cosa que ha sido usada por muchas organizaciones desde hace mucho tiempo. Aparece como algo nuevo sin serlo y se motiva y empuja fuertemente a organizarse en grupos de 12 personas, los cuales tienen que multiplicarse por 12, y así sucesivamente. La idea de G12 aparece como algo nuevo sin serlo, y la polémica es porque se motiva como algo más especial, más "bíblico" y más parecido a la estrategia usada por Jesús. El problema es que Jesús nunca usó esa metodología, ni en los Hechos de los Apóstoles, ni en todo el Nuevo Testamento se encuentra tal método.

Lamentablemente los líderes se preparan en muy poco tiempo, durante el cual no alcanzan a ser formados doctrinalmente (recuerde que, al contrario, Jesús tomó tres años enteros para preparar a sus 12). La forma de crecer no es tanto por evangelización sino la búsqueda de personas que están ya en otras iglesias. "G12" está bien nombrada, porque la idea es que estos grupos llegan a ser los GOBERNANTES de la iglesia, los que tienen AUTORIDAD dentro de la iglesia. Creen que con ellos Dios está formando una nueva estructura dentro de la iglesia. En el folleto dicen: "El modelo de ministerio basado en 12 es la manera más efectiva de obedecer la Gran Comisión de Jesucristo para ganar discípulos y hacer la iglesia crecer". Si esto fuera cierto, es lógico pensar que Jesús hubiera usado este método él mismo para ganar al mundo. La verdad es que ni en la vida de Jesús, ni en los Evangelios, ni en Hechos de los Apóstoles, ni en todo el Nuevo Testamento se ve tal metodología empleada.

El problema doctrinal que levanta todo este esquema es el uso "mágico" del número 12. Toda la estrategia se edifica, no en el evangelio de salvación dado por Jesús y sus apóstoles, pero en la distorsión del número 12, al cual se le da significado espiritual. Se distorsiona el sentido histórico de los textos que tienen que ver con los hombres que escogió Jesús y por una metodología parecida a la de los gnósticos, se le da una interpretación evangelizadora a un número. ¿Es que ya Dios no usa solo a una persona? ¿Será que 13, ó 5, ó 8 es menos significativo que 12? ¿Por qué tanto énfasis en 12? Recordemos que Cristo dijo

(Jn 6:70) "¿No os he escogido yo a vosotros 12, y uno de vosotros es diablo?" (Ahora habrá que comenzar otra organización usando el número 11; es decir, luego de encontrar al traidor y expulsarlo, para tener el perfecto grupo santo de 11.)

Recuerde que Dios siempre está buscando mejores personas y no nuevas estrategias. Debemos concentrarnos en estudiar la Biblia y enseñar las muchas y grandes verdades que contiene y el crecimiento vendrá. Espero que estas aclaraciones sirvan para ayudarle a poner el énfasis donde Cristo y la Biblia la pone".[336]

Hay de llamados a llamados. Cuando Dios llama, como lo hizo con Moisés, son llamamientos concretos, específicos y dentro del plan divino Redentor.

"Castellanos cree que Dios le habló en una visión, para indicarle lo que deseaba hacer con la Iglesia en respuesta a los tiempos finales. Esta visión fue el 'gobierno de 12', un esquema de la pirámide jerárquica del discipulado y la autoridad. Propuso que, debido a que Israel había 12 tribus, y Cristo tuvo 12 discípulos, la Iglesia necesitaba a la base de su estructura en este modelo de gobierno y convertirse en una célula de la iglesia".[337]

---

[336] Les Thompson. *¿Qué es el movimiento G12?* (La Habra, California. Internet. Artículo publicado en Ministerios Logoi. Consultado el 11 de mayo del 2020), ¿? https://logoi.org/es/resource/que-es-el-movimiento-g12/

[337] NAZARENOS PREOCUPADOS – SI SON DESTRUIDOS LOS FUNDAMENTOS, ¿QUÉ PUEDE HACER EL JUSTO? PS. 11:3. *¿Qué Es El G12 Movimiento?* (La Habra, California. Internet. Consultados el 11 de mayo del 2020), ¿? https://nazarenoespanol.

Los cristianos evangélicos que son miembros de una de las denominaciones más antiguas que existen en la *Historia de las Religiones,* son los nazarenos. Ellos también están preocupados por la mala influencia teológica y pastoral que los líderes de la *Teología de la Fe* están predicando. También ellos dan una respuesta a la pregunta: ¿Qué es el Movimiento G12? Y, dicen:

"Obviamente, no hay nada intrínsecamente malo en este modelo de celular. Iglesias de todo el mundo están buscando constantemente para descubrir el equilibrio correcto de modelo y el ministerio para ser eficaces en sus comunidades, y este es otro método que pueden utilizar. Sin embargo, las enseñanzas que a menudo acompañan a este modelo es lo que necesita ser cuestionada.

Considere la posibilidad de César Castellanos a sí mismo. Castellanos es parte de la carismática Nueva Reforma Apostólica, que es doctrinalmente erróneas. Este movimiento considera que Dios ha levantado hoy los apóstoles para continuar la labor de los apóstoles originales de la Escritura, y que estos días actuales apóstoles son los encargados de supervisar la labor de la Iglesia en la tierra. Se asocian con frases tales como "nombre y afirman que," la "Bendición de Toronto", "Palabra de Fe", "señales y prodigios", y "la salud y la prosperidad," todas las enseñanzas bíblicas. De las fronteras Castellanos en creer que Dios les da después de la revelación canónica, incluyendo la visión G12.

Los líderes del movimiento G12 también han hecho una serie de afirmaciones cuestionables, tales como, "El modelo de ministerio basado en

wordpress.com/%C2%BFque-es-el-g12-movimiento/

12 es el medio más eficaz de obedecer la Gran Comisión de Jesucristo para ganar discípulos y de crecimiento de la Iglesia" (de un folleto para una conferencia G12 que se celebrará en la India en 2003). Implicaba también por los líderes G12 es que el Gobierno de 12 es lo que Dios está haciendo ahora, y que si no estás a bordo con G12 que se oponen a Dios. Nada de esto, sin embargo, pueden ser apoyadas por la Escritura. La división de una iglesia en células de 12 ni siquiera puede ser apoyada por la Escritura. Lo que sí encontramos en la Escritura es que la Iglesia es semejante a un cuerpo, muchas partes componen el conjunto, cada parte tan necesaria como la otra (1 Corintios 12)".[338]

Así que, para cerrar esta sección, les invito a que pensemos en estas palabras que son parte de las enseñanzas de Jesucristo a sus seguidores:

"Como parte de su enseñanza Jesús decía:

—Tengan cuidado de los maestros de la ley. Les gusta pasearse con ropas ostentosas y que los saluden en las plazas, ocupar los primeros asientos en las sinagogas y los lugares de honor en los banquetes. Se apoderan de los bienes de las viudas y a la vez hacen largas plegarias para impresionar a los demás. Estos recibirán peor castigo....

---

[338] NAZARENOS PREOCUPADOS – SI SON DESTRUIDOS LOS FUNDAMENTOS, ¿QUÉ PUEDE HACER EL JUSTO? PS. 11:3. *¿Qué Es El G12 Movimiento?* (La Habra, California. Internet. Consultados el 11 de mayo del 2020), ¿? https://nazarenoespanol. wordpress.com/%C2%BFque-es-el-g12-movimiento/

Porque surgirán falsos Cristos y falsos profetas que harán señales y milagros para engañar, de ser posible, aun a los elegidos. Así que tengan cuidado; los he prevenido de todo".[339]

"Richard Baxter (1615 - 1691) fue un célebre teólogo puritano no conformista, poeta y escritor de himnos",[340] al comentar sobre los predicadores que se han levantado para predicar pero que aún no son cristianos, ya en su tiempo se lamentaba diciendo:

"¡Ay! Es un peligro y calamidad frecuente en la Iglesia el tener pastores inconversos y sin experiencia, y que tantos se hagan predicadores antes de ser cristianos, siendo santificados por el rito de la ordenación ante el altar como sacerdotes de Dios antes de santificarse por una entrega de corazón como discípulos de Cristo, de manera que adoran a un Dios desconocido y predican al Cristo que no conocen, orando por un Espíritu desconocido y recomendando un estado de santidad y comunión con Dios, y una gloria y felicidad que desconocen, y que probablemente nunca conozcan".[341]

---

[339] Marcos 12:38-40; 13:22-23, (NVI).

[340] Wikipedia, La Enciclopedia Libre. *Richard Baxter*. (La Habra, California. Internet. Articulo consultado el 13 de mayo del 2020), ¿? https://es.wikipedia.org/wiki/Richard_Baxter

[341] Richard Baxter. *¡Ay de aquellos que han de rendir cuentas por las almas!* (La Habra, California. Internet. Artículo Publicado en Encendiendo el Fuego: Diarios de Avivamiento, el 15/09/2019. Consultado el 13 de mayo del 2020), ¿? https://diariosdeavivamientos. wordpress.com/2019/09/15/ay-de-aquellos-que-han-de-rendir-cuentas-por-las-almas/?fbclid=IwAR1y4SCZFEH2XPNYw4Ump vxYl8leuQYd3QFnaBaaHZLdoHh2-0WscZ9JD_w

Alguien dijo: "Sobre advertencia no hay engaño". Jesucristo y los escritores del Nuevo Testamento han advertido de la llegada a la Iglesia de Jesucristo de individuos como los de *La Teología de la Fe* o *Doctrina de la Prosperidad*. Si alguno es engañado por ellos, no es por falta de información divina, sino por la ignorancia de ella. "Mi pueblo es destruido por falta de conocimiento",[342] dijo el profeta Oseas. Pero la Iglesia está siendo invadida y destruida no por falta de conocimiento sino por negligencia espiritual y académica.

Estamos de acuerdo con lo que dijo Richard Baxter en los años 1600s, de que "Es un peligro y calamidad frecuente en la Iglesia el tener pastores inconversos y sin experiencia, y que tantos se hagan predicadores antes de ser cristianos,...".[343] Lamentamos que existan líderes cristianos que por una u otra razón no estudian la Biblia como debe ser estudiada y se paran a predicar o enseñar lo que, supuestamente, el Espíritu Santo les revele en ese momento.

Si algo hemos notado en este libro sobre los predicadores y Maestros de la *Doctrina de la Prosperidad*, es que fueron y son gente que se preparó académicamente ya fuera en las universidades o en los seminarios. ¿Y qué pasa con los pastores de la Iglesia Cristiana Evangélica? Supuestamente, ¡no tienen tiempo para prepararse para ser más eficientes en el Reino de Jesucristo!

---

[342] Oseas 4:8, (Nueva Biblia Latinoamericana).

[343] Richard Baxter. *¡Ay de aquellos que han de rendir cuentas por las almas!* (La Habra, California. Internet. Artículo Publicado en Encendiendo el Fuego: Diarios de Avivamiento, el 15/09/2019. Consultado el 13 de mayo del 2020, ¿? https://diariosdeavivamientos. wordpress.com/2019/09/15/ay-de-aquellos-que-han-de-rendir-cuentas-por-las-almas/?fbclid=IwAR1y4SCZFEH2XPNYw4Ump vxYl8leuQYd3QFnaBaaHZLdoHh2-0WscZ9JD_w

Capítulo Décimo:

VIDA DE LUJOS

"Codicia el impío la red de los malvados; más la raíz de los justos dará frutos."

Proverbios 12:12, (RV).

Un arma muy poderosa que parece favorecer a la *Doctrina de la Prosperidad*, y que por supuesto está apoyando las enseñanzas bíblicas que son contrarias a las supuestas revelaciones humanas, nos referimos a la *Historia de las Doctrinas*. Por ejemplo, cuando el fundador del Islamismo, Abulgasim Mohammad ibn Abdullah ibn abd al muttalib ibn Hashim, más conocido como Mahoma, se encontraba en una "caverna del monte *Hira*, al norte de la Meca, Mahoma dice haber tenido una visión en que le fue ordenado que predicase. Afirma haber tenido muchas otras revelaciones y visiones de ángeles y de arcángeles. Se dice que en *Hira* se le apareció el ángel Gabriel, el cual le dio a leer un manuscrito, y le dijo que él era el profeta enviado por Dios a los hombres".[344]

Con esas supuestas "revelaciones", Mahoma, al predicarlas, se volvió uno de los hombres más ricos de Arabia y sus seguidores aumentaron rápidamente y en abundancia a tal grado que el Islamismo de Mahoma "es la segunda religión del mundo en tamaño, con más de quinientos millones de adeptos".[345]

---

[344] J. Cabral. *Religiones, sectas y herejías*. Trd. Antonio Marosi. (Deerfield, Florida. Editorial Vida. 1992), 70

[345] J. Cabral. *Religiones, sectas y herejías*. Trd. Antonio Marosi.

A la muerte de Joseph Smith, el fundador de *Los Santos de los Últimos Días* – conocidos como los mormones -, el movimiento de dividió en varias ramas pero la mayoría siguió a Brigham Young que, sólo asistió dos meses a escuela, logró fundar una comunidad mormona en Utah y la ciudad de Salt Lake City . En 1850 fue nombrado "gobernador territorial". Con sus predicaciones y astucia, Young se enriqueció y como predicador de la poligamia: "Se cree que se casó 27 veces, y que dejó al morir 17 viudas y 57 hijos".[346] Una persona muy prolifera en este sentido; un sentido que está en contra de los pensamientos y deseos de Dios.

El movimiento de los Testigos de Jehová es otro ejemplo de los engaños que hombres y mujeres carismáticos, como los que ya se han mencionado en este libro, que predican las palabras – noten, las "palabras", no la doctrina – de la Biblia con un espíritu sensualista, materialista y por supuesto egoísta que, los ha separado de Dios y se han enfocado en un humanismo eclesiástico que ha estado causando estragos entre las iglesias cristianas.

Pues bien, la secta de los Testigos de Jehová "fue fundada por Carlos Tace Russell, quien fijó la Segunda Venida de Cristo, primero en el año 1984, y más tarde en 1914. En 1919 se fundó la revista *La Torre del Vigía*, que hoy es la revista en diversos idiomas…".[347] Aunque esta revista es distribuida gratuitamente, aun así:

(Deerfield, Florida. Editorial Vida. 1992), 72

[346] Gareth Jones y Georgine Palffy: Edisión Senior. *El libro de las religiones.* Tds. Monserrat Asensio Fernández y José Luis López Argón. (Malasia. Editorial Dorling Kindersley Limited. 2014), 307 y *Biografías y Vidas.* (La Habra, California. Internet. Consultado el 10 de febrero del 2020), ¿? https://www.biografiasyvidas.com/biografia/y/young_brigham.htm

[347] Samuel Vila. *Origen e historia de las denominaciones cristianas.* (Terrassa (Barcelona), España. Editorial CLIE. 1988), 108.

"La Wastchtower – que es la Cede Central de los Testigos de Jehová – se ha vuelto parte de la llamada 'Babilonia la grande', pues se ha vuelto tan poderosa como el Vaticano con sus riquezas y bienes raíces en todo el mundo. La Wastchtower ha sucumbido en la trampa del amor al dinero y de la codicia y se ha olvidado de que Jesús predicó en un ambiente de modestia y pobreza y no en un entorno de riqueza y comodidades inimaginables".[348]

De acuerdo a David Reed, un Ex Testigo de Jehová, en años pasados, "la sociedad obtuvo ganancias por más de 1, 248 millones de dólares, y esto, sin tomar en cuenta todas las propiedades mundiales que posee, como edificios de reunión, llamados 'Salones del Reino'; Granjas, Complejos fabriles, Transportes, Sucursales, etc."[349]

Robert Tilton.

Entre los predicadores de la *Doctrina de la Prosperidad* que han vivido o viven en la opulencia económica está Robert Tilton.

"Tilton recabó las donaciones lanzando una versión estrecha, bien engrasada del 'evangelio de la prosperidad Pentecostal'. Lo hizo a cambio de 'promesas' de 1,000 dólares cada una entre sus seguidores. Tilton prometió presionar a Dios para

---

[348] Conservero Osorio. *Los Testigos de Jehová y sus millonarios ingresos*. (La Habra, California. Internet. Consultado el 18 de marzo del 2020), 4.

[349] Conservero Osorio. *Los Testigos de Jehová y su avaricia descarada*. (La Habra, California. Internet. Consultado el 18 de marzo del 2020), 3.

que hiciera milagrosas mejoras de su salud y en las finanzas.

Según una investigación, él invirtió el 68 por ciento de su espacio en el aire pidiendo dinero. Tilton, decía: 'Si Jesucristo estuviera vivo hoy y andando alrededor de nosotros, él no querría ver que su pueblo estuviera conduciendo un Volkswagen y viviendo en apartamentos', explicaba Tilton, quien poseía un Jaguar o un Mercedes-Benz y quien, además, vivió una vida privada pródiga en grandes casas en San Diego, California y en Dallas, Texas".[350]

Jim Bakker.

En esta lista de los líderes de *La Teología de Fe* que les gustaba y les gusta vivir con lujos también se encuentran los nombres de Jim Bakker y su esposa Tammy Faye Bakker. A este televangelista le han llamado: "Jim Bakker: el predicador de la gran estafa".[351] A principios de 1960 tuvo su primer programa de Televisión junto a su esposa Tammy Faye Bakker y crearon un nuevo estilo de show televisivo con el que ganaron el corazón y los bolsillos de la audiencia (estilo sábado gigante). "En 1970 crearon el show televisivo PTL Club (Alabemos al Señor), fue

[350] Javier Rivas Martínez. *Falsos Maestros: Robert Tilton*. Publicado en: CRISTIANISMO VERDADERO: UN BLOG SINGULAR. (La Habra, California. Internet. Artículo publicado el jueves, 11 de septiembre de 2008. Consultado el día 29 de abril del 2020), ¿? https://ladoctrinadedios.blogspot.com/

[351] Celina Chatruc. *Jim Bakker: el predicador de la gran estafa*. (La Habra, California. Internet. Artículo publicado en el Página: La Nación, el 7 de agosto del 2006. Consultado el 5 de mayo del 2020), ¿? https://www.lanacion.com.ar/el-mundo/jim-bakker-el-predicador-de-la-gran-estafa-nid829610

un éxito y gracias a él fundaron su propia cadena de tv: PTL Network."[352]

"Los exorbitantes gastos de la pareja, que en poco tiempo acumuló autos de lujo y mansiones, comenzaron a despertar sospechas. Pero sólo en 1987 salieron a la luz sus oscuros manejos del dinero, luego de que se reveló que Bakker había pagado 265.000 dólares a una ex secretaria, Jessica Hahn, para mantener en secreto las relaciones sexuales que había mantenido con ella".[353] En ese mismo año 1980, "habían creado un parque temático en el que se calcula que los aportes semanales eran de un millón de dólares por semana".[354]

María Luisa Piraquive.

Cuando volteamos los ojos hacia Sudamérica vemos a una iglesia prospera que se mueve entre los colombianos. Es una iglesia que es pastoreada por la profeta y apóstol María Luisa Piraquive. Una de las preguntas que los colombianos se hacen

---

[352] César Ángelo. *Prosperidad / Un Estudio Bíblico sobre la falsa doctrina de la prosperidad /Texto y Video.* (La Habra, California. Internet. Consultado el 1 de abril del año 2020), 1¿hhttps://contralobosblogcristiano.wordpress.com/2016/08/01/prosperidad-un-estudio-biblico-sobre-la-falsa-doctrina-de-la-prosperidad-por-cesar-angelo-texto-y-video/

[353] Celina Chatruc. *Jim Bakker: el predicador de la gran estafa.* (La Habra, California. Internet. Artículo publicado en el Página: La Nación, el 7 de agosto del 2006. Consultado el 5 de mayo del 2020), ¿? https://www.lanacion.com.ar/el-mundo/jim-bakker-el-predicador-de-la-gran-estafa-nid829610

[354] César Ángelo. *Prosperidad / Un Estudio Bíblico sobre la falsa doctrina de la prosperidad /Texto y Video.* (La Habra, California. Internet. Consultado el 1 de abril del año 2020), 1¿hhttps://contralobosblogcristiano.wordpress.com/2016/08/01/prosperidad-un-estudio-biblico-sobre-la-falsa-doctrina-de-la-prosperidad-por-cesar-angelo-texto-y-video/

en estos días es: ¿De dónde sacó la Pastora María Luisa el dinero para comprar y donar las propiedades que tienen ella y sus hijas y el hijo en Estados Unidos?

No cabe duda que el ministerio de la señora María Luisa es una maravilla del trabajo ministerial. Pero, ¿qué se ha descubierto en el ministerio de la señora María Luisa? Las investigaciones han dado a luz fraudes y engaños; lavado de dinero y predicas engañosas. Su enriquecimiento es asombroso, tiene una mansión en Miami, le regalo a sus hijas una mansión a cada una con valores que sobrepasan el millón de dólares cada una. A su hijo, como es gay, le regaló un apartamento en la Florida y una casa que vendió en menos de un millón de dólares.[355]

Doris Bohorquez, ex miembro de la iglesia de la señora María Luisa y que trabajó en la administración de los dineros de los diezmos y las ofrendas, dice que lo que hace esta señora es un "abuso de la fe". Nada nuevo de lo que hemos estado diciendo en este libro.[356] Esta es la especialidad de los líderes de la *Doctrina de la Prosperidad*; usar la fe sencilla para enriquecerse y, después, nadie sabe qué pasa con el dinero ofrendado o diezmado.

Benny Hinn.

Benny Hinn no se queda para nada rezagado en vivir una vida de lujos; también a él le gustan los mejores hoteles, las mejores comidas y las mansiones. Pero también le gusta viajar

[355] Univisión. *Los Magnates de Dios.* (La Habra, California. Youtube. Video visto el 1 de mayo del 2020), ¿? https://video.search. yahoo.com/yhs/search?fr=yhs-pty-pty_maps&hsimp=yhs-pty_maps&hspart=pty&p=video+los+magnates+de+dios#id=

[356] Univisión. *Los Magnates de Dios.* (La Habra, California. Youtube. Video visto el 1 de mayo del 2020), ¿? https://video.search. yahoo.com/yhs/search?fr=yhs-pty-pty_maps&hsimp=yhs-pty_maps&hspart=pty&p=video+los+magnates+de+dios#id=

cómodamente: "Una vez pidió ofrendas de 1.000 dólares para comprar su jet privado, el cual se llama 'Paloma 1' (¿Estaba pensando que después vendrían las 'Palomas 2 y 3 o tal vez hasta la 4?), porque tenía que llevar el evangelio a todo el mundo".[357]

Podemos nombrar muchas más cosas de este lobo supuestamente siervo de Dios y ungido por el Espíritu Santo, pero ya hemos hablado suficiente de él como para darnos cuenta que sus enseñanzas no son bíblicas aunque usa la Biblia para apoyar sus heréticas predicas y enseñanzas. ¡Son engaños!

Como a algunos de nosotros a Benny Hinn también le gusta vivir cómodamente y por ello usa los donativos u ofrendas o diezmos para viajar, comer y dormir bien. El sobrino de Benny Hinn, Costi Hinn, relata parte de la "vida ministerial" que llevaba al lado de su tío. Parte de su testimonio dice:

> "Hace casi 15 años, en una costa afuera de Atenas, Grecia, me sentía completamente confiado en mi relación con el Señor y mi trayectoria ministerial. Viajaba por el mundo en un jet privado de Gulfstream haciendo el ministerio del "evangelio" y disfrutando de cada lujo que el dinero podía comprar. Después de un vuelo cómodo y mi comida favorita (lasaña) hecha por nuestro chef personal, nos preparamos para un viaje ministerial descansando en el Grand Resort: Lagonissi. Con mi propia villa con vista al mar, con piscina privada y más de 2.000 pies cuadrados de espacio habitable, me encaramé en las rocas sobre el borde del agua y me regocijé en

---

[357] César Ángelo. *Prosperidad / Un Estudio Bíblico sobre la falsa doctrina de la prosperidad /Texto y Video*. (La Habra, California. Internet. Consultado el 1 de abril del año 2020), 1¿hhttps://contralobosblogcristiano.wordpress.com/2016/08/01/prosperidad-un-estudio-biblico-sobre-la-falsa-doctrina-de-la-prosperidad-por-cesar-angelo-texto-y-video/

la vida que estaba viviendo. Después de todo, yo estaba sirviendo a Jesucristo y viviendo la vida abundante que él prometió".[358]

A mediados del año 2018, en un escrito se dijo que:

"Hinn también afirma que él no tiene ni cuarenta millones de dólares, y que "si los tuviera serían para el Reino"; ni viaja en avión privado, y llega a afirmar que muchos "no se creerían" en el tipo de hoteles en los que se aloja durante sus viajes. Esas palabras contrastan con las informaciones que cifran la riqueza de Hinn en 42 millones de dólares, las fotografías que circulan sobre sus distintas mansiones y las sospechas que han llevado a las autoridades estadounidenses a realizar diversas investigaciones sobre la honestidad de su ministerio".[359]

El testimonio de su sobrino Costi Hinn confirma la opulencia en la que se mueve Benny Hinn. En base a su testimonio, sabemos que:

---

[358] Costi Hinn. *SOBRINO DE BENNY HINN CUENTA LA VERDAD.* (La Habra, California. Internet. Consultado el 1 de abril del año 2020), 1 https://evangelioreal.com/2017/09/27/sobrino-de-benny-hinn-cuenta-la-verdad/. Costi Hinn es pastor ejecutivo en la Iglesia Bíblica de la Misión en el Condado de Orange, California.

[359] Protestante Digital. *Benny Hinn reniega (un poco) de la Prosperidad. El telepredicador dice ahora que el evangelio de la prosperidad no es tener abundancia sino, realmente, no tener carencias.* (La Habra, California. Internet. Artículo publicado el 18 de Junio de 2018. Consultado el 14 de mayo del 2020), ¿? https://www.evangelicodigital.com/eeuu/1034/benny-hinn-reniega-un-poco-de-la-prosperidad

"El ministerio de Benny Hinn siempre ha estado sujeto a fuerte crítica. El pasado septiembre fue uno de los propios sobrinos de Benny Hinn, Costi Hinn, actualmente pastor en una iglesia de California, el que denunció los excesos de la vida de su familia a través de la revista *Christianity Today*. Con sus propias palabras definía a los Hinn como una mezcla 'de familia real y mafia en la cual 'Jesucristo era más un genio mágico que el Rey de Reyes'.

Hoteles de lujo, viajes en jet privado, mansiones por vivienda, o grandes y lujosos vehículos formaban parte del día a día de una juventud ligada al 'ministerio' de su tío".[360]

John Avanzini.

Otro de los que viven bien; que son ricos a costa de los pobres que son engañados y que dan sus dineros y cosas materiales, es el Doctor John Avanzini. Este predicador nació 21 de mayo de 1936 en Paramaribo, Suriname, Sudamérica. Es un televangelista Americano y predicador de "*Word of Faith*" (Palabra de Fe). También es maestro de Biblia y predicador de la Doctrina de la Prosperidad.

Avanzini, "reconstruye a Cristo como si fuera una imagen de su propia persona reflejada en un espejo, con ropas caras de famosos diseñadores, con una gran mansión, y un equipo de trabajo rico y bien pagado. Pensar de otra manera, indica

---

[360] Protestante Digital. *Benny Hinn reniega (un poco) de la Prosperidad. El telepredicador dice ahora que el evangelio de la prosperidad no es tener abundancia sino, realmente, no tener carencias.* (La Habra, California. Internet. Artículo publicado el 18 de Junio de 2018. Consultado el 14 de mayo del 2020), ¿? https://www.evangelicodigital.com/eeuu/1034/benny-hinn-reniega-un-poco-de-la-prosperidad

Aavanzini, sería como despreciar la cosecha de la prosperidad que Dios quiere que recojamos".[361]

A.- *¿Qué pasó con la fe bíblica?*

Ejemplos como estos se pueden citar más para probar que el "mercado" del Evangelio de Jesucristo es amplio y variado y que cada "mercader" saca provecho del indocto e ignorante de las Sagradas Escrituras. Cuando se trató el tema de los predicadores de la Doctrina de la Prosperidad notamos este fenómeno con más claridad. Es decir que: "En palabras del cantautor canadiense Bruce Cockburn, nuestros profetas modernos nos han ofrecido: Algo a cambio de nada, nuevas lámparas por viejas, Y las calles serán de platino, o de oro, no importa.

Pero como sigue diciendo Cockburn: "Bien, pásalo. Por la fe en un lugar erróneo y el hombre de caramelo se acabó. ... Los dioses seculares no han liberado a nadie. Cuando los dioses de una cultura fracasan, es un buen momento para una seria reconciliación de nuestra visión del mundo".[362]

Al contextualizar las palabras de Bruce Cockburn, notamos que el o los dioses de la *Doctrina de la Prosperidad* han fracasado – claro, han fracasado para el auditorio, no para los exponentes o liderazgo del *Movimiento de la Doctrina de la prosperidad*; ellos sí han prosperado -.[363] ¿Será acaso que ellos fueron los únicos de todos los seguidores que sí tuvieron fe? ¿Por qué solo en ellos la fórmula $P = S + F$ (*Prosperidad es*

---

[361] Hank Hanegraaff. *Cristianismo en crisis.* (USA. Harvest Hause Publishing), 33-34

[362] Darrell L. Bock. *Comentarios Bíblicos con Aplicación: Lucas. Del Texto bíblico a una aplicación contemporánea.* (Miami, Florida. Editorial Vida. 2011). 128-129.

[363] Por ejemplo, los lujos de Benny Him.

igual a Semilla más Fe) funcionó? Existe un dicho popular que dice: "Nos han dado atole con el dedo".[364] Esto es lo que los predicadores de esta doctrina han hecho con la humanidad y, en especial con los cristianos.

Los líderes de la *Doctrina de la Prosperidad* se pueden comparar con los grandes ejecutivos a nivel mundial a los cuales solo les interesa el aumento de su cuenta bancaría; el capital monetario, para ellos, es superior a los sentimientos, necesidades, dolores, preocupaciones y angustias de los seres humanos.

Consideremos algunos ejemplos.

> "El reportero Bob Herber visitó una fábrica en El Salvador que hace chaquetas para la marca de ropa *Liz Claiborne*. Las chaquetas se venden a 178 dólares cada una en los Estados Unidos; los trabajadores que las hacen ganan 77 centavos por chaqueta, o 56 centavos la hora. Una trabajadora entrevistada después de una jornada de 12 horas declaró ser incapaz de alimentarse adecuadamente a sí misma y a su hija de tres años. Su hija bebe café porque no pueden costease la leche; ambas, madre e hija, padecen desvanecimientos".[365]

Si la marca Liz Claiborne adquiere capital que importa como vivan o lo que coman las personas: El amar al prójimo sale sobrando. Cabe preguntarnos si Hagin, Tilton, Hinn y los demás de la misma corriente teológica aman al prójimo que les predican.

---

[364] Dicho por los abuelitos y abuelitas.

[365] William T. Cavanaugh. *Ser consumidos: Economía y deseo en clave cristiana*. Trd. Agustín Moreno Bravo y José María Bravo Domínguez. (Granada, España. Editorial Nuevo Inicio. 2011), 57.

"La estrella de hip-hop P. Diddy lanzó su marca *'Sean John'* de ropa de diseño con el eslogan: *'No es solo una marca, es un estilo de vida'*. De los cuarenta dólares o más que los consumidores estadounidenses pagan por una camisa *Sean John*, las mujeres que las fabrican, de cabo a rabo, ganan quince centavos. Lydda González es un joven hondureña que trabajó cosiendo ropa en *Southeast Textiles*, una fábrica situada en Honduras y que trabaja para *Sean John. Old Navy, Polo Sport* y otra marcas famosas.... Entró a trabajar a esa fábrica pensando que sacaría a la familia de la pobreza. Con lo que se encontró... fue con lo siguiente: unos sueldos de miseria, turnos de doce horas seis días a la semana, y horas extraordinarias de trabajo obligatorio no remunerado".[366]

Esta misma fábrica en China tiene mejores ganancia que en Honduras, pues allí pagan a 33 centavos la hora y hasta sueldos más bajos como a doce centavos la hora.[367] Pero aún existe algo más trágico en este mercadeo pues: "Los trabajadores que hacen los libros para niños de Disney en las fábricas *Nord Race* de la provincia de *Guangdong*, ... tienen que trabajar entre doce y quince horas al día, siete días a la semana, y ganan solamente 33 centavos por hora en unas condiciones abusivas".[368] ¿Por qué

[366] William T. Cavanaugh. *Ser consumidos: Economía y deseo en clave cristiana*. Trd. Agustín Moreno Bravo y José María Bravo Domínguez. (Granada, España. Editorial Nuevo Inicio. 2011), 72-73

[367] William T. Cavanaugh. *Ser consumidos: Economía y deseo en clave cristiana*. Trd. Agustín Moreno Bravo y José María Bravo Domínguez. (Granada, España. Editorial Nuevo Inicio. 2011), 73

[368] William T. Cavanaugh. *Ser consumidos: Economía y deseo en clave cristiana*. Trd. Agustín Moreno Bravo y José María Bravo Domínguez. (Granada, España. Editorial Nuevo Inicio. 2011), 73-74

es más trágico? Porque la mayoría de los trabajadores en estas fábricas son menores de edad. A ellos no les interesa la vida o la manera cómo viven esas familias, a ellos les interesa su capital. ¿Suena como que estamos hablando de los predicadores de la *Teología de la Fe*? Nos parece que sí. Ellos explotan hasta las piedras si es posible. ¡A ellas también les sacan sangre! Si es posible.

Es decir que, a la luz de los ejemplos anteriores, nos volvemos a preguntar: ¿Existe alguna relación de esos empresarios con los predicadores de la *Doctrina de la Prosperidad*? ¡Claro que sí! A ellos les podemos ver en sus lujosos automóviles, sus mansiones, sus mesas ricas en alimentos, sus elegantes trajes de vestir y más cosas de lujo como las joyas (Anillos, cadenas y cruces colgando de sus cuellos). Mientras que, los que les dieron sus ahorros llegan caminando a los cultos, algunos no comieron bien porque no les alcanzó su dinero más que para una torta o unos tacos porque tienen que dar sus ofrendas a los predicadores.

Así que es tiempo, ahora que los dioses de la *Doctrina de la Prosperidad* están fracasando,..... para una seria reconciliación, no de nuestra visión del mundo, sino de lo que dice la Biblia acerca de esta Doctrina que solo ha hecho prosperar a los predicadores de este movimiento mientras que los oyentes y contribuyentes cada día son más pobres en lo material y mucho más en lo espiritual. Pues, ya sabemos que: "Ser abandonados a nuestros propios planes, amputados de Dios, es estar perdidos en el pecado"[369] aunque hayamos dado miles de dólares a los líderes de la *Doctrina de la Prosperidad*.

El dinero no salva. Johnny Cox era dueño de una funeraria. Bill Rice es un evangelista. En cierta ocasión Bill estuvo

---

[369] William T. Cavanaugh. *Ser consumidos: Economía y deseo en clave cristiana*. Trd. Agustín Moreno Bravo y José María Bravo Domínguez. (Granada, España. Editorial Nuevo Inicio. 2011), 37.

predicando en la iglesia donde Johnny era miembro. Johnny invitó a comer al evangelista a su casa, Después de la comida le mostró como se embalsamaban los cadáveres. Después Johnny le mostró a Bill un ropero lleno de ropa; era la ropa que usaban para vestir los cadáveres. Del ropero sacó uno de los trajes para caballero. Era hecho de tela fina pero no tenía bolsas.

"- Mira, lindo traje ¿no? - le dijo Johnny a Bill – Como ves, no tiene bolsillos. Por supuesto, los muertos no necesitan bolsillos. .. El dicho: 'No te lo puedes llevar contigo' es muy cierto. El muerto no se lleva nada… ¿para qué ponerle bolsillos al traje?

-Bill reflexionó - sobre el finado John D. Rockefeller, un estadounidense millonario. Ya fallecido, alguien hizo la pregunta: '¿Cuánto dinero dejó él?' Y la respuesta fue: 'Por supuesto, lo dejó todo'."[370]

"Nada nos llevaremos". Esa es una verdad indiscutible. Por supuesto que estamos hablando de las cosas materiales, pues los secretos y los pensamientos no expresados esos sí nos los llevamos a la tumba y, más allá de la tumba nos llevamos la vida eterna, ya sea para estar con Dios por toda la eternidad o para estar fuera de El en un lugar que la Biblia llama Lago de fuego.

La Biblia dice que: "… la muerte y el Hades fueron lanzados al lago de fuego. Esta es la muerte segunda. Y el que no se halló inscrito en el libro de la vida fue lanzado al lago de fuego".[371]

---

[370] Duane Nisly; Editor. *Un ataúd para los vivos*. (Costa Rica, C. A. Revista bimestral: La Antorcha de la Verdad. Publicaciones La Merced. Noviembre-Diciembre, 2019. Volumen 33. Número 6), 15; La historia completa se encuentra en las páginas 1-22.

[371] Apocalipsis 20:14-15 Reina-Valera 1960 (RVR1960).

Es decir que, sí nos llevaremos algo al otro lugar; a un lugar escatológico. Pero en el tema materialista, alguien dijo: "Nada traes y nada te llevas. Procura andar en la vida con humildad".[372] Cuando escuchamos o vemos a los predicadores de la *Doctrina de la Prosperidad* lo que menos se nota en ellos es la humildad; son tan orgullosos en sus declaraciones sobre la fe y el supuesto rendimiento económico de la fe (mercantilismo) que, la humildad queda en la oscuridad de sus presentaciones doctrinales. Se olvidan que la humildad no es ser pobre materialmente, sino que la humildad viene del corazón agradecido por todas las bondades recibidas de parte de Dios.

Hank Hanegraaff hace la siguiente recomendación: "Mis amigos, lo que vale es su estado de cuentas en el *cielo*. Si su esperanza se afianza solamente en lo que usted tiene aquí, está usted en bancarrota, no importan cuanto dígitos aparezcan asociados a su nombre".[373] El apóstol Pablo dijo: "Porque para mí el vivir es Cristo, y el morir es ganancia".[374] Joel Molina dijo en una de sus conferencias motivacionales lo siguiente: "No importa si tiene estilo o fama o dinero, Si no tienes un buen corazón y humildad, No vales nada".[375]

Esta manera de pensar de Joel Molina no es muy grata para los líderes de la *Doctrina de la Prosperidad*, para ellos esto es falta de fe. Es como uno de ellos dijo: *"mediocridad"*. Este tipo de liderazgo ha creado lo que se puede llamar: *La Creación Organizada de la Insatisfacción*. ¿Cómo trabaja esta creación? Como su nombre lo dice, nunca se está satisfecho.

---

[372] *Reflexión del día*. (La Habra, California. Facebook. Consultado el 28 de marzo del 2020).

[373] Hank Hanegraaff. *Cristianismo en crisis*. (USA. Harvest Hause Publishing), 248.

[374] Filipenses 3:21, (RV, 1960).

[375] Joel Molina. *Taller de Crecimiento.* Facebook. Conferencia del 5 de marzo del 2020). ¿?

Si manipulando la fe se puede lograr obtener una ofrenda de $30,000 (treinta mil dólares), en el siguiente se debe obtener $50,000 o, en su lugar, como ya lo hemos mencionado, pedir una ofrenda de 2.5 millones de dólares como la hizo Benny Hinn. Después se pedirá otra de cinco millones. ¿Por qué no hacerlo? Si la gente da, ¡hay que seguir manipulándola para que dé! ¡Nunca hay un: "Ya es suficiente"!, como cuando Moisés pidió una ofrenda al pueblo, la Biblia dice:

> "El Señor habló con Moisés y le dijo: 'Ordénales a los israelitas que me traigan una ofrenda. La deben presentar todos los que sientan deseos de traérmela. Como ofrenda se les aceptará lo siguiente: oro, plata, bronce, lana teñida de púrpura, carmesí y escarlata; lino fino, pelo de cabra, pieles de carnero teñidas de rojo, pieles de delfín, madera de acacia, aceite para las lámparas, especias para aromatizar el aceite de la unción y el incienso, y piedras de ónice y otras piedras preciosas para adornar el efod y el pectoral del sacerdote. Después me harán un santuario, para que yo habite entre ustedes. El santuario y todo su mobiliario deberán ser una réplica exacta del modelo que yo te mostraré".... 'Así, pues, Bezalel y Aholiab llevarán a cabo los trabajos para el servicio del santuario, tal y como el Señor lo ha ordenado, junto con todos los que tengan ese mismo espíritu artístico, y a quienes el Señor haya dado pericia y habilidad para realizar toda la obra del servicio del santuario'.

> Moisés llamó a Bezalel y a Aholiab, y a todos los que tenían el mismo espíritu artístico, y a quienes el Señor había dado pericia y habilidad y se sentían movidos a venir y hacer el trabajo,

y les entregó todas las ofrendas que los israelitas habían llevado para realizar la obra del servicio del santuario. Pero, como día tras día el pueblo seguía llevando ofrendas voluntarias, todos los artesanos y expertos que estaban ocupados en la obra del santuario suspendieron su trabajo para ir a decirle a Moisés: 'La gente está trayendo más de lo que se necesita para llevar a cabo la obra que el Señor mandó hacer'.

Entonces Moisés ordenó que corriera la voz por todo el campamento: '¡Que nadie, ni hombre ni mujer, haga más labores ni traiga más ofrendas para el santuario!' De ese modo los israelitas dejaron de llevar más ofrendas, pues lo que ya habían hecho era más que suficiente para llevar a cabo toda la obra".[376]

Este largo relato bíblico enfatiza, primero, una ofrenda voluntaria, ya de antemano entonces, se nota que no fue ninguna manipulación de la fe del pueblo. ¡Dios nunca manipula a nadie!

Segundo: Este relato bíblico, también muestra que cuando ya no eran necesarias más ofrendas, entonces se le ordenó al pueblo que ya no ofrendara. Por supuesto que esto no sucedería con los líderes de la *Doctrina de la Prosperidad*, ellos proclamarían un: ¡Gloria a Dios!, ¡sigan recibiendo promesas de Dios de una multiplicación de lo que están dando! ¡No paren! ¡Sigan ofrendando! ¡Ah, la insatisfacción moderna! "¿Cómo podemos estar satisfechos con una maquinilla de solo dos hojas cuando la que se hace hoy tiene cinco? ¿Cómo podemos estar satisfechos con un iPod que descarga doscientas canciones cuando otra persona tiene uno que descarga mil?"[377] ¿Cómo puede un líder

---

[376] Éxodo 25:1-9; 36:1-7, (NVI).

[377] William T. Cavanaugh. *Ser consumidos: Economía y deseo en*

de la *Doctrina de la Prosperidad* manejar un Cadillac cuando otros manejas Rolls-Royce? ¿Cómo ir a comer a Norms cuando hay otros restaurantes más lujos? ¡La insatisfacción no tiene límites! Lo mismo sucede con los predicadores de la *Doctrina de la Prosperidad*; ¡no tienen límites económicos!

Los líderes del *Programa Evangelio Real*: Enseñanzas bíblicas y de sana doctrina para todo el mundo, han dicho que: "Los pastores de la 'prosperidad' pecan del mismo mal que los políticos socialistas. Tanto los pastores de la prosperidad como los socialistas piensan que la riqueza se crea sencillamente 'decretándola'."[378] Se engañan a sí mismos y así mismo engañan al pueblo.

En fin, nada material nos llevaremos más allá de la tumba. Pero, no se trata de que si llevamos o dejamos cuando nos morimos, sino que éste libro trata de la manipulación de la fe hecha por el liderazgo de la *Doctrina de la Prosperidad* para conseguir que los oyentes de sus mensajes saquen sus ahorros y se los den como un acto de fe; una fe con interés económico remunerativo de una manera multiplicada.

La siguiente historia no es sobre la *Doctrina de la Prosperidad* pero si ilustra lo que el liderazgo de esta Doctrina ha estado haciendo dentro del Cristianismo Evangélico.

El pastor de la Iglesia Cristiana de nombre: *Enstime Church Of Nation*, en Ghana, África, en uno de los cultos les pidió a la congregación un acto de fe. Medio desnudo se metió en un barril de color azul para bañarse. Mientras permanecía dentro del barril, en un vaso de plástico de color rojo tomó del agua

---

clave cristiana. Trd. Agustín Moreno Bravo y José María Bravo Domínguez. (Granada, España. Editorial Nuevo Inicio. 2011), 80.

[378] Evangelio Real: Enseñanzas bíblicas y de sana doctrina para todo el mundo. *LOS PASTORES DE LA PROSPERIDAD SON PARÁSITOS.* (La Habra, California. Internet. Artículo publicado el 23 de abril del año 2019. Consultado el 1 de abril del año 2020), 1 https://evangelioreal. com/2019/04/23/los-pastores-de-la-prosperidad-son-parasitos/

con la que se había bañado y les dio a beber a la congregación. Supuestamente, por el hecho de haberse bañado en ese barril, el agua se convirtió en bendita. Todo este acto de fe congregacional fue captado en video. A esto le llamamos: ¡Un supra engaño! Y, lo más triste y lamentable de esta situación es que los fieles creyentes estuvieron tomando de esa agua.

"Este video que se difundió rápidamente en las redes sociales ha causado indignación, pues para algunos pone en evidencia la manipulación de la fe para dominar la voluntad de las personas".[379] Para otros es algo aberrante y una burla a la fe bíblica y a la Iglesia de Jesucristo.

¿No es esto lo que hacen los líderes de la *Doctrina de la Prosperidad*? ¡Por supuesto que sí! Es una manipulación de la fe igual como la que hizo una pastora mientras hablaba de las ofrendas y los diezmos. El corresponsal de AMFM: Noticias, Miguel Ángel Valencia González dijo que a propósito de la pandemia que está enfermando y matando a las personas,[380] esta vez una pastora a través de redes sociales hizo un video algo controversial, pues básicamente dijo que los favores en el cielo se compran con dinero.

La Pastora dijo que: "Allá en el cielo hay una cuenta que nos van llevando, un libro que Dios nos va llevando con cada ofrenda que nosotros damos. Así que yo te invito a que no hagas depósitos solamente aquí en la tierra, que no solamente hagas depósitos en el banco, la cuenta de ahorros, el CDT o la fiducia… te invito a que abras una cuenta celestial".[381]

---

[379] Miguel Ángel Valencia González: corresponsal de AMFM: Noticias. *¿Acto de fe o fanatismo?* (La Habra, California. Internet. Consultado. Artículo: Estilo de Vida. Publicado el 20 de diciembre del 2019), ¿? www.lafm.com.co

[380] La pandemia del coronavirus. Año 2020.

[381] Miguel Ángel Valencia González: corresponsal de AMFM: Noticias. *Pastora asegura que los favores en el cielo se compran con plata.* (La Habra, California. Internet. Consultado el 26

En el video, la pastora, dijo que las personas que hagan depósitos en esa 'cuenta' multiplicarán todo lo que tienen y aseguró que Dios "nunca nos va a robar ni nos va a faltar absolutamente nada".[382] ¿Estarán robando los líderes de la *Doctrina de la Prosperidad*? Aunque esto es posible, sin embargo, creemos que la pastora se refiere a los banqueros o a los que roban los bancos.

Aunque creemos en la ayuda económica para la Obra del Reino de Jesucristo, también debemos ver el otro lado de la moneda. Es decir que debemos entender que: "Dios no exige resultados – como para llevar un libro en el que está anotando lo que ofrendamos o diezmamos o, anota cuanto es lo que ofrendamos, lo que Dios "exige es obediencia y acción. Espera que seamos fieles. Cuando el ángel del Señor se le apareció a Gedeón, llegó con este solemne encargo: 'Ve con esta tu fuerza y salvarás a Israel'."[383] El ángel no le dijo a Gedeón que depositara una buena ofrenda para que Dios le bendijera y le ayudara en la tarea de salvar a la nación de Israel. Dios no le dijo que ofrendando abundantemente podría aumentar su fe y así liberar a Israel. El Señor le pidió a Gedeón que usara su fuerza para el quehacer liberador que se le estaba indicando. Gedeón quedó confundido. Ese ángel no sabía aparentemente a quien le estaba hablando. Gedeón era el más joven de su familia, de una de las pequeñas familias de una pequeña tribu entre las tribus de la nación de Israel.

---

de marzo del 2020), ¿? https://www.lafm.com.co/colombia/pastora-asegura-que-los-favores-en-el-cielo-se-compran-con-plata

[382] Miguel Ángel Valencia González: corresponsal de AMFM: Noticias. *Pastora asegura que los favores en el cielo se compran con plata*. (La Habra, California. Internet. Consultado el 26 de marzo del 2020), ¿? https://www.lafm.com.co/colombia/pastora-asegura-que-los-favores-en-el-cielo-se-compran-con-plata

[383] Jueces 6:14.

Las palabras del Señor despertaron en la mente de Gedeón la fe en Dios; es decir, le creyó a Dios y, entonces, la narrativa bíblica dice que:

"El Señor lo encaró y le dijo:

—Ve con la fuerza que tienes, y salvarás a Israel del poder de Madián. Yo soy quien te envía.

—Pero, señor —objetó Gedeón—, ¿cómo voy a salvar a Israel? Mi clan es el más débil de la tribu de Manasés, y yo soy el más insignificante de mi familia.

El Señor respondió:

—Tú derrotarás a los madianitas como si fueran un solo hombre, porque yo estaré contigo.

—Si me he ganado tu favor, dame una señal de que en realidad eres tú quien habla conmigo —respondió Gedeón—. Te ruego que no te vayas hasta que yo vuelva y traiga mi ofrenda y la ponga ante ti.

—Esperaré hasta que vuelvas —le dijo el Señor.

Gedeón se fue a preparar un cabrito; además, con una medida[a] de harina hizo panes sin levadura. Luego puso la carne en una canasta y el caldo en una olla, y los llevó y se los ofreció al ángel bajo la encina.

El ángel de Dios le dijo:

—Toma la carne y el pan sin levadura, y ponlos sobre esta roca; y derrama el caldo.

Y así lo hizo Gedeón. Entonces, con la punta del bastón que llevaba en la mano, el ángel del Señor tocó la carne y el pan sin levadura, ¡y de la roca salió fuego, que consumió la carne y el pan! Luego el ángel del Señor desapareció de su vista".[384]

De acuerdo al pasaje leído, Dios invitó a Gedeón a trabajar en su Obra liberadora, no lo invitó a que diera una ofrenda para aumentar su fe. El texto dice que Gedeón le dio una ofrenda no para aumentar su fe sino en adoración a Dios. Notemos que en ninguna manera Dios manipuló la fe de Gedeón, más se la despertó aunque, si notamos bien el texto bíblico, notamos que Gedeón, en lugar de fe, tenía resentimiento con Dios. Notemos sus palabras de una persona resentida:

> "Cuando el ángel del Señor se le apareció a Gedeón, le dijo:
>
> — ¡El Señor está contigo, guerrero valiente!
>
> —Pero, señor —replicó Gedeón—, si el Señor está con nosotros, ¿cómo es que nos sucede todo esto? ¿Dónde están todas las maravillas que nos contaban nuestros padres, cuando decían: "¡El Señor nos sacó de Egipto!"? ¡La verdad es que el Señor nos ha desamparado y nos ha entregado en manos de Madián!"[385]

¡En ninguna manera Dios manipuló su fe! Otra vez, decimos y lo confirmamos: ¡Dios no manipula a nadie!

---

[384] Jueces 6:14-21, (NVI).

[385] Jueces 6:12-13, (NVI).

B.- ¿Manipulación de la fe?

¡Sí! Esto es lo que hemos estado diciendo en este libro. El testimonio de Thomas Oden, un profesor de una escuela teológica estadounidense también muestra la manipulación de la fe, aunque en otro aspecto que llega a ser una blasfemia sobre la Obra Redentora de Jesucristo en la cruz. Hacemos notar este testimonio porque los líderes de la *Doctrina de la Prosperidad*, como ya lo hemos hecho notar en páginas anteriores, son especialistas en blasfemar la Obra Salvífica y Santificadora de Jesucristo y la manera como trabaja el Espíritu Santo.

El profesor Oden fue a un servicio de Santa Cena un jueves en su escuela. Lo que notó de inmediato fue que en dicho culto se le estaba rindiendo adoración a la diosa de la sabiduría. "El primer himno,… entonaba alabanzas a la diosa Sofía, que ordena lo que Dios quiere hacer. 'Ella es la maestra que estimamos, y el tema de nuestra vida'."[386]

El culto continúo. No hubo un texto bíblico para el sermón sino el relato de la experiencia de la predicadora y algunos textos de los libros apócrifos, en especial aquellos que exaltan a la sabiduría. "Entonces, increíblemente, ese ministro igualó el yugo del discipulado con el sexo sadista y masoquista".[387] Al final del culto se invitó a la congregación a participar de la Santa Cena pero no en el nombre de Jesucristo sino en el nombre de Sofía.

Lo anterior es una desviación muy conveniente y otro ejemplo de que con cierto carisma se puede manipular la fe sencilla y bíblica para darle un tomo más contextual, aunque este

---

[386] John Hagee. *La era del engaño: Un enfoque que separa la verdad de la mentira en estos últimos tiempos.* (Nashville, TN. Editorial Caribe. 1997), 197.

[387] John Hagee. *La era del engaño: Un enfoque que separa la verdad de la mentira en estos últimos tiempos.* (Nashville, TN. Editorial Caribe. 1997), 197.

se salga de los parámetros bíblicos/teológicos que se enseñan en la Doctrina Cristiana Evangélica.

Esta manipulación de la fe con la adoración de la diosa Sofía ha llegado a los extremos hermenéuticos a tal grado que blasfemar los parámetros tradicionales de la Hermenéutica Evangélica es algo ya común. Por ejemplo, en la conferencia internacional ecuménica celebrada desde el día 4 al día 7 de noviembre de 1993, en la ciudad de Minneapolis, Minnesota, en la que "se reunieron miles de participantes de cincuenta estados, veintiocho países y docenas de denominaciones cristianas,... Jesucristo fue completamente difamado".[388]

En aquella reunión: "La teóloga Dolores William, hablando acerca de la expiación, declaró: 'No creo que necesitemos personas colgadas de cruces, sangre derramándose y cosas raras'. Una profesora de *William Patterson College* declaró que la cruz simbolizaba a Dios como un padre abusivo. Se dijo que la expiación era una doctrina salvaje que promueve la violencia en nuestras calles".[389]

En esa misma conferencia, cada uno sacó a relucir sus propios dioses. "Los participantes nombraron docenas de diosas: 'fuego de amor, aquella que es eterna, madre tierra, mujer espíritu, Yin y Yang'. Un delegado del Seminario Teológico Unión le presentó al conferencista a Kali, la diosa hindú, Quani, la diosa budista Enna, la diosa animista de las Filipinas".[390]

Pero no solo se vanagloriaron de presentar sus divinidades sino

---

[388] John Hagee. *La era del engaño: Un enfoque que separa la verdad de la mentira en estos últimos tiempos.* (Nashville, TN. Editorial Caribe. 1997), 198.

[389] John Hagee. La era del engaño: Un enfoque que separa la verdad de la mentira en estos últimos tiempos. (Nashville, TN. Editorial Caribe. 1997), 198.

[390] John Hagee. *La era del engaño: Un enfoque que separa la verdad de la mentira en estos últimos tiempos.* (Nashville, TN. Editorial Caribe. 1997), 198.

que, además, también se tomaron el tiempo para burlarse de las otras divinidades, entre ellas, Jesucristo. Por ejemplo, el mismo representante del Seminario Teológico Unión en tono de burla se expresó, diciéndole a la dama conferencista de la ocasión: "'Buda murió a los ochenta',.... 'Jesús a los treinta y tres, quizás este fue llamado muy joven como para entender'. Los participantes se rieron y gritaron su aprobación".[391] ¿Podríamos llamar a este acto una manipulación de la fe desde la cúspide teológica de nuestros tiempos? De esto no lo dudamos.

Ahora bien, ¿los predicadores de la *Doctrina de la Prosperidad* aprovechan estos eventos teológicos para seguir con sus principios de: "Siembra una semilla de fe"? ¡Por supuesto que sí! La manipulación de la fe es una *"plaga teológica maligna"* que, a similar de la pandemia del coronavirus que ha azotado a este mundo en este año 2020, ha enfermado y asesinado la sencilla fe salvífica, aquella de la que el apóstol Pablo les dijo a los hermanos de Éfeso con éstas palabras: "Porque por gracia ustedes han sido salvados mediante la fe; ***esto no procede de ustedes***, sino que es el regalo de Dios, ***no por obras, para que nadie se jacte"***.[392] Nada de lo que se haga para ganarse la salvación o para obtener ganancias materiales usando la fe como el arma económica o bancaria con la cual pueden tener los intereses o las multiplicaciones al *"Sembrar la Semilla de la fe"*.

¿Acaso no es esto una manipulación de la sencilla fe que narra el Nuevo Testamento? ¿Acaso no es estar predicando y enseñando la Doctrina de la fe fuera de la hermenéutica bíblica cristiana? ¡Claro que sí lo es! Entre la doctrina de estos abusivos, de estos ecuménicos y la *Doctrina de la Prosperidad* no hay

---

[391]   John Hagee. *La era del engaño: Un enfoque que separa la verdad de la mentira en estos últimos tiempos.* (Nashville, TN. Editorial Caribe. 1997), 198.

[392]   Efesios 2:8-9, (NVI). Las **bols** e *itálicas* son mías.

mucha diferencia; ambos son especialistas en manipular la fe para sus fines egoístas.

Los ecuménicos; adoradores de la diosa Sofía, para que sus teologías sean aceptadas sin un razonamiento hermenéutico bíblico presentan majestuosas conferencias teológicas/sociales para seguir manipulando la sencilla fe de la Escritura. ¿Y qué pasa con los líderes de la Iglesia de Jesucristo? ¡Se han dormido!

Los predicadores de la *Doctrina de la Prosperidad* no quintan el dedo del renglón señalando que Dios está a las órdenes de ellos y de todos los que siembren con fe, y que por eso, cuando se siembra la *Semilla de la Fe*, se le debe exigir a Dios que cumpla con su palabra; qué, a toda costa, de una respuesta favorable y multiplicada a la ofrenda de fe que se ha sembrado.

Y los otros, que debemos admitir, algunos de ellos son meros imitadores de los anteriores, ellos, también hacen esfuerzos humanos y humanistas, hacen también lavados de cerebros y, además, hacen trucos supuestamente espirituales en la mayoría de las veces con expresiones tales como: ¡Gloria a Dios! ¡El Señor es poderoso! ¡Aleluya, Dios está con nosotros! ¡Por el poder de Dios te sano! ¡Da a Dios con fe y él te lo multiplicará! ¡Dios, te ordeno que...! ¡Yo declaro! Todo este teatro lo hacen para explotar a los incautos y también a aquellos que están buscando emociones o fantasías que en las iglesias cristianas tradicionales no las pueden explotar o encontrar. ¡Están hambrientos de exhibicionismo humano!

El apóstol Pablo anticipó o mejor dicho, profetizó la venida o presencia de tales predicadores y oyentes dentro del cristianismo. Al joven pastor Timoteo, le advirtió, diciéndole: "Pero el Espíritu dice claramente que en los últimos tiempos algunos renegarán de la fe, siguiendo a espíritus engañadores y enseñanzas que vienen de los demonios. _ Ellos -, harán caso a gente hipócrita y mentirosa, cuya conciencia está marcada con el hierro de sus malas acciones".[393]

Ellos, podríamos decir, son los que ahora, al "renegar de la fe" que ha sido enseñada en la Doctrina Bíblica y también por la Iglesia Cristiana ortodoxa, ellos son los que, oh, se burlan de Dios y sus estrategias bíblicas, oh, manipulan la sencilla fe de los oyentes oh, se vuelven blasfemos al hacer sus propios esfuerzos para lograr sus objetivos monetarios. Una vez más, les recordamos que todo es por la gracia de Dios y nada que sea por obras con fines egoístas es del agrado de Dios.

Pues bien, a ellos; a los charlatanes emocionalitas, a los ecuménicos; adoradores de la diosa Sofía y, a los predicadores de la *Doctrina de la Prosperidad*, a todos ellos y a los otros televidentes y pastores locales que hacen que los oyentes vacíen sus cuentas bancarias para enriquecer a los llamados "*apóstoles*" o "*profetas*" o a los "*Ungidos de Jehová*", a ellos se les llegará el día cuando se tendrán que enfrentar con el Rey de reyes y Señor de señores y entonces, allí:

> "... el Rey dirá a los que estén a su izquierda: 'Apártense de mí, los que merecieron la condenación; váyanse al fuego eterno preparado para el diablo y sus ángeles. Pues tuve hambre, y ustedes no me dieron de comer; tuve sed, y no me dieron de beber; anduve como forastero, y no me dieron alojamiento; sin ropa, y no me la dieron; estuve enfermo, y en la cárcel, y no vinieron a visitarme' – *al contrario, les quitaron su comida, su agua, sus casas, sus ropas, sus bienes económicos* -.
>
> Entonces ellos le preguntarán: 'Señor, ¿cuándo te vimos con hambre o con sed, o como forastero,

---

[393] I Timoteo 4:1-2, (DHH).

o falto de ropa, o enfermo, o en la cárcel, y no te ayudamos?'

El Rey les contestará: 'Les aseguro que todo lo que no hicieron por una de estas personas más humildes, tampoco por mí lo hicieron'.

Esos irán al castigo eterno, y los justos a la vida eterna".[394]

Para nada es un final feliz. Todo lo que recibieron monetariamente o de bienes materiales, ¡de nada les servirá! Cuando el Señor Jesús dijo: "Les aseguro que todo lo que no hicieron por una de estas personas más humildes, tampoco por mí lo hicieron". Con estas palabras: "Una vez más resulta evidente que el amor a Dios no puede ser separado del amor a los demás".[395] Esta verdad es lo que dice el Segundo Gran Mandamiento: "Amarás a tu prójimo como a ti mismo".[396]

Este Segundo Gran Mandamiento es el deber con los seres humanos que Dios desea. Los predicadores de la Doctrina de la Prosperidad deben entender que la religión cristiana consiste en amar a Dios. Esto también lo notamos en la *Historia de las Religiones*, los adoradores de cualquiera de ellas han iniciado sus prácticas amando a su dios.

Entonces, cuando creemos y aceptamos el Segundo Gran mandamiento: "Nuestro amor a Dios debe desembocar en el amor hacia nuestros semejantes. Pero debe notarse el orden en que aparecen estos mandamientos. El amor a Dios es primero, y

---

[394] Mateo 25:41-47, (DHH).

[395] Nota de pie de página en la *Biblia de Estudio Esquematizada*. Reina Valera 1960. (Brasil. Sociedades Bíblicas Unidas. 2010), 1435.

[396] Mateo 22:39, (RV, 1960).

el amor a los hombres es segundo. Solo cuando amamos a Dios podemos amar a nuestros semejantes".[397]

Lo anterior, nos lleva a preguntarnos: ¿Los líderes de la *Doctrina de la Prosperidad* aman a Dios? La Biblia dice que por sus frutos los conocemos[398] y, como ya los hemos conocido al inicio de este libro, entonces, la respuesta podría ser un no. No, ellos no aman a Dios. No estamos juzgando o criticando solo por el hecho de criticar, sino que, cuando leemos sobre sus vidas 'cristianas', cuando somos testigos de sus manipulaciones de la fe evangélica, cuando escuchamos o vemos sus predicaciones y cuando somos testigos de sus bienes materiales, llegamos a la conclusión de que es muy difícil poder afirmar que aman a Dios.

Una poderosa razón por lo cual afirmamos tal verdad es porque: "Ser verdaderamente religioso – o verdaderamente cristiano – es amar a Dios y amar a los seres humanos que Dios ha hecho s Su imagen; y amar a Dios y a la humanidad, no con un sentimentalismo nebuloso, sino con esa entrega total que conduce a la devoción a Dios y al servicio práctico a los seres humanos".[399] Un servicio reflejando la humildad empapada de la gracia de Dios es considerado como el cumplimiento del Segundo Gran Mandamiento.

---

[397] William Barclay. *Comentario al Nuevo Testamento: Volumen 2: MATEO II.* Trd. Alberto Araujo. (Terrassa, (Barcelona), España. Editorial CLIE. 1997), 323.

[398] Mateo 7:20.

[399] William Barclay. *Comentario al Nuevo Testamento: Volumen 2: MATEO II.* Trd. Alberto Araujo. (Terrassa, (Barcelona), España. Editorial CLIE. 1997), 323.

Capítulo Onceavo:

ENTONCES, ¿QUÉ ENSEÑA LA BIBLIA EN CUANTO A LA DOCTRINA DE LA PROSPERIDAD?

"La mujer sabia edifica su casa; la necia, con sus manos la destruye.

El que va por buen camino teme al Señor; el que va por mal camino lo desprecia.

De la boca del necio brota arrogancia; los labios del sabio son su propia protección."

Proverbios 14:1-3, (NVI).

La Biblia habla mucho sobre este tema desde Génesis hasta Apocalipsis. Dios engrandeció a los patriarcas Abraham, Jacob e Isaac. El patriarca Job fue un millonario. Noé construyó el barco más grande de su época y para eso debió de haber tenido suficientes recursos materiales y económicos. David tuvo un gran reino, Salomón tuvo el reino más grande de toda la historia entre los israelitas y entre muchas otras naciones; fue sumamente rico a tal grado que hizo de la plata como si fueran piedras en las calles. La historia bíblica dice que:

"El peso del oro que le venía a Salomón cada año era de 666 talentos de oro,[400] aparte del

---

[400] I Reyes 10:14, (Nueva Biblia Latinoamericana). El peso del oro que

de los mercaderes y de los comerciantes importadores. También todos los reyes de Arabia y los gobernadores del país traían oro y plata a Salomón.

El rey Salomón hizo 200 escudos grandes de oro trabajado. En cada escudo empleó 600 siclos de oro trabajado.

También hizo otros 300 escudos pequeños de oro trabajado. En cada escudo empleó 300 siclos de oro. Y el rey los puso en la Casa del Bosque del Líbano.

El rey también hizo un gran trono de marfil, y lo recubrió de oro puro.

El trono tenía seis gradas y un estrado recubierto de oro fijado al trono. A ambos lados, junto al asiento, tenía soportes para los brazos, y junto a los brazos había dos leones de pie.

Había también allí doce leones de pie, uno a cada lado de las seis gradas. Jamás se hizo algo semejante para ningún reino.

Todos los vasos de beber del rey Salomón eran de oro, y toda la vajilla de la Casa del Bosque del Líbano era de oro fino. En los días de Salomón la plata no era estimada para nada.

Porque los barcos del rey iban a Tarsis con los siervos de Hiram; y una vez cada tres años venían

---

llegaba a Salomón en un año era de 22.6 toneladas de oro.

los barcos de Tarsis trayendo oro, plata, marfil, monos y pavos reales.

El rey Salomón superaba a todos los reyes de la tierra en riqueza y en sabiduría.

Y todos los reyes de la tierra procuraban estar en la presencia de Salomón para oír la sabiduría que Dios había puesto en su corazón.

Año tras año cada uno de ellos le llevaba su presente: objetos de plata, objetos de oro, vestiduras, armas, perfumes, caballos y mulos.

Salomón tenía 4.000 establos para los caballos y los carros. También tenía 12.000 jinetes, a los cuales puso en las ciudades de los carros, y en Jerusalén junto al rey.

El gobernaba sobre todos los reyes, desde el Río hasta la tierra de los filisteos y hasta la frontera con Egipto.

El rey hizo que la plata fuera tan común en Jerusalén como las piedras, y que el cedro fuera tan abundante como los sicómoros que hay en la Sefela.

También importaban caballos para Salomón, de Egipto y de todos los países".[401]

---

[401] Segundo Libro de Crónicas. *Riquezas y fama de Salomón* (9:13-24). (La Habra, California. Internet. Consultado el 14 de mayo del 2020), ¿? http://www.tubiblia.net/riquezas-y-fama-de-salomon/636. 1 Reyes 10:14-29.

Sí, la Biblia habla de la prosperidad material o económica. Es más:

"La tradición cristiana también reconoce la bondad de las cosas materiales, y a la vez, la necesidad de trascenderlas. La actitud básica cristiana hacia los bienes materiales ya está establecida en los primeros capítulos del Génesis: Como todas las cosas son creadas por Dios, son buenas.... Pero precisamente porque todas las cosas son creadas por Dios, las cosas creadas no son lo último. Aunque sean todas buenas, no son nunca un fin en sí mismas, más bien apuntan todas más allá de sí, hacia su Creador, Como dijo San Agustín, todas las cosas llevan en si la huella de su Creador.... Según San Agustín, las cosas creadas han de ser usadas, pero solo Dios ha de ser disfrutado".[402]

Hemos notado que para los líderes de la *Doctrina de la Prosperidad*, si no se recoge una buena ofrenda o, como ellos dicen, si no se sembraron suficientes semillas de fe, entonces, no se disfrutó de Dios. Aparte de los textos de 3 Juan y de Deuteronomio 28 que los predicadores de la *Teología de la Fe* usan para apoyar sus doctrinas, también debemos hacer notar el ejemplo o testimonio de uno que sí fue profeta - ¡Y profeta ungido por Dios! Samuel. Un hombre de Dios que probablemente comenzó a profetizar desde que tenías diez años de edad. Notemos sus palabras, en su testimonio, él dijo: "... a todo Israel:

---

[402] William T. Cavanaugh. *Ser consumidos: Economía y deseo en clave cristiana.* Trd. Agustín Moreno Bravo y José María Bravo Domínguez. (Granada, España. Editorial Nuevo Inicio. 2011), 82.

— ¡Préstenme atención! Yo les he hecho caso en todo lo que me han pedido, y les he dado un rey que los gobierne. Ya tienen al rey que va a dirigirlos. En cuanto a mí, ya estoy viejo y lleno de canas, y mis hijos son parte del pueblo. Yo los he guiado a ustedes desde mi juventud hasta la fecha. Aquí me tienen. Pueden acusarme en la presencia del Señor y de su ungido. ¿A quién le he robado un buey o un asno? ¿A quién he defraudado? ¿A quién he oprimido? ¿Por quién me he dejado sobornar? Acúsenme, y pagaré lo que corresponda.

—No nos has defraudado —respondieron—; tampoco nos has oprimido ni le has robado nada a nadie.

Samuel insistió:

— ¡Que el Señor y su ungido sean hoy testigos de que ustedes no me han hallado culpable de nada!

— ¡Que lo sean! —fue la respuesta del pueblo".[403]

¿Pueden los predicadores de la *Teología de la Fe* decirle al pueblo cristiano evangélico éstas mismas preguntas? ¿Pueden con toda honestidad presentarse delante del pueblo, así como se presentan para estafar, mentir y engañar, pueden presentarse ante el auditorio para decirles que si en algo les ha robado con su famosa filosofía: *"Semilla de Fe"* se los devolverán? ¿Podrá Benny Hinn, o Cesar Castellanos o Ana Méndez o María Luisa vender sus residencias que han comprado con el dinero de los pobres donantes y devolverles su dinero? ¡Dudamos que lo hagan!

---

[403] I Samuel 12:1-5, (NVI).

En el segundo libro de los reyes tenemos la historia de Naamán el sirio; un hombre leproso que, por consejo de su sirvienta, una joven judía, viajó hasta donde vivía el profeta Elíseo – otro que sí era profeta de Dios -. Naamán, como hombre poderoso y rico, pues era un capitán de los ejércitos de Siria, llegó con presentes y dinero para dárselos al profeta en gratitud porque lo sanaría de su lepra. Cuando llegó a la casa de Eliseo, el siervo de Dios no salió a recibirlo sino que le mandó decir con su siervo Guiezi que se sumergiera siete veces en el río Jordán.

Cuando Naamán no fue recibido como él esperaba, recordemos, era Capitán de los ejércitos de Siria, una potencia militar muy respetada en ese tiempo, así que, seguramente esperaba un recibimiento con aplausos, con flautas, con tambores y hasta el abraso de parte del profeta Eliseo. Esperaba, tal vez que, al ser sanado de su lepra, su sanidad convirtiera el lugar en un show, similar al que hacen los que se llaman sanadores divinos contemporáneo. ¡Pero eso no sucedió! ¡Naamán, ni siquiera vio el rostro del profeta! Al parecer, la actitud del profeta, para Naamán, fue un acto muy deshonesto e injusto. Naamán había viajado varios kilómetros para entrevistarse con el profeta Eliseo y éste ni salió a saludarlo. Entonces, sucedió lo que a nuestro parecer es lógico; ¡Naamán, se enojó! Y, noten lo que sigue diciendo el relato bíblico:

> "Naamán se enfureció y se fue, quejándose: '¡Yo creí que el profeta saldría a recibirme personalmente para invocar el nombre del Señor su Dios, y que con un movimiento de la mano me sanaría de la lepra! ¿Acaso los ríos de Damasco, el Abana y el Farfar, no son mejores que toda el agua de Israel? ¿Acaso no podría zambullirme en ellos y quedar limpio?' Furioso, dio media vuelta y se marchó.

> Entonces sus criados se le acercaron para aconsejarle: 'Señor, si el profeta le hubiera mandado hacer algo complicado, ¿usted no le habría hecho caso? ¡Con más razón si lo único que le dice a usted es que se zambulla, y así quedará limpio!' Así que Naamán bajó al Jordán y se sumergió siete veces, según se lo había ordenado el hombre de Dios. ¡Y su piel se volvió como la de un niño, y quedó limpio!

Luego Naamán volvió con todos sus acompañantes y, presentándose ante el hombre de Dios, le dijo: Ahora reconozco que no hay Dios en todo el mundo, sino sólo en Israel. Le ruego a usted aceptar un regalo de su servidor. Pero Eliseo respondió: ¡Tan cierto como que vive el Señor, a quien yo sirvo, que no voy a aceptar nada! Y por más que insistió Naamán, Eliseo no accedió. En ese caso persistió Naamán, permítame usted llevarme dos cargas de esta tierra, ya que de aquí en adelante su servidor no va a ofrecerle holocaustos ni sacrificios a ningún otro dios, sino sólo al Señor.

> Y cuando mi señor el rey vaya a adorar en el templo de Rimón y se apoye de mi brazo, y yo me vea obligado a inclinarme allí, desde ahora ruego al Señor que me perdone por inclinarme en ese templo. Puedes irte en paz respondió Eliseo. Naamán se fue, y ya había recorrido cierta distancia cuando Guiezi, el criado de Eliseo, hombre de Dios, pensó: 'Mi amo ha sido demasiado bondadoso con este sirio Naamán, pues no le aceptó nada de lo que había traído. Pero yo voy a correr tras él, a ver si me da algo. ¡Tan cierto como que el Señor vive!'

Así que Guiezi se fue para alcanzar a Naamán. Cuando éste lo vio correr tras él, se bajó de su carro para recibirlo y lo saludó. Respondiendo al saludo, Guiezi dijo: Mi amo me ha enviado con este mensaje: Dos jóvenes de la comunidad de profetas acaban de llegar de la sierra de Efraín. Te pido que me des para ellos tres mil monedas de plata y dos mudas de ropa. Por favor, llévate seis mil respondió Naamán, e insistió en que las aceptara. Echó entonces las monedas en dos sacos, junto con las dos mudas de ropa, y todo esto se lo entregó a dos criados para que lo llevaran delante de Guiezi.

Al llegar a la colina, Guiezi tomó los sacos y los guardó en la casa; después despidió a los hombres, y éstos se fueron.

Entonces Guiezi se presentó ante su amo. ¿De dónde vienes, Guiezi? le preguntó Eliseo. Su servidor no ha ido a ninguna parte respondió Guiezi. Eliseo replicó: ¿No estaba yo presente en espíritu cuando aquel hombre se bajó de su carro para recibirte? ¿Acaso es éste el momento de recibir dinero y ropa, huertos y viñedos, ovejas y bueyes, criados y criadas?

Ahora la lepra de Naamán se les pegará ti y a tus descendientes para siempre. No bien había salido Guiezi de la presencia de Eliseo cuando ya estaba blanco como la nieve por causa de la lepra".[404]

La avaricia de las posesiones materiales causó la ruina de Guiezi. No solamente se volvió leproso sino que también

---

[404] 2 Reyes 5:11-27, (NVI).

llevó este mal a su familia "para siempre". Ya se ha comentado en capítulos anteriores los problemas (la lepra moderna) que la mayoría de los predicadores tienen a causa de su afán materialista. En cambio, para el profeta Eliseo, ni siquiera un saludo de "Naamán, jefe del ejército del rey de Siria, quien era un hombre de mucho prestigio y gozaba del favor de su rey porque, por medio de él, el Señor le había dado victorias a su país",[405] era de más importancia que hacer la voluntad de Dios. Para Eliseo, Naamán era un hombre con una necesidad y Dios le había dicho a su siervo cual era la cura para la enfermedad de este gran hombre ante la sociedad.

Bien podría Eliseo haber recibido todos aquellos donativos, pues había hecho un gran milagro a un gran hombre, pero, ¡no los recibió! ¿Qué hubiera hecho Hagin, o Hinn o Cash Luna con un milagro de esa magnitud y con mucho dinero y lujos vestidos como donativos por el milagro? Seguramente que harían más de un programa de televisión anunciando el *"poder de Dios"* en sus manos para sanar la peor enfermedad de ese tiempo: ¡Lepra! Hoy sería lo que tanto anhelan sanar los Predicadores de la *Doctrina de la Prosperidad*: ¡El cáncer! Y, en estos días, sanar a los que están infectados con el coronavirus. Eliseo, ni siquiera salió a saludarlo menos a proclamar un milagro.

Cuando, históricamente llegamos al Nuevo Testamento nos damos cuenta que el tema de la prosperidad sigue vigente; en los evangelios notamos que Jesucristo habló sobre este tema. Sin embargo, la hermenéutica tanto del Antiguo como el Nuevo Testamento y así mismo la de Jesucristo, difieren de la interpretación que los líderes de la *Doctrina de la Prosperidad* hacen de esos relatos bíblicos. En la Patrística, por ejemplo, "San Clemente consideraba las posesiones materiales de manera instrumental, es decir, como medios para ser usadas en función de otros fines, a saber, el servicio a Dios y a los demás. Las

---

[405] 2 Reyes 5:1, (NVI).

cosas han de ser usadas 'más para el bien de los hermanos' que para el de uno mismo... La naturaleza de la riqueza es estar al servicio y no dominar".[406]

Para aclarar un poco más y al mismo tiempo para afirmar que sí, el Nuevo Testamento habla de la prosperidad y el buen uso del dinero, tomemos, por ejemplo, algunos pasajes del Evangelio de Mateo y notemos el enfoque bíblico/teológico y también moral que Jesucristo enseñó tomando como base, primeramente, la narrativa de la higuera que se secó en minutos. La Biblia dice:

> "Muy de mañana, cuando volvía a la ciudad, tuvo hambre. Al ver una higuera junto al camino, se acercó a ella, pero no encontró nada más que hojas.
>
> — ¡Nunca más vuelvas a dar fruto! —le dijo.
>
> Y al instante se secó la higuera. Los discípulos se asombraron al ver esto.
>
> — ¿Cómo es que se secó la higuera tan pronto? —preguntaron ellos.
>
> —Les aseguro que, si tienen fe y no dudan —les respondió Jesús—, no solo harán lo que he hecho con la higuera, sino que podrán decirle a este monte: '¡Quítate de ahí y tírate al mar!', y así se hará. Si ustedes creen, recibirán todo lo que pidan en oración".[407]

---

[406]   William T. Cavanaugh. *Ser consumidos: Economía y deseo en clave cristiana*. Trd. Agustín Moreno Bravo y José María Bravo Domínguez. (Granada, España. Editorial Nuevo Inicio. 2011), 85-86.

[407]   Mateo 21:18-22, (NVI).

Otro de los pasajes del Evangelio de Mateo que trata sobre la prosperidad en fe es el que narra la parábola de los labradores malvados. La narrativa dice de la siguiente manera:

"Escuchen otra parábola: Había un propietario que plantó un viñedo. Lo cercó, cavó un lagar y construyó una torre de vigilancia. Luego arrendó el viñedo a unos labradores y se fue de viaje. Cuando se acercó el tiempo de la cosecha, mandó sus siervos a los labradores para recibir de estos lo que le correspondía. Los labradores agarraron a esos siervos; golpearon a uno, mataron a otro y apedrearon a un tercero. Después les mandó otros siervos, en mayor número que la primera vez, y también los maltrataron.

Por último, les mandó a su propio hijo, pensando: ¡A mi Hijo sí lo respetarán!' Pero, cuando los labradores vieron al Hijo, se dijeron unos a otros: 'Este es el heredero. Matémoslo, para quedarnos con su herencia'. 39 Así que le echaron mano, lo arrojaron fuera del viñedo y lo mataron.

Ahora bien, cuando vuelva el dueño, ¿qué hará con esos labradores?

—Hará que esos malvados tengan un fin miserable —respondieron—, y arrendará el viñedo a otros labradores que le den lo que le corresponde cuando llegue el tiempo de la cosecha".[408]

Esta parábola muestra la buena voluntad de un hombre que trató de ayudar a los hombres necesitados de trabajo. Un trabajo que les ayudó a solventar las necesidades familiares. Es una

---

[408] Mateo 21:33-41, (NVI).

historia muy bonita; es una historia que cuenta la manera de vivir de aquellos días; refleja la sociedad y cultura del tiempo de Cristo. Sin embargo, "la historia se vuelve impensablemente desagradable cuando los arrendatarios dicen: 'Este es el heredero. Matémoslo para quedarnos con su herencia'."[409] Este pensamiento parece ser muy moderno, nos parece oír estas palabras de los líderes de la *Teología de la Fe*. Nos parece oírles decir, vamos a matar todo tipo de estrategia que Jesús usó en su ministerio y hagamos la nuestra para que, todos los beneficios de la 'viña' sean para nosotros.

Una tercera narrativa bíblica en el Evangelio de Mateo, y que tiene que ver con la *Doctrina de la Prosperidad* es sobre la parábola del dinero. La Biblia dice que un día:

> "Sucederá también con el reino de los cielos como con un hombre que, estando a punto de irse a otro país, llamó a sus empleados y les encargó que le cuidaran su dinero. A uno de ellos le entregó cinco mil monedas, a otro dos mil y a otro mil: a cada uno según su capacidad. Entonces se fue de viaje. El empleado que recibió las cinco mil monedas hizo negocio con el dinero y ganó otras cinco mil monedas. Del mismo modo, el que recibió dos mil ganó otras dos mil. Pero el que recibió mil fue y escondió el dinero de su jefe en un hoyo que hizo en la tierra.

> Mucho tiempo después volvió el jefe de aquellos empleados, y se puso a hacer cuentas con ellos. Primero llegó el que había recibido las cinco mil monedas, y entregó a su jefe otras cinco mil,

---

[409] Michael J. Wilkins. *Comentarios Bíblicos con aplicación: MATEO, del texto bíblico a una aplicación contemporánea.* (Nashville, Tennessee. Editorial Vida. 2016), 697

diciéndole: 'Señor, usted me dio cinco mil, y aquí tiene otras cinco mil que gané'. El jefe le dijo: 'Muy bien, eres un empleado bueno y fiel; ya que fuiste fiel en lo poco, te pondré a cargo de mucho más. Entra y alégrate conmigo'. Después llegó el empleado que había recibido las dos mil monedas, y dijo: 'Señor, usted me dio dos mil, y aquí tiene otras dos mil que gané'. El jefe le dijo: 'Muy bien, eres un empleado bueno y fiel; ya que fuiste fiel en lo poco, te pondré a cargo de mucho más. Entra y alégrate conmigo'.

Pero cuando llegó el empleado que había recibido las mil monedas, le dijo a su jefe: 'Señor, yo sabía que usted es un hombre duro, que cosecha donde no sembró y recoge donde no esparció. Por eso tuve miedo, y fui y escondí su dinero en la tierra. Pero aquí tiene lo que es suyo'. El jefe le contestó: 'Tú eres un empleado malo y perezoso, pues si sabías que yo cosecho donde no sembré y que recojo donde no esparcí, deberías haber llevado mi dinero al banco, y yo, al volver, habría recibido mi dinero más los intereses'. Y dijo a los que estaban allí: 'Quítenle las mil monedas, y dénselas al que tiene diez mil. Porque al que tiene, se le dará más, y tendrá de sobra; pero al que no tiene, hasta lo poco que tiene se le quitará. Y a este empleado inútil, échenlo fuera, a la oscuridad. Entonces vendrán el llanto y la desesperación'."[410]

No existe un futuro agradable para todos aquellos que están haciendo sus propias reglas para defender sus intereses egoístas y blasfemos contra Dios y en especial contra el Espíritu Santo. Un día no muy lejano cada uno de ellos y de ellas será echado

---

[410]   Mateo 25:14-30, (DHH).

fuera de lo que es el Verdadero Cristianismo Evangélico. Un día se tienen que presentar ante el Juez Supremo para rendirle cuentas de los talentos y dones que les dio. Y, por lo que notamos en estos días, los predicadores de la *Teología de la Fe* si están negociando los talentos de Dios pero, no con el fin de devolvérselos sino que los están usando para vivir: ¡Vidas de lujo!

Nos gustaría que todo este movimiento de Fe ya fuese juzgado y desterrado de las filas del Cristianismo Evangélico pero, lamentablemente, hoy día:

> "Una tremenda cantidad de promociones y de historias de hazañas realizadas se suceden en las grandes conferencias celebradas por los líderes del movimiento de la Fe. Cada orador invitado trae su relato acerca de cómo trabaja la fe, y enfatiza como, él o ella, ha producido con su palabra los grandes milagros de prosperidad o ha detenido una calamidad que se cernía sobre alguna persona determinada e, incluso, para su familia. Los auditorios estallan en exclamaciones y caen ante los pies de los oradores".[411]

Lamentablemente, ¡esta es la realidad teológica y eclesiástica que vivimos! La Iglesia tiene que hacer algo para parar este movimiento que está difamando y blasfemando el Evangelio de Jesucristo; lo tiene que hacer. ¡Pero Ya!

---

[411] Hank Hanegraaff. *Cristianismo en crisis*. (USA. Harvest Hause Publishing), 233.

CONCLUSIÓN

El apóstol Pablo, el hombre que se entregó a predicar y a enseñar el Evangelio de Jesucristo y que lo hizo en una amplitud magistral, siempre guiado por el Espíritu Santo y que nos dejó un legado Teológico/Eclesiástico y Ministerial sin igual. El apóstol Pablo - por cierto, el sí fue un verdadero apóstol – contrarrestó los abusos y las herejías de hombres y mujeres que en su tiempo se habían infiltrado en la Iglesia Primitiva con sus aberrantes mentiras, apasionantes ideas, materialistas y egoístas prácticas culticas. Pablo, pues, en ese afán de la apologética de su tiempo, les dijo a los hermanos de la ciudad de Tesalónica en el Asía Menor, lo siguiente:

> "La voluntad de Dios es que sean santificados; que se aparten de la inmoralidad sexual; que cada uno aprenda a controlar su propio cuerpo de una manera santa y honrosa, sin dejarse llevar por los malos deseos como hacen los paganos, que no conocen a Dios; y que nadie perjudique a su hermano ni se aproveche de él en este asunto. El Señor castiga todo esto, como ya les hemos dicho y advertido".[412]

---

[412] I Tesalonicenses 4:3-6, (NVI).

Notemos esta recomendación paulina. Lo primero es que dentro de la voluntad de Dios es que seamos santificados. ¡Interesante! Pablo no dice que la voluntad de Dios sea primeramente el ser sanos; segundo, ser ricos, sino ser santificados y en segundo lugar, dice Pablo, que llevemos una vida moral correcta; Pablo dice que debemos ser diferentes que los paganos y que no debemos de dejarnos llevar por ellos.

Sin embargo, cuando vemos las vidas de los predicadores de la *Doctrina de la Prosperidad* notamos que hacen negocio con el evangelio lo mismo que cualquier otra compañía con su producto. Sus vidas, de todos los que se han mencionado en esta tesis, no presentan una moral correcta: ¡Son una vergüenza del Cristianismo Evangélico! Por eso, con justa razón, las palabras de Pablo: "El Señor castiga todo esto, como ya les hemos dicho y advertido",[413] son una realidad en los hombres y mujeres que se hacen llamar profetas y apóstoles contemporáneos.

Pues bien, la Biblia nos habla y nos advierte de los falsos profetas de los últimos días. Pensamos que en las páginas anteriores ya se ha hablado lo necesario sobre los falsos profetas de la *Teología de la Fe* y lo confirmamos con los siguientes textos que la Biblia ha guardado en sus páginas para que entendamos un poco mas sobre todo lo que se ha dicho y lo que no se ha dicho de los falsos profetas contemporáneos.

Notemos lo que dice la Biblia:

> "En Israel también hubo falsos profetas, tal como habrá falsos maestros entre ustedes. Ellos les enseñarán con astucia herejías destructivas y hasta negarán al Señor, quien los compró. Esto provocará su propia destrucción repentina. Habrá muchos que seguirán sus malas enseñanzas y su vergonzosa inmoralidad; y por culpa de estos maestros, se hablará mal del camino de la verdad.

---

[413] I Tesalonicenses 4:6, (NVI).

Llevados por la avaricia, inventarán mentiras ingeniosas para apoderarse del dinero de ustedes; pero Dios los condenó desde hace mucho, y su destrucción no tardará en llegar" (2 Pedro 2:1-3, NVI).

"Ten cuidado de los falsos profetas que vienen disfrazados de ovejas inofensivas pero en realidad son lobos feroces. Puedes identificarlos por su fruto, es decir, por la manera en que se comportan. ¿Acaso puedes recoger uvas de los espinos o higos de los cardos? Un buen árbol produce frutos buenos y un árbol malo produce frutos malos. Un buen árbol no puede producir frutos malos y un árbol malo no puede producir frutos buenos" (Mateo 7:15-18, NVI).

"Entonces, si alguien les dice: "Miren, aquí está el Mesías" o "Allí está", no lo crean. Pues se levantarán falsos mesías y falsos profetas y realizarán grandes señales y milagros para engañar, de ser posible, aun a los elegidos de Dios. Miren, que les he advertido esto de antemano" (Mateo 24:23-25; Marcos 13:21-23 NVI).

"Queridos amigos, no les crean a todos los que afirman hablar de parte del Espíritu. Pónganlos a prueba para averiguar si el espíritu que tienen realmente proviene de Dios, porque hay muchos falsos profetas en el mundo. Esta es la manera en que sabremos si tienen o no el Espíritu de Dios: si una persona que afirma ser profeta reconoce que Jesucristo vino en un cuerpo humano, esa persona tiene el Espíritu de Dios; pero si alguien afirma ser profeta y no reconoce la verdad acerca de Jesús, aquella persona no es de Dios. Tal persona tiene el espíritu del Anticristo, del cual ustedes oyeron que viene al mundo, y de hecho, ya está aquí.

Pero ustedes, mis queridos hijos, pertenecen a Dios. Ya lograron la victoria sobre esas personas, porque el Espíritu que vive en ustedes es más poderoso que el espíritu que vive en el mundo. Esas personas pertenecen a este mundo, por eso hablan desde el punto de vista del mundo, y el mundo les presta atención. En cambio, nosotros pertenecemos a Dios, y los que conocen a Dios nos prestan atención. Como ellos no pertenecen a Dios, no nos prestan atención. Así es como sabemos si alguien tiene el Espíritu de verdad o el espíritu de engaño" (I Juan 4:1-6, NVI).

"Les escribo para recordarles, queridos amigos, que nos amemos unos a otros. Este mandamiento no es nuevo, sino que lo hemos tenido desde el principio. El amor consiste en hacer lo que Dios nos ha ordenado, y él nos ha ordenado que nos amemos unos a otros, tal como ustedes lo oyeron desde el principio.

Les digo esto, porque muchos engañadores han salido por el mundo. Ellos niegan que Jesucristo vino en un cuerpo humano. Tales personas son engañadores y anticristos. Tengan cuidado de no perder lo que hemos logrado con tanto trabajo. Sean diligentes para que reciban una recompensa completa. Todo el que se desvía de esta enseñanza no tiene ninguna relación con Dios; pero el que permanece en la enseñanza de Cristo tiene una relación tanto con el Padre como con el Hijo" (2 Juan 1:5-9, NVI).

"Timoteo, es bueno que sepas que, en los últimos días, habrá tiempos muy difíciles. Pues la gente solo tendrá amor por sí misma y por su dinero. Serán fanfarrones y orgullosos, se burlarán de Dios, serán desobedientes a sus padres y malagradecidos. No considerarán nada sagrado. No amarán ni perdonarán; calumniarán a otros y no tendrán control propio. Serán crueles y odiarán lo que es bueno. Traicionarán a sus amigos, serán imprudentes, se llenarán de soberbia y amarán el placer en lugar de amar a Dios. Actuarán como religiosos pero rechazarán el único poder capaz de hacerlos obedientes a Dios. ¡Aléjate de esa clase de individuos!" (2 Timoteo 3:1-5, NVI).

"Llegará el tiempo en que la gente no escuchará más la sólida y sana enseñanza. Seguirán sus propios deseos y buscarán maestros que les digan lo que sus oídos se mueren por oír. Rechazarán la verdad e irán tras los mitos" (2 Timoteo 4:3-4, NVI).

Se pueden citar otros textos bíblicos e históricos que hablan de la presencia de estos falsos profetas y apóstoles que se han llamar "ungidos" por el Espíritu Santo, y que supuestamente son enviados por Dios, para terminar el mensaje de Dios o para hacer algo nuevo en el nombre de Dios, de Jesucristo o del Espíritu Santo. Pero, para los propósitos de este libro, consideramos que los textos anteriormente citados son muy ilustrativos y educativos en cuanto a lo que los líderes de la *Teología de la Fe* están predicando.

Cerramos este libro con las palabras del pastor Moisés Isaac Hormachea Chicuy, y con una recomendación del investigador cristiano Hank Hanegraaff, los cuales dicen:

"Quiero seguir denunciando que la iglesia ha sido invadida por movimientos de evangelios falsos que están conduciendo a las personas a la tribulación y/o la condenación eterna. A HORAS DE LA SALIDA DE LA IGLESIA DE LA TIERRA.

La advertencia que yo hago, es la misma que hizo hace mucho tiempo el propio Jesucristo: "vendrán muchos en mi nombre diciendo yo soy el Cristo y a muchos engañaran...."

Les animare a ser categórico y valiente como el apóstol Pablo denuncia: 'Mas si aún nosotros, o un ángel del cielo, os anunciare otro evangelio diferente del que os hemos anunciado, sea anatema'.

Los movimientos carismáticos-pluralistas contemporáneo, nos deben de preocupar profundamente, porque distorsiona la verdad, engañan a las personas, interpretan mal la Biblia para generar riqueza ilícita, lo hacen diciendo medias verdades que resultan ser grandes mentiras, son una barrera para que las personas encuentren la puerta angosta y puedan caminar por el camino de verdad, A HORAS DE LA SALIDA DE LA IGLESIA DE LA TIERRA".[414]

---

[414] Moisés Isaac Hormachea Chicuy. *Sermón: A pocas horas de la salida de la iglesia: Evangelio Falso v/s Evangelio Verdadero.* (La Habra, California. Internet. Mensaje predicado el domingo 19 de abril del 2020, a las 12:15, en la Iglesia Manantiales de Vida, en la ciudad de

Las palabras de Hanegraaff son una recomendación muy acertada para cada uno de los cristianos evangélicos, en especial, para el liderazgo del Cristianismo Evangélico Contemporáneo. Es al mismo tiempo un reto de amistad en la guerra del Quehacer Teológico que nos ha tocado vivir.

Han Hanegraaff, dice:

> "Mis amigos, la decisión es de ustedes. Ustedes pueden tragarse el disparate de los predicadores de la Fe acerca del derecho que tienen de revolcarse en exceso autosatisfacedores, o pueden afirmar sus corazones en la profunda satisfacción que únicamente proviene de un generoso uso de las posesiones para la promoción del evangelio y para el mejoramiento de las personas que viven alrededor nuestro".[415]

Nos han engañado y robado con una falacia llamada: *"Prosperidad"*. Sin embargo, ahora que sabemos la verdad, alcemos los ojos al cielo y adoremos al que vive y al que realmente prospera; ¡Adoremos a Jesucristo!

Eleazar Barajas
La Habra, California.
Diciembre del 2020.

Fountain Valley, Ca. Consultado el 20 de abril del año 2020), https://www.facebook.com/moises.chicuy/posts/10157431469403681

[415] Hank Hanegraaff. *Cristianismo en crisis.* (USA. Harvest Hause Publishing), 248.

BIBLIOGRAFÍA

Arboleda. *Dwight L. Moody.* (Terrassa (Barcelona), España. Libros CLIE. 1990).

Baker, Diana. *El poder Espiritual de las siete fiestas de Dios: Descubre la relevancia que estas celebraciones tiene para el cristiano y los eventos futuros.* (Córdoba, Argentina. Editorialimagen.com. 2015).

Barclay, William. *Comentario al Nuevo Testamento: Volumen 2: MATEO II.* Trd. Alberto Araujo. (Terrassa, (Barcelona), España. Editorial CLIE. 1997).

Barclay, William. *Comentario al Nuevo Testamento: Volumen 4: LUCAS.* (Terrassa, (Barcelona), España. Editorial CLIE. 1994).

Barclay, William. *Comentario al Nuevo Testamento: Volumen 12: 1ra, 2da Timoteo, Tito y Filemón.* Trd. Alberto Araujo. (Terrassa, (Barcelona), España. Editorial CLIE. 1995).

Barclay, William. *Comentario al Nuevo Testamento: Volumen 15: 1ra, 2da, y 3ra de Juan y Judas.* Trd. Alberto Araujo. (Terrassa, (Barcelona), España. Editorial CLIE. 1998).

Berry, Wendell. *Sexo, economía, libertad y comunidad. Ocho ensayos.* (Granada, España. Editorial Nuevo Inicio. 2012).

Biblia de Estudio Esquemática. (Brasil. Sociedades Bíblicas Unidas. 2010).

Biblia de Estudio NVI Arqueológica: Un viaje ilustrado a través de la cultura y la historia bíblicas. (Miami, Florida. Publicada por Editorial Vida. 2009).

Bock, Darrell L. *Comentarios Bíblicos con Aplicación: Lucas. Del Texto bíblico a una aplicación contemporánea.* (Miami, Florida. Editorial Vida. 2011).

Boff, Leonardo. *Ética y moral: La búsqueda de los fundamentos.* (Bilbao, España. Editorial Sal Terrae. 2003).

Cabral, J. *Religiones, sectas y herejías.* Trd. Antonio Marosi. (Deerfield, Florida. Editorial Vida. 1992).

Cavanaugh, William. *Ser consumidos: Economía y deseo en clave cristiana.* Trd. Agustín Moreno Bravo y José María Bravo Domimguez. (Granada, España. Editorial Nuevo Inicio. 2011).

Copeland, Gloria. *La voluntad de Dios es La Prosperidad.* Un mapa para obtener la plenitud espiritual, emocional y financiera. Trd. KCM. (Guatemala, CA. Kenneth Copeland Publications. 1984).

El libro de Jaser (Libro de Yashar). Editorial Plaza Editorial. 2011).

Estrada, Agustín Monroy. *Popul Vuh.* (México. Editores Mexicanos Unidos, S. A. edición de Abril del 2006).

Fee, Gordon D. *Exegesis del Nuevo Testamento: Manual para estudiantes y pastores.* Trd. David Gómez R. (Miami, Florida. Editoial Vida. 1992).

Flores, José. *Cristología de Juan.* (España, Editorial CLIE. 1975).

Fox, John. *El Libro de los Mártires. Una historia de las vidas, sufrimientos y muertes triunfantes de los cristianos primitivos y de los mártires protestantes.* Tr. Santiago Escuain. (Terrassa (Barcelona), España. Editorial CLIE. 1991).

Gossett, Don y E. W. Kenyon. *El poder de tus palabras.* (New Kensington, PA. Whitaker House. 2009).

Hagee, John. *La Era del Engaño. Un enfoque que separa la verdad de la mentira en estos últimos tiempos.* (Nashville, TN. Editorial Caribe. 1997).

Hagin, Erwin Kenneth. *Yo fui al Infierno.* (Tulsa, OK. Kenneth Hagin Ministries. 1998), 19.

Hanegraaff, Hank. *Cristianismo en crisis.* (USA. Harvest Hause Publishing).

Heisey, Eugenio. *Más allá del Protestantismo.* (Costa Rica, C.A. Publicadora La Merced. 2011).

Hinn. Benny. *La Unción.* (Miami Florida. Editorial Unilit. 1992).

Internet. Varias citas copiadas a las cuales se les dan el debido crédito en donde se use el contenido.

Jiménez, Carlos R. *Crisis en la Teología Contemporánea.* (Deerfield, Florida. Editorial Vida. 1985).

Jiménez, Pablo A. *La predicación en el Siglo XXI: Actualidad, contexto, cultura, justicia social, liberación y postmodernidad.* (Viladecavalls, España. Editorial CLIE. 2009).

Jones, Gareth y Georgine Palffy: Edición Senior. *El libro de las religiones.* Tds. Monserrat Asensio Fernández y José Luis López Argón. (Malasia. Editorial Dorling Kindersley Limited. 2014).

Kenyon, W. E. *Jesús el Sanador.* (Madrid, España. Belmonte Traductores. Impreso en USA. Kenyon's Gospel Publishing Society. 2011).

Kenyon, W. E. *En su presencia.* Una revelación de quienes somos en Cristo. (New Kensington, PA. Whitaker House. 2014).

Kenyon, W. E. *Realidades de la nueva creación.* New Kensington, PA. Whitaker House. 2014).

LaHaye, Tim y David Noebel. *Asedio de la Mente: La batalla por la verdad en el nuevo milenio.* (Nashville, TN y Miami, Florida. Editorial Caribe, Inc. Una división de Thomas Nelson, Inc. 2002).

Lloyd-Jones, Martyn D. *¿Por qué lo permite Dios? Ataques terroristas, secuestros, guerras, hambres, incendios, sequías, terremotos, tornados, catástrofes.* (Grand Rapids, Michigan. Editorial Portavoz. 1985).

MacArthur, John. *Fuego Extraño. El peligro de ofender al Espíritu Santo con adoración falsa.* (Nashville, TN. Grupo Nelson. 2014).

Martí, Walter. *La Nueva Era: Una exposición clara y concisa de la nueva forma de pensar que está cautivando al mundo*. Trd. Luís Marauri. (Nashville, TN. Editorial Caribe. 1991).

Nisly, Duane; Editor. *La Antorcha de la Verdad*. (Costa Rica, C. A. Revista bimestral. Publicaciones La Merced. Noviembre-Diciembre, 2019).

Rubin, Gretchen. *Las cuatro tendencias: Los perfiles de la personalidad que te enseñan a mejorar tu vida (y la de los demás)*. Trd. Enrique Mercado. (México. Editorial Océano de México. 2018).

Stanley, Charles. *Biblia de Principios de Vida*. (Nashville, Dallas, México DF. Río de Janeiro. Grupo Nelson. 2010).

Stone, Perry. *La cabra de Judas: Cómo lidiar con las falsas amistades, la traición y la tentación de no perdonar*. Trd. Ernesto J. Giménez. (USA. Editorial Casa Creación. 2013).

Stott, John R. W. *La predicación: Puente entre dos mundos*. (Colombia. Libros Desafío. 2000).

Vila. Samuel. *Origen e historia de las denominaciones cristianas*. (Terrassa (Barcelona), España. Editorial CLIE. 1988).

Warren, Rick. *El poder de transformar su vida: Cómo obtener significado en lugar de mediocridad personal*. Trd. Elizabeth F. Morris. (Miami, Florida. Editorial Vida. 2000).

Wilkins J. Michael. *Comentarios Bíblicos con aplicación: MATEO, del texto bíblico a una aplicación contemporánea*. (Nashville, Tennessee. Editorial Vida. 2016).

Printed in the United States
By Bookmasters